Michael Grundmann
Die Niederlage ist ein Sieg

Michael Grundmann

Die Niederlage ist ein Sieg

Tradition, Geist und Technik des asiatischen Kampfsports

Umschlagbild: Samurai beim Kendo-Training (nach alter japanischer Vorlage)
Titelvignetten: zwei Angriffspositionen des Iaido *(Zeichnung Heidi Hutten).*

1. Auflage 1983
Copyright © 1983 by Econ Verlag GmbH, Düsseldorf und Wien
Alle Rechte der Verbreitung, auch durch Film, Funk
und Fernsehen, fotomechanische Wiedergabe, Tonträger
jeder Art, auszugsweisen Nachdruck oder Einspeicherung
und Rückgewinnung in Datenverarbeitungsanlagen
aller Art, sind vorbehalten.
Gesetzt aus der Candida der Firma Hell
Satz: Computersatz Bonn GmbH, Bonn
Papier: Papierfabrik Schleipen GmbH, Bad Dürkheim
Druck und Bindearbeiten: Ebner Ulm
Printed in Germany
ISBN 3 430 13655 5

In der Kunst des Kämpfens handelt es sich nicht um Sieg oder Niederlage, nicht um stärker oder schwächer, nicht um einen Schritt vor- oder rückwärts.

Takuan
(Zen-Meister, 1573–1645)

Inhalt

Vorwort

Kung-Fu, Budo, Aikido, Karate, Judo – was verbirgt sich hinter diesen Begriffen?

Warum tauchen sie – ebenso wie Yoga, Sekten und andere »fernöstliche Geheimnisse« – zur Zeit im Westen so häufig auf? Ist der Nimbus, der sie umgibt, wirklich so mysteriös und geheimnisvoll, wie man oft hört, oder handelt es sich vielleicht doch nur um Boxen und Ringen im Schlafrock?

Ist das Ziel der Kampfkünste vielleicht nicht der sportliche Erfolg und die körperliche Stärke?

»Der große Vorteil, den mir Judo gebracht hat, ist meine Angstlosigkeit«. – K. Yasuda, 8. Dan.

»Ziel der Kampfkünste ist, Wille, Gedanke und Körper zu verbinden, um alle Möglichkeiten, die der Mensch besitzt, zu nutzen«. – Joe Hwa Kwon, 6. Dan Taekwondo.

»Kung-Fu ist nicht Sport, Kung-Fu ist Philosophie«. – Sifu Hsi Chen.

Die Aussagen dieser bedeutenden Meister lassen eher darauf schließen, daß es sich um Methoden der Selbstfindung, ja der Lebensbewältigung handelt. Welche Schlüsse können wir »Westler« aus solchen Äußerungen ziehen? Judo anstatt Psychoanalyse, Kung-Fu kontra Autogenes Training, ersetzt die Judomatte die Couch des Psychiaters? Oder treffen die sehr alten und überlieferten philosophischen und moralischen Forderungen der Asiaten für unseren Kulturkreis überhaupt nicht zu? Leistet die Kenntnis einer

Kampfsportart nicht immer der Gewalt, Brutalität und Aggression Vorschub?

All diese Fragen sind nur zu beantworten durch die Untersuchung der historischen Umstände, die die Entwicklung der Kampfsportarten beeinflußt haben. Wie und warum diese Entwicklungen in bestimmte Richtungen verlaufen sind, soll in diesem Buch aufgezeigt werden.

Es befaßt sich sowohl mit den frühesten Formen von Kampfsystemen in China und ihren geistigen Hintergründen als auch mit den Kampfsystemen Japans in ihrem kulturellen Umfeld.

Ein zweiter wichtiger Aspekt soll das heutige Erscheinungsbild der Kampfsportarten im Westen sein.

Das Buch will Entscheidungshilfen anbieten für den Unentschlossenen, Ratschläge und Hinweise für den Aktiven, aber es soll auch die leider allzuoft unter den Tisch gekehrten theoretischen und geistigen Grundlagen deutlich machen. Wenn es zudem auch dem »alten Praktiker« vielleicht noch einige neue Zusammenhänge aufweist und somit zum besseren Verständnis der »kriegerischen Künste« beiträgt, hätte es sein Anliegen voll erfüllt.

Ich danke jedem Leser für Kritik, Informationen und Ratschläge. Sicherlich wird der eine oder andere dieses oder jenes vermissen. Aber bei der überwältigenden Stoffülle war es überhaupt nur durch den »Mut zur Lücke« möglich, eine Geschichte der Kampfsportarten zu schreiben.

Frühjahr 1983
Michael Grundmann

Einleitung

Woher kommen die Kampfsysteme?

Die verschiedenen Ursprungstheorien der Kampfsysteme, die ja erst viel später zu Kampfsportarten wurden, unterscheiden sich eigentlich nicht sehr von den verschiedenen Ursprungstheorien des Sports im allgemeinen.

Da gibt es Autoren, die der Meinung sind, daß der Urmensch irgendwann bemerkt habe, daß er in der Jagd und in der Verteidigung geschickter und ausdauernder wurde, wenn er seine körperlichen Fähigkeiten außerhalb der konkreten Ernstsituation übte. Zu diesem Zeitpunkt des menschlichen Entwicklungsstadiums wäre die planmäßig betriebene Körperübung wichtig geworden.

Andere Autoren, die sich sehr stark auf die Deutung von Höhlenzeichnungen konzentrieren, sehen im kultischen und später im Kriegstanz erste Ansätze für systematische Kampfübungen. Während der Kulttanz noch stark geistig-religiös und schöpferisch betont war, fiel diese Motivation im späteren Kriegstanz immer mehr weg, bis aus dem Tanz tatsächlich ein Kampfsystem geworden war.

Nicht immer aber haben die frühen Systeme der Gewalt Vorschub geleistet, im Gegenteil haben sie teilweise sogar kultivierende Wirkung gehabt. Das Prinzip des griechischen *Agon* (Wettkampf) zum Beispiel lenkte den schon immer vorhandenen Aggressionstrieb in eine Richtung, in der das Ausleben der Aggression nicht mehr sozial zerstörerisch war.

Auch die Ritterturniere des Mittelalters können unter ähnlichem Aspekt gesehen werden. Die solchen Wettkämpfen zugrunde liegende Aggressivität ist praktisch nur noch ein Rest der ehemals echten und gefährlichen Aggression. Diese These kann noch untermauert werden, wenn wir an die »Stellvertreter-Kämpfe« vieler Völker denken oder an die Schiebekämpfe indonesischer Reisbauern, mit denen Grenzstreitigkeiten beigelegt wurden.

Nun sind das »Recht des Stärkeren« und die Beilegung von Streitigkeiten durch körperlichen Kampf an sich noch keine Zeichen von Kultur, für die Frühgeschichte der Menschheit jedoch lag der kulturelle Fortschritt schon in der Einsicht, daß es unnötig ist, das Leben vieler bei einer Auseinandersetzung aufs Spiel zu setzen.

Wieder andere Forscher sprechen auch vom »angeborenen Kampftrieb«, von der »Lust am Vergleich der Kräfte«.

Endgültig und mit letzter Sicherheit läßt sich die Entstehung von Kampfsystemen nicht klären, immerhin können wir vermuten: Sowohl der Existenzkampf als auch die Lust an der Bewegung und die kultische Gestaltungsform sind motivierende Kräfte für die Entwicklung von Kampfsystemen gewesen. Daß solche Systeme überall auf der Welt zu verschiedenen Zeiten und Kulturepochen vorhanden waren, mag uns ein kleiner Überblick zeigen. Im Griechenland der Antike gibt es den Faustkampf, das Ringen und den Allkampf *Pankration*. Aus der Türkei kennen wir das Freistilringen, aus Island das *Glima*-Ringen und aus der Schweiz das »Schwingen«. Das durch Dürers Kupferstiche dokumentierte Ringen der Landsknechte und das »Grübleinringen« des Mittelalters sind für Deutschland typisch. Weiter kennen wir das *Sambo* aus Rußland, das indische *Kushti*-Ringen, das karateähnliche *Bando* aus Burma und das *Muay Tale* aus Thailand.[1]

In Frankreich finden wir das *Savate* als Kampfsystem der adligen Oberschicht des 17. Jahrhunderts, das verblüffende

---

1 Quellenangaben und Anmerkungen im Anhang S. 263 ff.

Ähnlichkeit mit dem Karate aufweist. Das erste Selbstvertei-
digungsbuch unseres Kulturraumes gab der Holländer Niko-
laus Petter 1674 heraus. In diesem Buch schreibt er unter
anderem:

> Daraus sey zu lernen, wie man sich bey aller vorfal-
> lenden Schlägereyen fürsichtig beschützen, alle un-
> redlichen Anfälle, Stöße, Schläge und dergleichen
> Angriffe mit geschwinder Fertigkeit abkehren und
> seinem boshaften Ansprenger kunstgeschicklich
> begegnen könne.[2]

Last not least sei auch noch an die vielen afrikanischen und
südamerikanischen Kampfsysteme erinnert, die in ihrer
Vielfalt den asiatischen fast gleichkommen, wenn sie auch
nicht so populär geworden sind wie diese.

I. Teil:

Die Weisen und die Mönche

1 Mythos oder Realität – die Ursprungslegenden

Sowohl Japaner und Koreaner als auch Chinesen und Inder haben die Mythologie bemüht, um nachzuweisen, daß die ältesten und ursprünglichsten Kampfsysteme in ihren Ländern existiert haben. Immer wieder wurde versucht, dies durch entsprechende Geschichten und Legenden zu untermauern.

Nach der koreanischen Mythologie soll Tangun, der Sohn einer Bärenmutter, vor 4300 Jahren vom Himmel herabgestiegen sein, um die Führung der alten Sippen und Stämme zu übernehmen. Bevor er eine »Ur-Hauptstadt« in der Nähe vom Pjöngjang gründete, mußte er den Widerstand der zerstrittenen Stammeshäuptlinge brechen, was ihm einerseits durch seine gottähnlichen Fähigkeiten, andererseits durch gewisse Kampftechniken gelungen sein soll. Viele Koreaner sehen in Tangun den Urheber aller Kampfsysteme.

Eine japanische Legende erzählt vom Arzt Akiyama (anderswo heißt er Yoshitoki), der ein Kampfsystem entwickelt haben soll, nachdem er bei der Schneeschmelze beobachtet hatte, wie die Zweige alter Bäume unter der Last des Schnees brachen, während der Schnee an den nachgiebigen Zweigen der Weiden- und Kirschbäume abrutschte, ohne Schaden anzurichten.

Das chinesische Gegenstück dazu berichtet vom Jungen
Li Tei Feng, der während eines Sturms am Jangtsekiang
eine Palme beobachtete, die mit ihren nachgebenden Bewegungen dem Wind trotzte. Große und starke, aber starre
Bäume hingegen wurden gebrochen oder entwurzelt.

Um 2600 v. Chr., einer Zeit, die man auch die Zeit des
»Gelben Kaisers« nennt – ob es sich hier um den sagenum-
wobenen Kaiser Yü handelt, ist nicht sicher –, sollen Systeme aus simulierten Kämpfen und Tänzen entstanden
sein, die kultischen Charakter besaßen und bei denen Tier-
masken getragen wurden. Im *Chi king*, einem Liederbuch
aus dem 12. Jahrhundert v. Chr., das rund dreihundert Lie-
der enthält, werden Boxtechniken als Übung der Oberschicht erwähnt.

Während der Tschou-Dynastie (1030 bis 772 v. Chr.), die
von kriegerischen Auseinandersetzungen geprägt war, sollen gewisse Selbstverteidigungsformen zusammen mit dem
Bogenschießen und Fechten aufgekommen sein. Ebenfalls
zu dieser Zeit soll auch der hohe Würdenträger Kuan Chung
das Volk die Kunst der Körperschulung gelehrt haben.

Später, unter der Han-Dynastie (206 v. Chr. bis 800
n. Chr.), wird von dem großen Physiker und Mediziner Hua
To – sein Name wird auch wiedergegeben mit Hwa Thor
oder Huag T'o – berichtet, er habe bestimmte Bewegungsfolgen beherrscht, die auf der Imitation von Tierbewegun-
gen beruhten. Diese Übungen verwandte er sowohl zur
menschlichen Leibesübung als auch zur Therapie. Der berühmte Feldherr Pan-Ch'ao (31 bis 100 n. Chr.) erwähnt in
seinen Aufzeichnungen eine Form des Schlagens »Chi Chi«
und eine Art des Ringens »Go-Ti«.

Weiter heißt es, daß im Jahre 629 n. Chr. der buddhistische Mönch Hsuan Tsang auf einer Reise von China nach
Indien von seinem Leibwächter – einem Affen – verschiedene Methoden der Verteidigung erlernt habe.

Bei den Indern soll ein sehr altes Kampfsystem namens
Kalarippayat existiert haben, welches hauptsächlich auf
Ringtechniken und begrenzten Schlagtechniken beruhte.

Sogar von den Soldaten Alexanders des Großen sagt man, sie hätten während des Feldzuges nach Indien (337 bis 335 v. Chr.) ihre Boxtechniken durch das *Kalarippayat* ergänzt. Diese Behauptung mag auf den ersten Blick etwas verblüffend erscheinen. Sollten so früh schon Europäer mit den Kampfkünsten Asiens in Kontakt gekommen sein? Unwahrscheinlich wäre es jedoch nicht unbedingt, denn als Beweis für einen frühen Kulturaustausch, wenn auch auf anderem Gebiet, können wir auf die Kunst des großen nordindischen Reiches Ghandara hinweisen.

Der gräko-buddhistische Kunststil, der sich in vielen Buddha-Statuen manifestiert, ist mit Sicherheit im Zusammenhang mit dem Eroberungszug Alexanders des Großen zu sehen. Weiterhin weiß die Geschichte vom griechischen Gesandten Megasthenes zu berichten, der, nachdem die griechischen Könige den Osten fast ganz beherrschten, das Königreich Magadha in Zentralindien, eine Hochburg des Buddhismus, besuchte.

Die Gründung eines Kampfsystems wird auch Bodhidharma, dem 28. Patriarchen des Buddhismus und Gründer des Tschan- oder Zen-Buddhismus, zugeschrieben, der im 6. Jahrhundert n. Chr. aus Indien nach China kam. Diese These wird sowohl von indischen als auch chinesischen Fachleuten anerkannt. Die buntgemischte Reihe von Sagen und Tatsachen ließe sich beliebig verlängern, bemerken muß man jedoch, daß diese Mythen und Legenden weitgehend wohl nicht den chronologischen und historischen Realitäten entsprechen, wenn man bei der nebulösen Unklarheit, die einen kaum durchdringbaren Schleier über die Entstehung von Kampfsystemen legt, überhaupt von Tatsachen oder Realitäten sprechen kann. Diese Situation trifft besonders für China zu, ein Land, in dem sich – wie Hermann Schreiber in seinem verdienstvollen Buch »Die Chinesen« aufzeigt – »... die Periode der Unsicherheit und des Übergangs zwischen Sage und Historie, zwischen legendären und verbürgten Ereignissen über einen ungewöhnlich großen Zeitraum erstreckt«.[3]

Um die Urheberschaft eines »echten« Systems dürften sich meiner Meinung nach nur Chinesen und Inder streiten, denn alle Kampfsysteme lassen sich zumindest bis nach China zurückverfolgen und sind von da aus mit Sicherheit im Rahmen des allgemeinen Kulturaustausches nach Korea und Japan gekommen, um dort verändert oder vervollständigt zu werden. Ob in Japan vielleicht gewisse unsystematische Vorformen, die man eventuell in den Bereich des Sumo einordnen könnte, schon bestanden haben, ist nicht mit Sicherheit zu sagen.

Mir erscheint am wahrscheinlichsten, daß im Zusammenhang mit Bodhidharma Impulse aus Indien kamen und in China auf schon vorhandene Übungsformen trafen. In den Felshöhlen in der Nähe der Stadt Hang-Zhoa in China sind 330 in Stein gehauene Statuen in teilweise gymnastischer Stellung zu sehen *(Abb. 1)*. Diese einheimischen Formen waren höchstwahrscheinlich noch nicht sehr genau strukturiert, und Bodhidharma ist wohl der erste gewesen, der gewisse Körperübungen zu einem System zusammengefaßt hat, das neben den vielen Varianten, die es erfahren hat, auch heute noch relativ unverändert existiert. (Das System wird im folgenden noch eingehend besprochen.) Die meisten chinesischen und japanischen Kampfsysteme dürften sich aus diesem entwickelt haben. Ehe wir uns aber im einzelnen mit den wichtigsten chinesischen Kampfsystemen befassen, wollen wir einige Elemente der Religions- und Geisteswelt im alten China in ihren Grundzügen kennenlernen. Denn ohne diesen geistigen Hintergrund ist ein tieferes Verhältnis der asiatischen Kampfkünste nicht möglich.

Abb. 1: Buddhistische Gottheit in gymnastischer Haltung. China, Periode der »Fünf Dynastien«, 907–960. *(Foto: Klaus Herforth)*

2 China: ein Volk – drei Religionen

Von dem bedeutenden chinesischen Gelehrten des 6. Jahrhunderts n. Chr. Fu Hhi wird berichtet, daß er einmal vom Kaiser Wu-Ti gefragt wurde, ob er Buddhist sei. Der Gefragte wies als Antwort auf die taoistische Mütze, die er als Kopfbedeckung trug. »So bist du also ein Taoist?« fragte der Kaiser. Da zeigte Fu Hhi auf die konfuzianischen Schuhe an seinen Füßen. Als Wu-Ti daraufhin weiter fragte, ob er sich dann also als Konfuzianer ansehe, deutete er auf die Schärpe, die er nach buddhistischer Bonzenart über die Schulter geworfen hatte.

Die Geschichte des Gelehrten Fu Hhi verdeutlicht den bis in die heutige Zeit herrschenden Synkretismus sehr anschaulich.[4] Die eigentümliche Mischung aus Religion, Moralvorschriften und Philosophie, auf der die chinesische Gesellschaft basiert, macht es unmöglich, wenn man sich den Vorwurf der Einseitigkeit ersparen will, von *der* Philosophie oder *der* Religion Chinas zu sprechen. Exakte Abgrenzungen im Sinne unseres Religionsverständnisses hat es in China nie gegeben. Bezeichnenderweise wird man in der chinesischen Sprache vergeblich nach einem Wort für »Religion« suchen. Es existiert lediglich ein Begriff, den man mit »Lehre« übersetzen kann.

In Sachen des Glaubens herrschte in China – im Vergleich zu anderen großen Kulturen – sehr große Toleranz. Bis auf die unvermeidlichen Ausnahmen, von denen auch China nicht verschont bleibt, durfte im »Reich der Mitte« jeder seine Götter anbeten und ihnen Kultstätten errichten.

Diese »freigeistige« Einstellung religiösen Belangen gegenüber war natürlich schon durch die riesige Größe und Einwohnerzahl des Landes bedingt. Eine Religion oder Lehre in irgendeiner Form verbindlich zu machen, war in früheren Zeiten so gut wie unmöglich.

Auch wenn es in der zu Anfang des Kapitels erwähnten Geschichte des Weisen Fu Hhi so erscheinen mag, haben die drei Geisteslehren jedoch nicht die gleichen Anteile an der chinesichen Seele.

Der aus Indien, dem Lande der Metaphysik, stammende Buddhismus konnte die Vormachtstellung des Konfuzianismus und Taoismus nie brechen, obwohl er die einzige wirkliche Religion innerhalb dieser Trinität ist.

Den Taoismus muß man sich als einen von fatalistischen Zügen geprägten Volksglauben denken, der eigentlich in einem gewissen Gegensatz zum eher rationalistischen Konfuzianismus steht, den man als Sammlung von Moralvorschriften bezeichnen kann.

Der Konfuzianismus der Oberschicht und der animistische Taoismus des Volkes waren so fest in der Lebensweise der Menschen verankert, daß eine Hinwendung zu einem »reinen« Buddhismus völlig undenkbar gewesen wäre. Daß der Buddhismus sich dann doch verbreitete, lag wahrscheinlich daran, daß die beiden vorhandenen Geistessysteme zu sehr an die jeweilige soziale Klasse gebunden waren. Nachdem die religiösen Texte im Laufe einer relativ langen Zeit in die verschiedenen chinesischen Dialekte durch Gelehrte, die das Lesen beherrschten, mündlich überliefert wurden, breitete sich der Buddhismus als dritte Alternative aus.

Diese drei Lehren wurden zwar von den Gelehrten als getrennte und eigenständige Systeme betrachtet, für das Volk jedoch traf diese Sichtweise nicht zu. Bei Problemen des Alltags bat man, je nach Lage der Dinge, sowohl buddhistische Priester, konfuzianische Weise als auch taoistische Zauberer um Hilfe.

Es sei noch einmal betont, daß dieses Zusammenspiel verschiedener Lehren für das Verstehen der chinesischen Mentalität von großer Bedeutung ist, da jeder Chinese sowohl damals als auch heute in seiner Geisteshaltung von diesen Elementen in irgendeiner Form beeinflußt war und ist.

Taoismus – die Yin/Yang-Lehre

Der ursprüngliche Glaube der Chinesen unterschied sich nicht wesentlich vom naturalistischen Urglauben der meisten Völker. Dieser frühe Glaube kannte die Anbetung von Himmel und Erde, Wind und Donner, kannte aber auch die animistische Angst vor Übernatürlichem ebenso wie dessen Verehrung. Erstmals um 4000 v. Chr., also schon zweitausend Jahre vor der Hsia-Dynastie, sollen die Begriffe *Yin* und *Yang* aufgetaucht sein. Dieses Begriffspaar symbolisiert alle gegensätzlichen Pole des Universums und schließt solche Begriffspaare wie Mann – Frau, Feuer – Wasser oder Winter – Sommer ein. Es zeigt das ewige Wechselspiel der Kräfte, die alle zu einer kosmischen Einheit gehören. Auch Gegensätze abstrakter Natur wie positiv–negativ oder stark–schwach gehören zu diesem universalen Rhythmus.

Diese Gedankenwelt archetypischer Gegensätze, in der es keinen Anfang und kein Ende, sondern nur den ständigen Wechsel gibt, wird graphisch durch das Yin/Yang-Symbol dargestellt (Abb. 2).

Yin ist der dunkle, negative Aspekt, während *Yang* für den hellen, positiven Aspekt steht. Die Formen von Yin und Yang sind oft als stilisierte Fische gedeutet worden, die ständig umeinander kreisen. Tao ist ein philosophischer Begriff, der sich nur sehr schwer übersetzen läßt. Er kann sowohl »Weg« bedeuten (dies entspräche dem japanischen *Do*) als auch »Lauf der Dinge«, »Ordnung«, »Norm«, »Gesamtheit« und »Sinn« (dies entspräche etwa dem indischen *Dharma*).

Im allgemeinen wird das *Tao* als stilles, über alles herrschendes Prinzip des Alls gedeutet. Durch die Existenz des Tao wird Yang erschaffen, und wenn Yang sein Äußerstes

Abb. 2: Yin/Yang-Symbol. Alte Leinenapplikation. *(Archiv des Autors)*

erreicht hat, entsteht Yin. Dies gilt auch umgekehrt, so daß immer eine Bewegung da ist, in der Yin und Yang sich gegenseitig bedingen. So ist also nichts außer dem ewigen Wechsel von Dauer. Die beiden jeweils andersfarbigen Punkte in Yin und Yang sollen zeigen, daß nichts nur gut und nichts nur schlecht ist, sondern in jedem auch etwas vom anderen enthalten ist. Hier überwindet das Yin/Yang-Prinzip natürlich einen strengen Dualismus bzw. eine strikte Gegensätzlichkeit.

Diese beiden sehr alten Begriffe Tao und Yin/Yang tauchen auch im *Buch der Wandlungen*, dem *I Ging*[5], auf, von dem frühe Fassungen schon im 12. Jahrhundert v. Chr. (oder noch früher) bekannt waren. Die genaue Deutung seiner Orakelsprüche ist unklar, allein die chinesische Sekundärliteratur ist Legion.

Der Kern des Buches besteht aus 64 Hexagrammen mit gebrochenen und durchgehenden Linien. Die Linien und Zeichen werden mit Hilfe des Yin/Yang-Begriffspaares interpretiert. Dem Leser soll der dauernde Wechsel der Phänomene deutlich gemacht werden, um ihn so in die Lage zu versetzen, sein menschliches Handeln in die kosmische Harmonie einzubinden. Zu den vielen Großen der chinesischen Geschichte, auf die das *I Ging* einen Einfluß hatte, gehört auch Laotse.

Laotse (»der Alte«, *Abb. 3*) soll aus der Nordprovinz Honan stammen. Sein Geburtsdatum liegt um 700 v. Chr., ansonsten ist uns über sein Leben wenig bekannt. Etwas mehr wissen wir über das ihm zugeschriebene *Tao te king* (»Das Buch vom Sinn und Leben«).[6] Dieses Buch aus fünftausend chinesischen Schriftzeichen soll Laotse während seiner freiwilligen Flucht in die Eremitage einem Grenzwächter übergeben haben. Laotse ist der erste chinesische Philosoph, der versucht, den »Weltzusammenhang« ohne Rückgriffe auf den Anthropomorphismus[7] der Frühzeit zu erklären.

In den 81 Aphorismen des *Tao te king* wird die Lehre des Laotse deutlich:

"panta rhei" Der Sinn ist immer strömend.
Aber er läuft in seinem Wirken doch nie über.
Ein Abgrund ist er, wie der Ahn aller Dinge.
Er mildert ihre Schärfe.
Er löst ihre Wirrsale.
Er mäßigt ihren Glanz.
Er vereinigt sich mit ihrem Staub.
Tief ist er und doch wie wirklich.
Ich weiß nicht, wessen Sohn er ist.
Er scheint früher zu sein als Gott.

Abb. 3:   Laotse auf einem Wasserbüffel reitend. Alte chinesische Feder-
          zeichnung. *(Archiv des Autors)*

Das Tao selbst ist das große Ganze, der ständige Kreislauf und Wechsel aller für uns vorstellbaren Dinge. Begriffe wie Gegenwart, Zukunft und Vergangenheit gibt es für das von Zeit und Raum unabhängige Tao nicht. Der Wechsel aller menschlichen, natürlichen und himmlischen Erscheinungen vollzieht sich allerdings nicht willkürlich, sondern liegt in der unfaßbaren Tiefe des Tao begründet. Da sich in diesem Weltprinzip alles von selbst frei entfaltet, bedarf es keiner äußeren Einflüsse mehr.

Für uns paradox klingend und nur sehr schwer vorstellbar wird sogar das Tao selbst als »nichtseiend« definiert. Dennoch besitzt es eine Einflußnahme, die sich aber nicht in »aktivem Lenken« zeigt, sondern im »Nicht-Handeln« (*Wuwei*).

> Die Welt erobern und behandeln wollen,
> ich habe erlebt, daß das mißlingt.
> Die Welt ist ein geistiges Ding,
> das man nicht behandeln darf.
> Wer sie behandelt, verdirbt sie,
> wer sie festhalten will, verliert sie.

Soviel zur Welttheorie des Laotse, die als geistiges Prinzip eine gewisse Ähnlichkeit mit der Aktualitätstheorie des Heraklit aufweist, die in komprimierter Form durch den Sinnspruch »Panta rhei« (»Alles fließt«) ausgedrückt wird.

Wie nun aber kann der einzelne mit der Theorie Laotses glücklich werden? Der ideale Taoist kann zwei Wege beschreiten. Er kann versuchen, sich mit Hilfe all seiner Sinne und Fähigkeiten mit der Natur in Einklang zu bringen, um so das Tao unbewußt zu erfassen. Die Menschen sollen sich darüber klarwerden, daß nichts ewig ist, und den Begriffen Reichtum, Besitz, Leben, Tod nicht zuviel Bedeutung beimessen, da auch sie nur vorübergehende Erscheinungen sind. Die Menschheit darf nicht erstarren, sie muß bereit sein, sich ständig zu verändern, bereit, immer erneut zu lernen.

Der zweite Weg, den ein Taoist einschlagen kann, führt über die Stille und Zurückgezogenheit. Auch in diesem Zusammenhang wird das »Nicht-Handeln« *(Wu-wei)* wieder erwähnt. Nichts zu tun heißt natürlich nicht, absolut nichts zu tun, sondern *Wu-wei* ist die Vermeidung künstlicher Aktivität zugunsten von Ruhe und Besonnenheit. Dieser quietistischen Ethik, deren höchste Tugenden Menschenfreundlichkeit, Bedürfnislosigkeit und Ausgeglichengheit sind, ist oft ein gewisser Nihilismus vorgeworfen worden, was aber dem Wesen des Taoismus nicht gerecht wird, denn er ist nicht ziel- oder wertlos. Indem er Tao, Yin/Yang und Wu-wei anerkennt, findet er einen Weg zu den höchsten kosmologischen Werten.

Diese Weltsicht erzeugt natürlich eine bestimmte Verhaltensweise gegenüber äußeren Einflüssen. Der überzeugte Taoist ist zurückhaltend, nachgebend und von unerschütterlicher Ruhe. Seine geistige Kraft wird nicht durch Emotion oder übertriebenes Handeln geschwächt, um dadurch zum geeigneten Zeitpunkt ganz und ohne Einschränkung zur Verfügung zu stehen.

Der einzelne soll das Tao der Welt zur Maxime seines Handelns machen und anerkennen, daß Mensch und Welt jeweils Teile des anderen sind. Nur so kann er den menschlichen Wunsch nach Einheit mit der Natur verwirklichen und seinen persönlichen Frieden erlangen. Für Laotse wird somit das Prinzip des Universums gleichzeitig auch Prinzip des Menschen.

Die latente Gefahr, die der Taoismus mit sich bringen kann, ist der Fatalismus. Da der Mensch nicht weiß, welches Schicksal das Tao ihm zugedacht hat, sind Begriffe wie Glück oder Unglück nur relativ, und es bedarf keiner Anstrengung, das eine zu erreichen und das andere zu verhindern.

In der chinesischen Literatur gibt es eine Unzahl von Geschichten, in denen aus dem offensichtlichen Glück späteres Unglück wird. So kann es dazu kommen, daß der einzelne versucht, durch Weltabkehr und Passivität die »natürliche

Harmonie« zu erlangen, und jegliche Eigenverantwortung
ablehnt. Sogar anarchistische Züge kann der Taoismus in
dieser Form annehmen, da in einer Welt des Tao natürlich
auch eine Regierung überflüssig wird. Dies war von Laotse
mit Sicherheit nicht beabsichtigt.

Als typischer Vertreter des südlichen China, also der Gebiete am Jangtse, besaß Laotse aber eine weniger von der
Ratio bestimmte Mentalität als der große Denker des
Nordens, Konfuzius. (Diese typischen Süd-Nord-Unterschie-
de, die ich mit dem Begriffspaar »heiter-hart« kennzeichnen
möchte, werden auch bei den verschiedenen Kampfstilen
noch eine Rolle spielen.) Da Laotse in seine Gedanken kaum
soziale, politische oder ökonomische Faktoren miteinbezog,
muß er sich den Vorwurf, ein etwas lebensfremder Idealist
gewesen zu sein, wohl gefallen lassen.

Der heutige Taoismus hat nicht mehr viel mit Laotse zu
tun, denn während es Laotse darum ging, Magie und Aber-
glauben auszuklammern, kam es in späteren Zeiten wieder
zu den uralten animistischen Vorstellungen. Eine Mischung
aus Alchimie, Ahnenkult und Gespensterglaube fand Eingang in den Taoismus, was sich nicht vorteilhaft auf seine
Entwicklung auswirkte.

Der Mystizismus und der Zauberglaube haben die Lehre
Laotses verschleiert und den Taoismus in zahlreiche Schulen
und Sekten gespalten, die unter Verwendung von Drogen,
Kräutern und Quecksilber(!) und mit Hilfe zahlreicher meditativer Techniken, die Ähnlichkeit mit dem indischen Tan-
tra-Yoga aufwiesen, versuchten, »ewiges Leben« oder besondere sexuelle Fähigkeiten zu erlangen. Aus diesem Bereich des Taoismus ist lediglich die Atemlehre für die chinesischen Kampfsysteme von Bedeutung, während die zentralen Begriffe des ursprünglichen, echten Taoismus den geistigen Überbau der Kampfsysteme Chinas entscheidend geprägt haben, wie wir in dem Kapitel über das T'ai Chi Chuan
noch genauer sehen werden.

Meister Kung und die Sitten

Kung-fu-tse, wie seine Schüler ihn nannten, wurde 551 v. Chr. in Tsche-fo, einer Provinzstadt in Lu (Schantung), geboren. Sein Vater, der siebzigjährige Schu-Liang Ho, hatte in zweiter Ehe ein fünfzehnjähriges Mädchen geheiratet. Nach dem Tod des Vaters mußten Konfuzius[8] und seine Mutter ein äußerst bescheidenes Leben führen. Eventuell prägte schon diese freudlose und armselige soziale Umwelt den ernsten und zurückhaltenden Charakter des Konfuzius. In der Schule der Schriftgelehrten interessierte er sich hauptsächlich für Geschichte und Musik, obwohl er auch Unterricht in Sitten und Ritenkunde und im Bogenschießen und Wagenlenken nahm.

Im Alter von zweiundzwanzig Jahren eröffnete er eine Schule in Lu. Der Lehrplan der Schule bestand aus einer Mischung von Geschichts- und Anstandsunterricht. Konfuzius selbst soll gesagt haben, daß der Weise nur durch das Erkennen geschichtlicher Zusammenhänge ausreichend Abstand gewinnen kann, um Leben, Natur und Universum verstehen und schätzen zu lernen.

Nach längeren Reisen, die ihn auch an den Hof des Kaisers Tschou in Lo führten, wo er sich zu Studienzwecken einige Zeit aufhielt, kehrte er nach Lu zurück. Dort brachte er es als Berater des Herzogs später zum Justizminister und schließlich zum Ersten Minister. Durch innenpolitische Intrigen sah sich Konfuzius zum Rücktritt gezwungen.

Enttäuscht, seine moralischen Grundsätze nicht verwirklicht zu haben, begab er sich auf eine vierzehnjährige Wanderschaft. Ständig war er bemüht, einen aufgeklärten Herrscher zu finden, um diesen durch seine Ratschläge zu unterstützen. In dieser Wanderzeit erlebte Konfuzius von der Niedergedrücktheit bis zur Hoffnung, von der Gefahr bis zum Glück alle Stimmungen und Fügungen, die das menschliche Leben bereithält. Frustriert kehrte er im Alter von 68 Jahren nach Lu zurück mit der Erkenntnis: »Die Menschen sind ohne Einsicht, schnell vergehen die Jahre.«

In seinen letzten Lebensjahren beriet er zwar den inzwischen herrschenden Regenten gelegentlich noch, doch alles in allem suchte er eher die Stille und Zurückgezogenheit. Im Alter von 73 Jahren starb er 479 v. Chr. mit Ruhe und innerer Gelassenheit.

Während seiner Wanderungen fand er immer wieder Gelegenheit, zahlreichen Schülern und Anhängern seine Ideen und Gedanken in Form von Diskussionen und Gleichnissen kundzutun.

Wie sahen nun die Grundzüge seiner Ethik und Soziallehre aus? Eine eigentlich neue Religion gründete er nicht, denn er wollte nicht wie Buddha oder Mohammed ein »neues Heil« bringen, sondern zurückkehren zu alten, tradierten Wertvorstellungen und Grundsätzen chinesischer Kultur. Er selbst soll gesagt haben, wenn man ihn nur ließe, sei er in der Lage, ein Reich wie das ehrwürdige Tschou-Reich erneut aufleben zu lassen.

Das Wissen um die Qualitäten des Überlieferten und die Achtung vor dem Alten sollte die Bevölkerung vor der Selbstüberschätzung bewahren. Der Autoritätsglaube und die Ehrfurcht vor dem Alter waren im chinesischen Volk von jeher fest verankert. Dieses Gefühl einer ganzen Nation erhielt in der Lehre des Konfuzius eine zentrale Bedeutung.

Während sich die Taoisten stärker auf Natur und Kosmos konzentrierten, sind im mehr logisch-rationalistischen Konfuzianismus die zwischenmenschlichen Beziehungen von primärer Bedeutung. Der Ahnenkult und die Familienordnung sind für Konfuzius Fundamente der sozialen Ordnung. Die Verehrung der Ahnen muß man im Konfuzianismus zu den zwischenmenschlichen Beziehungen rechnen, da die Chinesen von einem Weiterleben der Ahnen im Jenseits ausgehen.

Jeder Mensch ist gehalten, seiner gesellschaftlichen Stellung entsprechend den Nächstälteren oder Höherstehenden zu ehren und zu achten: der Sohn den Vater, der Vasall den Fürsten, das Volk den Herrscher. Konfuzius sagt: »Wer Vater und Mutter dient, so daß er dabei seine ganze Kraft aufbietet, wer dem Fürsten dient, so daß er seine Person drangibt – der hat Bildung.«[9] Gerade dieser Aspekt des Konfuzianismus sollte später in Japan – insbesondere in der Gesellschaftsschicht der Samurai und für deren Ausbildung und Erziehung – noch große Bedeutung erlangen. Die kleinste Einheit der menschlichen Gesellschaft ist der einzelne. Bei ihm mußte nach Konfuzius die Bildung einsetzen. An einer Stelle in seinem Buch von der »Großen Wissenschaft« wird dies besonders deutlich:

> Indem die Alten die ursprünglich reine Natur des Menschen auf der ganzen Erde leuchten lassen wollten, ordneten sie zuerst ihren Staat; indem sie ihren Staat ordnen wollten, einigten sie zuerst ihre Familien; indem sie ihre Familien einigen wollten, bildeten sie zuerst ihre Person. Wer seine Person zu bilden bedacht ist, muß sein bewußtes Seelenleben (Herz) in Ordnung bringen; um das Seelenleben in Ordnung zu bringen, muß man die Ideen (aktiven Gedankenkomplexe) wahr machen; um die Ideen wahr zu machen, muß die Erkenntnis ans Ziel kommen. Das Ziel der Erkenntnis beruht auf dem Erfassen der Wirklichkeit.[10]

Die einzelnen wachsen in der Familie zur nächstwichtigen Einheit zusammen. Die Vorstellung von der Familie als sozialer und politischer Einheit hat Leben und Geschichte Chinas entscheidend geprägt. Neben diesem Gesichtspunkt ist der Glaube an den Menschen, der als Teil der Natur und von daher als automatisch gut angesehen wird, für Konfuzius sehr wichtig.

Die Gesetze der Moral waren für ihn ebenso natürlich wie die Abläufe der Natur selbst. Den Begriff der Einbindung des Menschen in die Natur übernahm Konfuzius von den Taoisten, obwohl sich die beiden Schulen ständig um ihre Vormachtstellung stritten. Aber während der Taoismus, der diesen Naturgedanken ja noch in verstärkter Form kennt,

alle bösen, die menschliche Harmonie störenden Einflüsse
darauf zurückführt, daß es den Menschen nicht gelingt, sich
der Natur anzupassen, und er deshalb ein eher passives
»Sich-Einfühlen« fordert, will der Konfuzianismus den sich
selbst erziehenden Menschen, der anderen immer Vorbild
sein kann.

Man muß also von einer Lehre sprechen, die vom guten
Willen des einzelnen ausgeht. In seinem Buch *Lun-yü* (»Gespräche«) äußert sich Konfuzius zu diesem Gesichtspunkt
folgendermaßen: »Drei Heere kann man einem Feldherrn
rauben, nicht aber dem einfachen Mann seinen Willen.«[11]

Der gute Wille muß jedoch gelenkt werden. Deshalb stellte Konfuzius für fast jeden Bereich des menschlichen Lebens
Verhaltensmaßregeln und Ideale auf, wobei die Rücksichtnahme gegenüber Älteren und Ranghöheren, die Men-
schenliebe und die Pflichterfüllung immer wieder besonders
deutlich hervortraten. Er war jedoch der Meinung, daß der
Wert eines Ideals von der Möglichkeit seiner Realisierung
abhinge, insofern waren seine aufgestellten Ideale so streng
rationalistisch aufgebaut, daß sie nicht den »Übermen-
schen« forderten, sondern den vernünftigen, der Familie
und dem Staat gegenüber rücksichtsvollen Menschen.

Das Mittel zur Erziehung der Menschen sollten die Sitten
sein. Der Begriff *Li* (Gebote des Benehmens) umfaßt alle
Möglichkeiten der menschlichen Erziehung. Die für den
Konfuzianismus so ausgesprochen wichtige Etikette drückt
als äußere Haltung nur die innere aus und sollte dem einzelnen nicht Zwang, sondern Sicherheit und Geborgenheit geben.

Zu den weiteren Pfeilern konfuzianischen Gedankenguts
zählen *Jen* (Humanität), *I* (Rechtsgefühl), *Dsche* (Geist, Wissen) und *Hsian* (Treue). Bei der Befolgung jener Maximen
soll jedoch immer die »rechte Mitte« gewahrt bleiben, denn
»Ehrerbietung ohne Form wird Kriecherei, Vorsicht ohne
Form wird Furcht, Mut ohne Form wird Auflehnung, und
Aufrichtigkeit ohne Form wird Grobheit« *(Lun-yü)*. Die be-
neidenswerte Ausgeglichenheit mancher Asiaten mag nicht

zuletzt hier ihren Ursprung haben. Alle Ideale und Vorschriften galten natürlich auch für die jeweils Herrschenden,
die sich durch Edelmut und Gerechtigkeit den Bürgern gegenüber ihres Amtes würdig erweisen sollten. Konfuzius
dachte hierbei in erster Linie wohl an das Priestertum, den
Hofadel und die Krieger. Im Ideal des Edlen *(Kiün-tse)* sah
Konfuzius das Spiegelbild der kosmischen Ordnung. Die
Gesellschaft konnte nur gesund sein, wenn sie auf sittlicher
Basis stand. Der Staat selbst ist im konfuzianischen Weltbild
praktisch als überdimensionale Familie zu sehen, in der jeder einzelne und besonders die Herrscher dafür Sorge zu
tragen hatten, daß alle Ereignisse in Gesellschaft und Natur
ordnungsgemäß abliefen.

Dieser Ordnungsgedanke, der Staats- und Sozialethik mit
Kosmos und Natur verknüpfte, ist in Ansätzen, weniger klar
ausformuliert, auch im Taoismus zu finden.

Die Annahme, daß die Natur gewisse Unregelmäßigkeiten
im Leben der Gesellschaft und des Staates durch Unregelmäßigkeiten ihrerseits ankündigte, führte zu einem Kult, der
sich mit der Deutung dieser Vorzeichen beschäftigte. Dieser
Kult war so genau festgelegt und geregelt, daß er fast
zwangsläufig »Staatssache« und nicht Sache des Volkes
werden mußte.

Diese Tatsache und den starken Konservativismus, den
die Lehre des Konfuzius zweifellos beinhaltet, muß man
wohl in erster Linie dafür verantwortlich machen, daß seine
Lehre, auch nach seinem Tod, immer wieder von Fürsten
und Regierungen zur Systemstabilisierung benutzt wurde.

Automatisch wurde der Konfuzianismus im Laufe der Zeit
dadurch zur »Staatsreligion«, obwohl dieser Terminus, wie
eingangs schon erwähnt, eigentlich nicht passend ist. Wahrscheinlich hat eine große Priester- und Beamtenelite verhindert, daß der Konfuzianismus sich volkstümlicher entwik-
keln konnte. Das Volk mag auch vom Rationalismus der
Lehre abgestoßen worden sein, einer Lehre, deren Kult es
insbesondere in späterer Zeit größtenteils nicht mehr verstand. Im Sinne des Konfuzius, der der Metaphysik immer

etwas skeptisch gegenüberstand, ist diese Entwicklung sicher nicht gewesen. Der Konfuzianismus sollte nach seinem Willen eine Lehre der Tat und der Ethik sein und nicht der mystischen Spekulation.

Dieses Abgleiten in den Mystizismus wird dem Konfuzianismus häufig vorgeworfen. Ebenso wird ihm auch die angebliche Überbetonung der Sitten als reaktionär angekreidet. Begriffe wie »Normdenken«, »Konvention« und »Hierarchie« tauchen in diesem Zusammenhang auf. Eine philosophische Welterklärung, die nicht zu kritisieren wäre, hat es in der Geschichte der Menschheit noch nicht gegeben, folglich muß sich auch Meister Kung vor dem Spiegel der Geschichte einige Kritik gefallen lassen.

Der Optimismus, mit dem er versuchte, seine »Jetztzeit« human zu gestalten, ist durchaus positiv zu werten. Aber der Ausnutzung seiner Lehre durch »Nicht-Edle« haben er bzw. seine geistigen Epigonen Vorschub geleistet, indem sie die Ratio zu stark betonten und die Etikette nicht mehr innere Haltung war, sondern Machtmittel einer sozialen Elite.

Nichtsdestotrotz hat die konfuzianische Ethik in China und Japan ein Klima der gegenseitigen Achtung, der Ausgeglichenheit und der Humanität gefördert, welches im sozialen und moralischen Bereich auf alle Teile der Bevölkerung wirkte und noch heute die asiatische Mentalität stark prägt.

Im Buch der Riten *(Li-Ki)*, welches auf Aufzeichnungen der konfuzianischen Schule zurückgeht, wird die Lehre des großen Denkers noch einmal deutlich:

> Der Welt geht es gut, wenn der Herrscher auf dem Wagen der Tugend Platz genommen hat, wenn alle Herrscher sich höflich voreinander verneigen und die Beamten das Gesetz achten, wenn die Gelehrten

Abb. 4: Konfuzius, 551–479 v. Chr. Steingravierung nach einem Bild aus der Tang-Zeit. *(Archiv des Autors)*

an Rechtschaffenheit miteinander wetteifern und das Volk in Frieden lebt. Dann herrscht die Große Harmonie.[12]

Siddhartha Gautama Buddha, der Erleuchtete

Geschichte und Entwicklung des Buddhismus sind so verwirrt und derart eng mit den anderen Geisteslehren Indiens verknüpft, daß es fast unmöglich ist, auf beschränktem Raum eine zusammenfassende Darstellung zu geben.

Die Aufzählung der wichtigsten original-indischen Lehren – Vedismus, Brahmanismus, Buddhismus, Jainismus, Tantrismus und Hinduismus – mag deutlich machen, wie vielfältig das philosophische Leben Indiens war.

Vorstufen des Buddhismus finden wir im Vedismus (ca. 1000 v. Chr.), einer Lehre der Zurückgezogenheit und Entsagung, aber auch der Naturmagie und Opferriten.

Während der Zeit der Upanischaden (750 bis 550 v. Chr.) finden wir schon philosophische Gedankengänge, wie sie mehr oder minder in allen späteren asiatischen Denksystemen auftauchen. Die All-Einheitslehre findet Ausdruck in Aphorismen wie »Tat tvam asi«, das heißt: »Du, der einzelne, bist mit dem Seinsgrund, dem Absoluten, identisch.« Ebenfalls ist schon die Rede von der Seelenwanderung und der Suche nach höherer Erkenntnis, unterstützt durch die Askese.

Die Geburt des Siddhartha Gautama Buddha stellt einen deutlichen Einschnitt in der Geistesgeschichte Indiens dar. Gautama (ca. 560 bis 480 v. Chr.) wurde als Sohn eines Fürsten im mittleren Gangestal geboren. Zusammen mit anderen adligen Jungen wurde er in allen höfischen Künsten erzogen und genoß ein Leben in Wohlstand und Sorglosigkeit. Aber gerade das Leben im Luxus machte Gautama deutlich, daß es auch Leid, Tod und Krankheit gab.

Abb. 5:   Buddha in der Meditation. Tuschbild, Japan, 16. Jahrhundert. *(Kaiserliches Museum, Tokio)*

Dem Reichtum entsagend, entschloß er sich im Alter von 29 Jahren zur Askese, verließ Frau und Kind, Haus und Hof, um in den Wäldern durch asketische Yogaübungen und Meditation die Erleuchtung zu erlangen. Aber so wie ihm das Leben im Reichtum den Einblick in den Weltzusammenhang verwehrte, brachte ihn auch die reine Askese anfänglich nicht weiter. Unter einem Feigenbaum sitzend, kam ihm dann während der Meditation die Erleuchtung (Abb. 5).

Er behielt seine Erkenntnis jedoch nicht für sich, sondern führte von nun an das Leben eines Predigers. Jünger schlossen sich ihm an, ein Mönchstum bildete sich, und als Gautama Buddha im Jahre 480 v. Chr. mit den Worten: »Wie wäre es möglich, was geboren, geworden, gestaltet, der Vergänglichkeit untertan ist, daß das nicht verginge?« starb, hinterließ er eine große Gemeinde, die für die Verbreitung des Buddhismus sorgen sollte.

In seiner Lehre ging Buddha davon aus, daß das Leben eine Kausalkette des Leidens ist. Dieses Leid entsteht durch die Begierde. Erst wenn es gelingt, die Begierde zu beherrschen, kann die Kette durchbrochen werden und eine erneute Wiedergeburt verhindert werden. Der Gläubige ist »erwacht« und kann befreit ins Nirwana eingehen. Die Befreiung ist nur durch Einsicht und Erkenntnis zu erreichen. Erkenntnis wiederum ist nur zu erlangen in meditativer Versenkung. Diese ist möglich, wenn die Menschen in ihrem Leben den edlen achtfachen Pfad zu ihrer höchsten Maxime machen. Im einzelnen besteht dieser Pfad aus: rechter Anschauung, rechter Gesinnung, rechtem Reden, rechtem Handeln, rechtem Leben, rechtem Streben, rechtem Überdenken und rechtem Sich-Versenken. Hierzu muß neben dem Geist auch der Körper beherrscht werden, da die Menschen dazu neigen, seinem Begehren nachzugeben. Da die Welt der Dinge nur Illusion ist, der Geist aber nur frei werden kann, wenn er von Illusion und äußeren Einflüssen unabhängig wird, ist der Buddhist »dazu aufgerufen, Kälte, Hitze und Entbehrungen zu ertragen, da er noch nicht den Ort des Friedens erreicht hat«.[13]

Die aus den alten indischen Geheimschriften bekannten Yoga-Methoden erfüllten im Buddhismus eine Doppelfunktion: Einmal erleichterten sie durch ihre Atemlehre die Konzentration, zum anderen führten die teilweise sehr schwierigen Übungen zu einer vollkommenen Beherrschung des Körpers. Heute gibt es wissenschaftlich überprüfte Berichte von Yogis, die ihren Herzschlag anhalten konnten oder Stunden ohne Sauerstoff zubrachten.

Das Zusammenspiel von Körper und Geist wird in folgenden frühindischen Versen noch einmal deutlich:

> Wenn die körperliche Übung ausgeführt
> Und die äußerste geistige Anstrengung vollbracht ist,
> Sind weder Ende noch Ziel erreicht.
> Wenn durch eine oft geübte Zucht
> Der ganze Raum sich bis zum Leeren erhebt,
> Verschmelzen All und Äther.[14]

Im Gegensatz zur Denkweise unserer westlichen Welt kommt die Erkenntnis nicht durch die logisch-rationalistische Überlegung zustande, sondern durch die stille Konzentration und den Willen des einzelnen, die entstehende Ruhe zu ertragen, was für uns »Westler« besonders schwierig ist. Die Fähigkeit, sich auf einen Gegenstand oder Gedanken zu konzentrieren, ohne störende Nebengedanken aufkommen zu lassen, ist uns weitgehend abhanden gekommen.

Gleichzeitig erkennt der Buddhist die Grenzen des Geistes an. Der Wunsch, die Dinge zu ergründen, jenes unstillbare Sehnen, ja faustische Verlangen des westlichen Geistes, liegt dem Asiaten überhaupt fern. Die asiatischen Denksysteme gehen eher davon aus, daß wir um unserer Freiheit willen kein letztes Wissen über das Absolute haben dürfen; hätten wir dieses Wissen, brauchten wir uns nicht mehr für Gut oder Böse zu entscheiden. Wir würden zu Marionetten degradiert.

Die Lehre Buddhas ist jedoch nicht ausschließlich an den

asiatischen Kontext gebunden, sondern vertritt, da sie von
der persönlichen Moral ausgeht, mit ihren Hauptthesen eine
allgemeingültige mögliche Lebensform. So ist der Buddhismus gekennzeichnet durch Toleranz dem Andersdenkenden
gegenüber, durch tätige Nächstenliebe und Mitleid. Weitere
Gedanken der buddhistischen Ethik sind:

Nicht töten, nicht stehlen und nicht lügen. Als böse gilt die
Befriedigung von Wünschen zum Nachteil anderer, als gut
die Opferbereitschaft für andere. Die Achtung vor allem Lebenden und sogar vor dem Feind drückt sich aus im Grundsatz des »Nichtverletzens« *(Ahimsa)*.

Die Lehre Gautama Buddhas kam etwa im 1. Jahrhundert
v. Chr. nach China, allerdings schon in der entwickelteren
Form des Mahayana-Buddhismus.

Hinayana und *Mahayana* (»Kleines Fahrzeug« und »Großes Fahrzeug«) sind die beiden Hauptrichtungen des Buddhismus. Das Hinayana ist die ältere, ursprünglichere und
strengere Form, die nur einen einzigen Buddha kennt. Aus-
gangspunkt des Hinayana ist das Leid der Existenz und der
schwere, von Buddha aufgezeigte Pfad, das Leid zu überwinden. Jeder muß selbst dafür Sorge tragen, ins Nirwana
zu kommen, was angesichts der Schwere des Pfades nur
wenigen gelingt. Nur diese Auserwählten haben Platz auf
dem »Kleinen Fahrzeug« zum Nirwana.

Die tolerantere Mahayana-Lehre bietet vielen Platz auf
diesem Fahrzeug. Ziel der Mahayana-Buddhisten ist es,
nicht mit Buddha eins zu werden, sondern ein *Bodhisattva*
zu werden, also jemand, der anderen den Weg zum Heil
zeigt. Weiterhin kennt das Mahayana ein riesiges Pantheon
von Göttern und war für die Aufnahme von Ritualen und
Kulten offener als das strengere Hinayana.

In dieser frühen Phase wurde der Buddhismus in China
durch Wandermönche gepredigt, die vereinzelt auch schon
Klöster gründeten. Im 3. und 4. Jahrhundert wurde der Einfluß des Buddhismus so groß, daß die Regierung das
Mönchstum verbot. Offiziell wurde dieses Verbot damit begründet, daß die Klöster für das Wohlergehen des Volkes

völlig unnütz, ja ihm durch ihren Reichtum eher noch schäd-
lich seien.

Man kann dieses Verbot aber auch als Versuch werten,
den sich ausbreitenden Buddhismus abzuwehren und somit
die alte Ordnung zu erhalten. Aber Bedenken gegen die
neue Religion dürften nicht nur von staatlicher Seite, sondern auch von seiten der Bevölkerung bestanden haben.

Während die bäuerliche Bevölkerung Chinas an Geister
und einen magischen Taoismus glaubte, war der Konfuzianismus das Credo der Führungsschicht. Aber trotz ihres Gei-
sterglaubens standen die meisten Chinesen doch so realitätsbezogen im Leben, daß man sich dem durchgeistigten,
komplizierten indischen Buddhismus nicht sofort zuwandte.
Warum sich die Lehre Buddhas dann doch ausbreitete, ist
sehr schwer zu sagen. Hierfür kann die Forderung des Buddhismus, menschliches Leid der noch nicht »Erleuchteten«
durch Trost und Barmherzigkeit zu mildern, verantwortlich
gewesen sein, vielleicht sehnten sich die Chinesen aber
auch nach einem Glauben, der ihnen mehr Hoffnung und
Sicherheit geben konnte als der allzu logische und sehr von
der Ratio bestimmte Konfuzianismus. Das nicht so streng asketische Mahayana mit seinem Glauben an faßbare Götter
und seiner Verheißung des Nirwana für alle war durch seinen toleranteren Charakter geeignet, sich mit den existie-
renden taoistischen Vorstellungen zu verbinden. Je meta-
physischer der Mahayana-Buddhismus wurde, desto näher
kam er dem Volksglauben der Chinesen.

Aber auch seine Lehre vom Karma und vom Leben nach
dem Tod ließ sich mit dem konfuzianischen Ahnenkult gut
verbinden. So konnte sich der Mahayana-Buddhismus in
China nur verbreiten, weil er einerseits Bedürfnisse befrie-
digte, die die einheimischen Religionsrichtungen nicht voll
abdeckten, andererseits aber auch so flexibel war, gewisse
tradierte und im Glauben der Menschen gefestigte Elemente
zu integrieren.

Für die chinesischen Kampfsysteme ist allerdings eine
Richtung des Mahayana-Buddhismus, der Chan-Buddhis-

mus, der sich in Japan zum Zen-Buddhismus entwickeln sollte, von besonderer Bedeutung. Alle grundsätzlichen buddhistischen Züge sind in ihm ebenfalls enthalten. Er betont jedoch stark die Ausbildung und Abhärtung des Körpers. Der Tagesablauf der Mönche bestand aus Arbeit, körperlicher Übung und gemeinsamer Meditation. Durch ihre straffe Organisation gelang es dieser Richtung, sich wirklich in China festzusetzen im Gegensatz zu anderen buddhistischen Sekten, die auftauchten und wieder untergingen. Fast alle der wenigen heute noch bestehenden Klöster in der Volksrepublik China stehen in der Lehrtradition der Chan-Schule.

3 Die wichtigsten Kampfsysteme des alten China

Unter Kung-Fu wird heute fast immer »chinesische Kampfkunst« verstanden. Im eigentlichen Sinne bezeichnet es aber nur so etwas wie »harte Arbeit« oder »Übung«.

Weitere Begriffe, die das chinesische Boxen bezeichnen, sind Chung-Kuo Ch'uan (Chung-Kuo = chinesisch, Ch'uan = Faust) und Wu-Shu (aufhören zu kämpfen). Beim Begriff Wu-Shu wird schon deutlich, daß die Kampfkunst im Grunde dazu dient, die Auseinandersetzung zu vermeiden.

Die Zahl der unterschiedlichen chinesischen Kampfsysteme wird in der Regel mit dreihundert bis fünfhundert angegeben, wobei man bedenken muß, daß viele Systeme auftauchten und wieder verschwanden. Fast alle Kampfsysteme lassen sich in die innere (esoterische) oder äußere (exoterische) Richtung einordnen, wobei es natürlich auch hier wie bei jeder Systematisierung einige Mischformen gibt. In den »äußeren« Systemen werden Kraft, abrupte Körperbewegungen und schnellkräftige Angriffe betont. Das japanische Karate ist eins der bekanntesten Beispiele für die exoterische Richtung.

Da die »äußeren« Systeme des chinesischen Boxens also eher auf die Ausbildung von Kraft, Schnellkraft und Härte abzielen, muß eine gewisse Grundkraft schon vorhanden sein oder antrainiert werden, um den Gegner abzublocken oder aus seiner Position zu bringen. Die »innere« Richtung der Kampfsysteme betont die Entwicklung der psychischen

Kraft und der inneren, vitalen Energie, genannt *Chi* (japanisch *Ki*). Es wird weniger Wert auf Körperkraft gelegt als auf Geschmeidigkeit und Harmonie der Bewegungen. Dem Gegner nachzugeben, sich ihm anzupassen oder auszuweichen erfordert viel mehr Aufmerksamkeit und Konzentration und ist dadurch viel schwerer, als ihn mit einem kraftvollen Block zu stoppen. Deshalb sind die »inneren« Kampfsysteme und auch die, die sich aus ihnen entwickelt haben, wesentlich schwerer zu erlernen als die »äußeren«.

Da die Unterschiede in den einzelnen Systemen teilweise aber nur minimal sind, möchte ich im folgenden exemplarisch auf zwei der bekanntesten und auch heute noch ausgeübten näher eingehen. Das Shaolin Kung-Fu und das T'ai Chi Chuan habe ich ausgesucht, weil ich glaube, daß sie sich zur Gegenüberstellung besonders gut eignen.

Shaolin Kung-Fu oder die streitbaren Mönche

Das Shaolin Kung-Fu wird als ältestes systematisches Kampfsystem Chinas angesehen. Als Gründer wird der indische Mönch des Dhyana-Buddhismus Bodhidharma, auch bekannt als Ta Mo oder unter seinem japanischen Namen Daruma, betrachtet. Bodhidharma *(Abb. 6)* kam im 6. Jahrhundert n. Chr. aus Indien nach China, um die Lehren des *Dhyana* oder *Chan* (Zen) zu verbreiten. Er fand Aufnahme im Kloster Shaolin-Szu, welches im nördlichen China in der Provinz Honan lag. Im Kloster Shaolin lebte er in Askese und Meditation. Die Legende erzählt, er habe sich neun Jahre in der Versenkung geübt, indem er ohne jede Unterbrechung auf eine seinem Meditationsplatz gegenüberliegende Wand starrte. Der über sechzigjährige Mann muß über eine außergewöhnlich gute Kondition verfügt haben, und die wenigsten seiner Schüler konnten die Meditationsübungen, die er

Abb. 6:   Bodhidharma. Tuschbild, China, 13. Jahrhundert. *(Daitokuji, Kioto)*

lehrte, nachvollziehen, weil sie die geistige und körperliche Kraft dazu nicht besaßen.

Deshalb soll Bodhidharma, der der indischen Kriegerkaste der *Kshatriyas* angehörte, ein System von Atemtechniken und gymnastischen Übungen erdacht haben, das anfänglich nicht so sehr den Aspekt der Selbstverteidigung betonte wie den der Körperübung. Die Impulse zu diesen Übungen könnte Bodhidharma aus der indischen Massagekunst, aus dem Yoga oder aus den sehr alten indischen Kriegstänzen entnommen haben.

Inwieweit er Kenntnis über ein ausgesprochenes Kampf-system indischen Ursprungs besaß, liegt im dunkeln. Seine Übungstechnik bestand der Überlieferung zufolge aus den zehn »Mönchsübungen« und den vierundzwanzig »Muskel-spielen«. Die »Mönchsübungen« waren in erster Linie gym-nastische Bein-, Rumpf- und Armbewegungen, während die Mönche in den »Muskelspielen« lernen sollten, willentlich und vollkonzentriert einzelne Muskelpartien ihres Körpers unabhängig voneinander anzuspannen.

Nach Bodhidharmas Tod geriet sein System lange Zeit in Vergessenheit, bis unter der mongolischen Yüan-Dynastie (1260 bis 1368) ein Mann namens Chueh Yuan Priester im Shaolin-Tempel wurde. Er ließ Bodhidharmas System neu erstehen, fügte weitere Übungen hinzu und bemühte sich um die Verbreitung des Shaolin Kung-Fu. Da es inzwischen auch noch andere Shaolin-Kloster gab, war die Popularität des Shaolin-Tempelboxens in China schon zu dieser frühen Zeit sehr groß.

Der erwähnte Chueh Yuan bemühte sich jedoch, weitere Boxmeister für den Shaolin-Tempel zu gewinnen. Auf sei-nen Reisen durch das ganze Land lernte er die Boxer Li und Pai Yu Feng kennen. Nachdem sie sich dem Shaolin-Kloster in Honan angeschlossen hatten, erweiterten diese Meister das System erneut. Sie steigerten die Zahl der gymnasti-schen Übungen auf hundert und fügten fünf noch zu erwäh-nende Tierstile hinzu.

Zu diesem Zeitpunkt kann man bereits eine verstärkte Betonung der Selbstverteidigung feststellen, denn die Tierstile dienen unmittelbar der waffenlosen Selbstverteidigung des einzelnen. Dies hing in erster Linie damit zusammen, daß die Insassen der neuentstandenen Klöster und Tempel ebenso wie die Wander- und Bettelmönche immer häufiger Opfer von Räubern oder Wegelagerern wurden.

Obwohl das Kloster in Honan inzwischen viele Nebenklöster hatte (Wu-Tung Shaolin, Fu Kien Shaolin, Kwang Tung Shaolin und Ngo Mei Shaolin, um nur die wichtigsten zu nennen), stagnierte die Entwicklung während des 16. Jahrhunderts. Die Beziehungen zwischen den Patriarchen der Klöster und den jeweiligen Kaisern waren sehr wechselhaft. Im Zuge der Zeit und der politischen Wirren kamen immer neue Koalitionen zustande: Shaolin und Kaiser gegen aufständische Bauern, Shaolin und Geheimbünde gegen Kaiser, Regierungstruppen und Shaolin gegen mandschurische Truppen und japanische Piraten usw. Die japanischen *Wako* (chinesisch = Zwerge) stellten bis zum Ende des 16. Jahrhunderts einen nicht zu unterschätzenden Machtfaktor im ostchinesischen Meer dar. Sie plünderten nicht nur die chinesischen Küsten, sondern wagten sich auf ihren Beutezügen bis weit ins Landesinnere vor.

Während der von kriegerischen Auseinandersetzungen gekennzeichneten Ming-Dynastie wurde in den Shaolin-Klöstern vermehrt auch der Gebrauch der Waffen gelehrt (Schwert, Säbel, Messer, Lanze, Stock). Der zur Zeit der Kulturrevolution teilweise verbotene Waffenkampf wird heute in China wieder öffentlich geübt *(Abb. 7)*.

Zu einem Zeitpunkt, als die Beziehungen zwischen den Herrschern der Ming und Shaolin recht gut waren, kündigte sich der Untergang des Klosters an. Als nämlich die Mandschu-Tataren die Ming-Dynastie stürzten und selbst die letzte Dynastie chinesischer Kaiser, die bis 1911 anhielt, gründeten, wurden die meisten Klöster zerstört und viele Mönche getötet. Kämpfe, die an Grausamkeit kaum zu überbieten waren, müssen sich in und um die Shaolin-Klöster abgespielt haben. Die Shaolin hatten den Ming-Getreuen

Unterschlupf und Sicherheit versprochen, wodurch die Klöster zu letzten Bastionen und Trutzburgen im Kampf der
Ming gegen die Mandschu wurden. Letzten Endes war die
Übermacht der Mandschu-Truppen zu stark, die Klöster
wurden geschleift, und nur wenigen Mönchen gelang die
Flucht. Diese Mönche sorgten jedoch für das Überleben des
Shaolin Kung-Fu und dessen Weiterentwicklung. Während
der gesamten Mandschu-Herrschaft hat es immer wieder
kleinere Aufstände von Ming-Anhängern gegeben, bei denen Mönche und Boxer eine große Rolle spielten.

Der bekannteste Boxeraufstand war der von 1900, der sich
allerdings nicht mehr direkt gegen die Mandschu richtete,
sondern gegen den Imperialismus der europäischen Mächte,
die ihre wirtschaftlichen Einflußzonen in China zu festigen
suchten.

In diesem Aufstand gegen alles Westliche übernahm eine
Organisation namens I-Ho-Chuan, was soviel heißt wie »Ge-
rechtigkeit-Harmonie-Fäuste«, die Führung der national ge-
sinnten chinesischen Geheimbünde. Weitere bekannte Bo-
xervereinigungen waren »Der weiße Lotos« und »Die
schwarzen Flaggen«. Dem patriotischen Wahn dieser Ge-
sellschaften fielen sehr viele Europäer zum Opfer. In den
blutigen Auseinandersetzungen kämpften die Chinesen mit
Techniken, die mit dem, was man in Europa unter »Boxen«
verstand, nicht viel zu tun hatten.[15]

Ab 1928 gab es erste öffentliche Turniere, in denen sich
die verschiedensten Stilrichtungen vergleichen konnten.
1945 entstanden zwei große nationale Vereinigungen für die
»Boxkünste«: das Zentralinstitut für nationales Boxen und
Körperkultur in Peipei und die Chinesische Boxervereini-
gung in Chungking. Nach der kommunistischen Machtüber-
nahme flohen viele Boxmeister nach Taiwan und Hongkong.

Diese Entwicklung hatte zwei Hauptgründe: Zum einen
verfolgten die zahlreichen Geheimbünde nicht mehr ausschließlich politische Ziele, sondern spielten oft entscheidende Rollen in eindeutig kriminellen Kreisen; zum anderen sa-

hen die neuen Machthaber in den Geheimgesellschaften und den von ihnen ausgeübten Kampfsystemen ideologische Überbleibsel der alten, feudalistischen Kultur. Ohne die nötige Differenzierung wurden die meisten Systeme verboten. Dieser Umstand erklärt die Tatsache, daß heute sehr viele Kampfschulen in Taiwan existieren. Westliche Experten gehen davon aus, daß sich ungefähr 30 Prozent der Bevölkerung Taiwans in den Kampfkünsten üben.

Soviel zur Geschichte der Shaolin-Klöster. Wie sahen nun die genannten fünf ursprünglichen Tierstile in ihrer technischen Ausführung aus? Da eine genaue Auflistung der unzähligen Tritte, Schläge und Würfe zu weit führen würde, sollen nur die grundlegenden Bewegungen dargestellt werden.

Tigerstil

Fast alle Stellungen in diesem Stil werden tief geduckt und mit weitgespreizten Beinen ausgeführt, wobei die Hüfte und der Rumpf immer abgewinkelt sind. Die Finger sind in Form von Krallen zu krümmen, wobei keine einzelne Fingerspitze vorstehen sollte. Mit dieser Handhaltung kann sowohl geschlagen als auch der Gegner ergriffen werden, um ihn zu werfen. Der Tigerstil zielt in erster Linie ab auf die Ausbildung der Beinmuskulatur und die Kraft der Finger und Unterarme.

Schlangenstil

Der Stil stellt eine genaue Nachahmung der Schlangenbewegungen dar. Angriff und Verteidigung gehen fließend ineinander über. Einem blitzschnellen Vorgehen folgt ein weiches und federndes Zurückgehen. Der Kämpfer benutzt zum Angriff oft nur zwei Finger, die Zunge der Schlange imitierend. Der Schlangenstil kennt viele Verteidigungen aus der Bodenlage.

Die geschmeidigen und abwartenden Bewegungen der Schlange sind auf dem Foto *(Abb. 8)* dieses Meisters und seiner Schülerin deutlich zu erkennen.

Abb. 7: (links): Schwert-
kämpfer vor dem
Nordtor der ehe-
mals verbotenen
Stadt. *(Foto:
Klaus Herforth)*

Abb. 8: (oben): Demon-
stration des Sha-
olin-Schlangen-
stils im Hongkou
Park in Shang-
hai. *(Foto: Klaus
Herforth)*

Abb. 9: (unten): Typische
Stellung des Sha-
olin-Affenstils.
*(Foto: Klaus Her-
forth)*

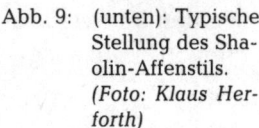

Kranichstil

Der Kranichstil bezweckt die Ausbildung der Sehnen, da er natürliche Stellungen des Tieres aufs genaueste imitiert, was sich in erster Linie durch Stellungen auf einem Bein äußert. Diese Stellungen ermöglichen, vorausgesetzt, die Sehnen sind gedehnt, blitzartige, hohe Tritte mit einem Bein. Die Finger werden so gelegt, daß sie wie ein Kranichschnabel aussehen, um stichartige Schläge auszuteilen. Der Kranichstil ist relativ schwierig, weil das Stehen auf einem Bein sehr viel Kraft und Konzentration kostet.

Leopardenstil

Beim Leopardenstil wird noch mehr Wert auf die Beinkraft gelegt, da hier mit »Sprungtritten« aus geduckter Stellung gekämpft wird. Anders als beim Tigerstil bleibt der Oberkörper jedoch immer aufrecht. Schläge werden nicht in der »Krallenhaltung«, sondern mit der Faust ausgeführt, was eine gute Ausbildung der Oberarmmuskulatur erfordert. Die Arme werden enger beieinander und näher am Körper gehalten als beim Tigerstil.

Affenstil

Diese Richtung des Shaolin-Boxens verlangt eine ausgeprägte Beinmuskulatur *(Abb. 9)*. Alle Abwehrpositionen werden in einer sehr tiefen Hocke oder Reitsitzstellung ausgeführt. Der Boxer des »Ta-Cheng-Men« oder Affenstils dürfte aufgrund seiner tiefen Position von den meisten Gegnern unterschätzt werden, was ihm nur recht sein kann, da ein starkes Überraschungselement für diese Richtung typisch ist. Aus den tiefen Stellungen werden nämlich sehr hohe Angriffssprünge, Rollen, ja sogar Saltos gegen oder über den Gegner ausgeführt. Die teilweise artistischen Bewegungen verlangen vom Boxer extreme Schnelligkeit und große Flexibilität. Die meisten Schläge werden hier von unten nach oben mit dem Handballen der offenen Hand ausgeteilt.

Die verschiedenen Stellungen eines Tierstils können innerhalb des Shaolin aneinandergereiht werden, wobei fortgeschrittene Schüler auch mehrere verschiedene Tierstile aneinanderreihen. Zur Erzielung der nötigen Kraft werden in den europäischen Schulen moderne Kraftmaschinen benutzt, in den meistens sehr kleinen und armen Schulen Asiens verläßt man sich auf die althergebrachten Kraftübungen. Man stößt zum Beispiel die gestreckten Finger in den Sand oder in einen Eimer mit Bleikugeln, man versucht, dikke Seilknoten mit den Fingern aufzuknüpfen, oder tritt und schlägt gegen eine mannsgroße hölzerne Puppe.

Auch das Herausreißen von Nägeln aus Holzbohlen ist eine beliebte Fingerübung. Der furchtbare Griff mancher Meister, die dies seit vierzig oder fünfzig Jahren üben, mag dadurch etwas erklärlicher werden.

Gymnastik und Krafttraining gehen jeder Übungsstunde voraus. Danach werden die einzelnen Stellungen sowohl statisch als auch in der Bewegung geübt. Anfänglich findet das Üben ohne Partner, oftmals vor einem Spiegel, statt. Erst erfahrene Schüler üben die erlernten Techniken mit einem »Gegner«.

Demonstrationen und Korrekturen des Lehrers durchziehen die gesamte Übungszeit.

Die tanzenden Kämpfer des T'ai Chi Chuan

Der Name dieses Systems besteht aus *T'ai Chi*, was man mit »erhabene Energie« oder »höchstes Gesetz« übersetzen kann, und *Chuan*, was »Faust« oder »Boxen« bedeutet.

Bei dem Versuch, die Geschichte des T'ai Chi Chuan zu ergründen, steht man vor dem Problem, daß sich auch hier Legenden mit Tatsachen mischen und konkrete historische Fakten über die Ursprünge nicht vorliegen.

Der erste Name, der von mehreren Autoren übereinstimmend genannt wird, ist der des Chang San-Feng. Er soll zwischen dem 12. und 14. Jahrhundert in einem Shaolin-Kloster gelebt haben; demzufolge kann man annehmen, daß er das

Shaolin Kung-Fu beherrschte. Die Legende behauptet, er habe dem Kampf einer Schlange und eines Kranichs zugesehen und dabei festgestellt, daß der Kranich immer wieder seine abrupten Angriffe stoppen mußte, um zu zielen, während die Schlange in ständiger Bewegung angriff und verteidigte. Dieses Erlebnis soll ihn zur Erfindung eines neuen Kampfsystems motiviert haben. Vielleicht war es aber auch die taoistische Philosophie mit ihren Grundgedanken von der Harmonie, der Einheit von Körper und Geist und des ständigen Wechsels (Yin/Yang), die Chang San-Feng zur Entwicklung eines Kampfsystems inspirierte, welches nicht so hart war wie das vorwiegend »äußere« Shaolin Kung-Fu. Er suchte also weiche Bewegungen, um das taoistische Gedankengut auszudrücken.

Man kann davon ausgehen, daß das T'ai Chi seit dem 14. Jahrhundert als Alternativmethode in den Shaolin-Klöstern unterrichtet wurde. Wer jemals das Glück hatte, einen T'ai-Chi-Meister in Aktion zu sehen, wird festgestellt haben, wie harmonisch und tänzerisch die Bewegungen sind. Obwohl Chang San-Feng Chinese war und nicht wie Bodhidharma, der Gründer des Shaolin Kung-Fu, Inder, treten im T'ai Chi Elemente der indischen Tanzkunst deutlicher hervor als im Shaolin Kung-Fu.

Überall in Indien trifft man noch heute auf kunstvolle Tänze, die auf den westlichen Betrachter sehr harmonisch wirken, die aber neben aller Harmonie größte Gewandtheit von Tänzern und Tänzerinnen fordern.

Obwohl Bodhidharma auch indische Einflüsse verarbeitet hat, kam es ihm in erster Linie darauf an, die Willenskraft und physische Stärke der Mönche zu steigern. Der Chinese Chang San-Feng hingegen war mehr darauf bedacht, ein System zu schaffen, welches durch aktive Meditation und Harmonie körperlicher Bewegung den Ausübenden psychisch formte und ihn in ein seelisches Gleichgewicht brachte. Wahrscheinlich schienen ihm die indischen Elemente dazu besser geeignet, und diese tauchen deshalb im T'ai Chi stärker auf als im Shaolin Kung-Fu.

Der Lieblingsschüler Chang San-Fengs, Wang Chung-Yü, gab seine Kunst wiederum an zwei Schüler weiter, unter denen es allerdings im Laufe der Zeit zum Streit kam: Sie konnten sich nicht auf eine verbindliche Art der T'ai-Chi-Chuan-Ausführung einigen. Die Anhänger teilten sich in zwei Lager, wobei die Familie Chen aus Honan die Oberhand behielt und das T'ai-Chi-System über Generationen hinweg als Geheimnis bewahrte. Ausschließlich Familienmitglieder wurden in der uralten Kunst unterrichtet. Durch die unvermeidlichen, zeit- und kulturunabhängigen Generationskonflikte kam es auch in der Familie Chen zum Streit zwischen Jungen und Alten, wobei jedoch die orthodoxe Methode die anerkannte blieb.

Wahrscheinlich wäre uns das T'ai Chi heute noch unbekannt, wenn nicht gegen Ende des 18. Jahrhunderts Yang Lu Chan beschlossen hätte, T'ai Chi zu erlernen. Nachdem er sich als Diener im Hause Chen eingeschlichen hatte, begann er, nach eingehenden Beobachtungen selbst zu üben. Der Zorn des Familienältesten, der den Diener beim Üben erwischte, verflog schnell, als er sah, wie geschickt sich Yang anstellte. Chen brach mit der Tradition und unterrichtete den vom Diener zum Schüler avancierten Yang viele Jahre.

Einem breiteren Publikum wurde das T'ai Chi vorgestellt, als Yang in Peking eine öffentliche Schule aufmachte. Dies geschah übrigens im Einvernehmen mit dem »Alten Chen«, der im hohen Alter eingesehen hatte, daß seine Kunst nicht weiter im Verborgenen blühen durfte.

Yang Lu Chan betonte sehr stark den gesundheitsfördernden Aspekt, vielleicht aus der Einsicht, daß T'ai Chi als reines Kampfsystem mit der Einführung von Feuerwaffen an Bedeutung verloren hatte. Seit dieser Zeit ist der Yang-Stil eigentlich immer als das »klassische« T'ai Chi bezeichnet worden. Nach Yangs Tod im Jahre 1872 verbreiteten seine Söhne das System in ganz China.

Heute, nachdem gewisse Ressentiments gegenüber den Kampfsystemen abgebaut sind und sich die chinesische Regierung auf den gesundheitsfördernden Charakter dieser gymnastischen Selbstverteidigung besonnen hat, wird überall auf öffentlichen Plätzen, aber auch während der Arbeitspausen in den Betrieben geübt. Das Ministerium für Körpererziehung besitzt eigens für T'ai Chi eine ganze Abteilung. Ebenfalls auf Anweisung der Regierung wurde der Yang-Stil von 108 auf 24 Bewegungsformen gekürzt, um ihn überschaubarer und leichter zu machen.

Der Sinn des Asiaten für blumige Umschreibungen kommt in den Namen der Bewegungen sehr deutlich zum Ausdruck: Der Storch breitet die Flügel aus; Eine schöne Dame arbeitet am Webstuhl; Der goldene Hahn steht auf einem Bein; Wolkenhände; Die Nadel vom Meeresboden holen. Sämtliche Übungen versinnbildlichen aber auch den Yin/Yang-Kreis. Während die eine Hand sich hebt, senkt sich die andere, während ein Bein belastet wird, wird das andere entspannt. Fast alle Armbewegungen sind kreisförmig, hohe Stellungen gehen in tiefe über, keine Bewegung ist abgeschlossen. Das Ende einer jeden Folge ist gleichzeitig der Anfang der nächsten. Das Auf- und Abbauen dieser Gegensätze sorgt für die Harmonie des Ablaufes.

Die Bewegungsformen, auch Soloübungen genannt, können beliebig kombiniert werden und bilden so ein allen Kampfsituationen gewachsenes System. Dies gilt allerdings nur für das alte, 108 Positionen umfassende System, denn durch die Reduzierung auf 24 Positionen werden natürlich auch die Möglichkeiten eingeschränkt.

Durch seinen ausgesprochen defensiven Charakter kennt das T'ai Chi fast ausschließlich Kreis- und Drehtechniken, die der Verteidigung dienen. Kontern geschieht nur als Reaktion auf den Angriff des Gegners. Bei diesen Kreis- und Drehtechniken werden Schläge, Tritte und Würfe benutzt.

Grundsatz des T'ai Chi ist: Dem Gegner darf kein Widerstand entgegengesetzt werden. Man erwartet den Angriff, um ihn weich zu neutralisieren und dann den Gegner ohne Kraft aus dem Gleichgewicht zu bringen. Die folgenden Verse Laotses beschreiben dies auf poetische Weise:

Auf der Welt gibt es
nichts, was weicher und dünner ist als Wasser.
Doch um Hartes und Starres zu bezwingen,
kommt nichts diesem gleich.
Daß das Schwache das Starke besiegt,
das Harte dem Weichen unterliegt,
jeder weiß es, doch keiner handelt danach.[16]

Beim Üben des T'ai Chi sollte der Körper völlig locker und
die Muskulatur entspannt sein. Oberkörper und Wirbelsäule
bleiben aufrecht, und sie bewegen sich nicht unabhängig
vom Becken oder der Taille. Der Oberkörper bleibt immer
im gleichen Abstand zum Boden, wobei der Abstand ideal
ist, wenn die Knie leicht gebeugt sind. Aus der Kraft der
Rumpfbewegungen resultieren die Bewegungen von Füßen,
Beinen und Armen. Die Füße werden, je nachdem ob man
vorwärts oder rückwärts geht, mit den Fersen bzw. Zehen
aufgesetzt, um langsam abzurollen und das Gewicht verla-

Abb. 10: Drei Chinesen bei T'ai-Chi-Übungen in der Nähe des Kaiserpala-
stes in Peking. *(Foto: Cartier-Bresson)*

gern zu können. Der Kopf bleibt in einer Linie mit dem Rumpf. Geübt werden sollte langsam und in einem gleichbleibenden Rhythmus. Das langsame Tempo ermöglicht es, die Bewegungen genau zu kontrollieren. Die drei in den Gärten von Taimiao übenden Chinesen sollen Ihnen die Bewegungsbeschreibung verdeutlichen *(Abb. 10)*.

Wichtig dabei ist, daß der Ausführende immer einen sicheren und festen Kontakt zum Boden verspürt. Das Tempo soll erst später erhöht werden. Die einzelne Übung sollte ebenso wie später beim Aneinanderreihen aller Übungen fließend und ohne Unterbrechung ausgeführt werden.

Die Schüler üben meist jeder für sich, indem sie die Bewegungen des Meisters nachahmen. Wie in anderen Kampfsystemen auch, wird erst mit dem Partner geübt, wenn man ein gewisses technisches Niveau erreicht hat.

Um dem Leser einen ungefähren Eindruck von der schwierigen Ausführung des T'ai Chi zu geben, führe ich die Soloform Nr. 15 des Yang-Stils an, wie sie Großmeister William C. C. Chen beschreibt:[17]

Ausgangsstellung: Aufrecht stehen mit Blick nach Norden.

1. Schritt: Das ganze Gewicht auf rechts verlagern. Die rechte Hand sinkt vor die rechte Leiste und bildet eine Faust.
2. Schritt: Den Rumpf nach Südwest drehen. Der linke Fuß dreht sich auf der Ferse mit. Die Arme beginnen eine Kreisbewegung nach Südost.
3. Schritt: Das ganze Gewicht auf rechts verlagern. Der rechte Fuß macht einen Schritt in Richtung West bis neben den linken. Der Winkel zwischen den Füßen beträgt etwa 90 Grad. Die Unterarme erreichen eine etwa waagerechte Position. Der rechte ist vor dem Rumpf, die Faust vor der linken Brust. Der linke Arm ist fast gestreckt. Den Schritt mit rechts gerade nach West.

4. Schritt: Das ganze Gewicht auf rechts verlagern. Die Arme werden angewinkelt, so daß die linke Hand neben das linke Ohr und die rechte Faust vor das Brustbein kommt.
5. Schritt: Den Rumpf in Richtung Nordwest drehen. Der linke Fuß macht einen Schritt nach West. Der rechte Arm vollendet den in Schritt 2 begonnenen Kreis. Die Faust schlägt nach unten. Die linke Handkante schlägt nach West, bis der Unterarm schräg nach oben zeigt.
6. Schritt: 70 Prozent des Gewichts auf links verlagern. Die linke Hand sinkt neben den linken Oberschenkel, der Arm hängt entspannt. Die rechte Faust boxt schräg nach oben bis auf die Höhe der Magengrube. Dabei wird die Faust gedreht.

Man braucht hierfür nur wenig Platz, und ich würde jedem Leser raten, diese Form einmal zu versuchen. Es handelt sich eigentlich »nur« um das weiche Abfangen eines Schlages und einen anschließenden eigenen Fauststoß. Klar dürfte jedoch geworden sein, wie schwer es ist, 24 oder gar 108 Positionen aneinanderzureihen.

Ziel der gesamten Körperübung des T'ai Chi ist nicht nur die Körperbeherrschung, sondern das Erlangen innnerer Kraft und Energie bei einer äußerlich gelassenen und gleichmütigen Haltung. Die innere Energie, *Chi* genannt, entspringt aus der harmonischen Kombination von Körper und Geist und aus der Fähigkeit, diese Kombination zu einem Zweck oder zu einer Zeit willentlich einsetzen zu können.

Obwohl dieser Begriff für die innere Lebenskraft und Willensentfaltung bei fast allen Völkern der Erde existiert – der griechische Begriff *Pneuma* ist wahrscheinlich einer der bekanntesten –, haben die Chinesen *Chi* wohl am weitesten entwickelt. Ihre Kunst der inneren Wirkungskraft stammt aus der taoistischen Atem- und Meditationslehre. Im T'ai Chi sollen alle Bewegungen gleichzeitig meditative Atemübungen zur Erlangung von *Chi* sein.

Bei der Bewegungsbeschreibung wurde schon darauf hingewiesen, daß der Oberkörper immer aufrecht bleibt. Dies entspricht der taoistischen und indischen Meditationshaltung, nur wird hier die Meditation sitzend bzw. statisch vorgenommen, während im T'ai Chi eine Art »aktiver Meditation« vor sich geht.

Die Taoisten dachten sich den menschlichen Körper als Zirkulationssystem, in dem der Atem auf verschiedenen Stufen von oben nach unten wandert und umgekehrt, wobei aus dem »einfachen Atem« hochwertige Energie entsteht. Der tiefste Punkt, von dem der Atem wieder nach oben wandert, befindet sich ca. 5 bis 7 cm unter dem Nabel. Dieser Körperregion – in China *Tan-t'ien*, in Japan *Hara* oder *Tanden* genannt – wird in beiden Ländern als Sitz sämtlicher Lebensenergien besondere Bedeutung zugemessen.

Übrigens sind die Vorzüge der »Bauchatmung« (Herausdrücken des Bauches beim Atmen) auch medizinisch erwiesen. Die Bauch- oder Tiefatmung mit Lunge und Zwerchfell, dem innersten Atmungsorgan, führt gegenüber der flachen Brustatmung zu einer Verbesserung sämtlicher Körperfunktionen.

Die Atmung sollte anfänglich nicht bewußt kontrolliert werden, da die Art der Bewegungen schon dazu dient, den Atem von selbst ruhig und tief werden zu lassen. Erst später sollte man versuchen, bewußt auf eine Koordination von Atmung und Bewegung zu achten. Man atmet ein, wenn die Arme sich heben oder strecken, die Bewegung sich öffnet oder Tendenz nach vorne hat, man atmet aus beim Senken oder Zurücknehmen der Arme an den Körper und beim Schließen oder Zurückgehen der Bewegung. Hier unterscheidet sich die Atemweise des T'ai Chi als »inneres« System von der Atemweise der meisten »äußeren« Systeme. Im japanischen Karate zum Beispiel soll der Atem bei starken Angriffen oder Blockbewegungen in Form eines Schreies (Kiai) herausgestoßen werden, um die ganze Körperkraft in diese eine Aktion zu legen. Da beim T'ai Chi der Kraftaufwand eigentlich immer gleichbleibt, sind sowohl Atmung als auch Bewegung weniger abrupt und hektisch. Dennoch betonen auch Vertreter »äußerer« Systeme die Bedeutung der Bauchatmung.

An dieser Stelle kehren wir noch einmal zum Begriff *Chi* zurück, denn auch die richtige Atmung dient letztlich dem Chi. Diesen für alle Kampfsportarten zentralen Begriff haben wir ja schon versucht zu definieren. Aber reicht das aus? Handelt es sich bei Chi etwa um paranormale Fähigkeiten? Wer besitzt Chi und wer nicht?

Wahrscheinlich besteht Chi aus zwei unterschiedlichen Komponenten. Bei den »inneren« Systemen verbindet sich mit Chi mehr die geistige Haltung von Ruhe und Ausgeglichenheit und der schon erwähnte Begriff *Wu-Wei* (Nichthandeln). Man läßt Bewegungen des Körpers »geschehen«, man agiert nicht, man reagiert. Die höchste Form von Chi ist erreicht, wenn aufgrund der Ausstrahlung eines Kämpfenden keine oder nur noch eine sehr geringe körperliche Handlung notwendig ist.

Welche Fähigkeiten den Meistern der »inneren« Richtung im Punkte überlegene Gelassenheit nachgesagt werden, zeigen viele Geschichten. So wird öfter glaubhaft berichtet, daß ein großer Meister seinen Lieblingsschüler aufforderte, ihm mit voller Kraft in den Magen zu schlagen. Wenn der Schlag des Schülers ihn traf, lachte der Meister so laut auf, daß der Schüler umfiel. Vom Gründer des modernen Aikido, Morihei Uyeshiba, wissen wir, daß ein ausgesprochen kräftiger Schüler nicht in der Lage war, den Meister auch nur einen Millimeter von der Stelle zu schieben.

Ungewöhnliche Leistungen sind uns aber auch aus den »äußeren« Systemen bekannt. Das Verbiegen eines Speeres mit der Brust oder andere unglaubliche Kraftbeweise verlangen neben einer ausgefeilten Technik auch ein sehr stark entwickeltes Chi. Dieses Chi stellt eigentlich die zweite Form von Chi dar. Woher kommt diese Kraft und der Mut, mit dem vorwiegend Vertreter »äußerer« Systeme solche Leistungen vollbringen? Hier könnte uns ein kurzer Exkurs in die Sportmedizin weiterhelfen.

Wir kennen die »automatisierte Leistung« (Sitzen, Stehen), die wir ohne große Willensanstrengung zustande bringen. Die »physiologische Leistungsbereitschaft«, die 40 bis 60 Prozent unserer maximalen Leistungsfähigkeit darstellt, erbringen wir bei unserer täglichen Arbeit. Das, was man aber allgemein als Maximalkraft bezeichnet, stellt in Wirklichkeit nur ca. 80 Prozent unserer Kraft dar. Die restlichen 20 Prozent sind sogenannte »autonom geschützte Reserven«, die wir durch normalen Willenseinsatz nicht mobilisieren können. Erst in Extremsituationen (zum Beispiel Lebensgefahr) stehen diese Reserven urplötzlich zur Verfügung. Über ein »latentes Chi« verfügt also jeder. Den Meistern der Kampfkünste gelingt es jedoch, Chi zu mobilisieren, ohne den Umweg über die Extremsituation zu gehen. Offensichtlich sind sie in der Lage, willentlich in den Bereich der eigentlich geschützten Reserven vorzudringen.

Das Vordringen in diese Bereiche kann nur durch ein jahrelanges Konzentrations- und Meditationstraining erreicht werden. Dem Begriff Chi können wir also näherkommen, wenn wir ihn zusammenfassend sowohl als Ausstrahlung und Persönlichkeit eines Menschen definieren als auch als die Fähigkeit, die Grenzen der eigenen körperlichen Leistungsfähigkeit sehr weit hinauszuschieben.

Adlerboxen, Pa-Kua, Hsing-I

Unzählige Formen sowohl des Shaolin als auch des T'ai Chi haben sich im Laufe der Jahrhunderte entwickelt. Die Unterschiede in diesen 300 bis 500 Systemen sind teilweise allerdings sehr gering.

Viele Variationen sind in unmittelbarer Abhängigkeit von der Landschaft Chinas entstanden. Im Norden, wo die Bewohner gezwungen waren, in gebirgigem Gelände zu leben und infolgedessen eine gutentwickelte Beinmuskulatur besaßen, entwickelten sich Stile, die Fuß- und Beintechniken bevorzugten. Das angenehme Klima dieser Region ließ die Einwohner eher zu großen und ausholenden Bewegungen neigen. Der verstärkte Beineinsatz läßt sich aber auch dadurch erklären, daß die Nordchinesen im allgemeinen größer sind als die Südchinesen.

Viele nördliche Systeme arbeiten mit Sprüngen über große Distanz, die aus einer relativ offenen und hohen Stellung getätigt werden. Das Adlerboxen, ursprünglich vorwiegend aus krallenartigen Schlägen bestehend, ist durch einen aus dem Norden stammenden Mönch namens Lai Chuen in ein typisches Nordsystem umgewandelt worden. Relikt der alten Fassung sind nur noch das gewölbte Handgelenk und die Krallenstellung der Finger, ansonsten zeichnet es sich durch enorm hohe Sprünge und Tritte aus.

Ein System der »inneren« Richtung ist das *Pa-Kua*, in dem aus ständigen, sehr schnellen Kreis- und Drehbewegungen ebenfalls schnelle Fußtechniken ausgeführt werden. In dieser um 1790 entstandenen Form ist keinerlei Krafteinsatz zu erkennen. Ebenso kann man bei schneller Ausführung kaum erkennen, welcher Kreis der Abwehr und welcher dem Angriff dient.

Vorläufer des *Pa-Kua* dürfte das bereits hundert Jahre früher entstandene *Hsing-I* gewesen sein, welches aus nur zwölf sehr schweren Bewegungsfolgen besteht. Im südlichen China, wo große Reisfelder und Wasserflächen liegen und viele Menschen entweder auf den Feldern oder als Fischer arbeiteten, wurden Stile erfunden, welche die Arm- und Fausttechniken betonten.

Als wichtigste Form wäre dort der »Weiße-Kranich-Stil« zu nennen. Seine Entwicklung schreibt man der Dame Fang Ch'i-niang zu. Während sie an einem Morgen am offenen Fenster saß und sich kämmte, setzte sich ein weißer Kranich auf ihre Fensterbank. Als sie ihn mit einem Stock ärgern wollte, schlug der Kranich den Stock mit starken Flügelschlägen zur Seite. Als sie den Kranich daraufhin bat, sie zu unterrichten, verschwand dieser, um am nächsten Tag als alter Mann wiederzukommen und ihrem Wunsch Rechnung zu tragen. Stiche mit gestreckten Fingern und schwungvolle Schläge mit den Armen symbolisieren in diesem Stil das

Schnabelhacken und Flügelschlagen des Kranichs. Die fast völlige Vernachlässigung der Beine führt allerdings zu einer gewissen Einseitigkeit dieser Richtung.

Das sogenannte »Gottesanbeterin-Kung-Fu«, im Laufe des 17. Jahrhunderts entstanden, ist leicht zu erkennen. Meist wird das hintere Bein belastet, während das vordere, leicht gebeugte Bein nur locker aufgesetzt wird. Die Arme sind angewinkelt, und die Hände werden in Klauenstellung gehalten. Diese Position der oberen Extremitäten soll die Vorderbeine der Gottesanbeterin symbolisieren.

Im *Chin-Na* sind die Nervenpunkte Hauptangriffsziel. Den Griffen mit einem, zwei oder drei Fingern folgt entweder das Kontrollieren des wie gelähmt dastehenden Gegenübers oder ein judoähnlicher Wurf. (Wie schmerzlich solche Griffe sein können, werden sicher die meisten von uns auf der Massagebank schon einmal erfahren haben.)

Um dem Leser einen, wenn auch nur oberflächlichen Eindruck von der Vielzahl dieser Richtungen zu geben, seien nun noch einige weitere Richtungen erwähnt, die allerdings in diesem Rahmen nicht näher beschrieben werden können: Langes Shaolin, Kurzes Shaolin, Geschlossenes Shaolin, Shaolin-endlos-Boxen, Lohan-Boxen, Mantis-Boxen, Betrunkenes Boxen, Pa-Chi-Boxen, Sieben-Knoten-Boxen, Schmale-Hand-Boxen, T'ai-Tsu-Lang-Boxen, Pi-Boxen.

Daneben existieren auch viel allegorischere Namen für chinesische Kampfsysteme in Süd und Nord: Soldat Pa Wang zieht seinen Bogen; Fünf Tiger am Fuße des Berges; Fliegende Beine; Die Hufe des weißen Pferdes; Eiserne Brücke usw. Abgrundet wird die große Familie chinesischer Kampfsysteme durch die zahlreichen Schulen und Richtungen, in denen der Gebrauch der typischen Kung-Fu-Waffen: Schmetterlingsmesser (kurze, wuchtige Hiebwaffe), Stab und Speer, gelehrt wird.

Wann sich diese Schulen, Richtungen, Geheimlehren und Systeme im einzelnen entwickelten und wer der jeweilige Urheber war, ist heute leider nur noch bei einigen Kung-Fu-Richtungen festzustellen. Wer die Kampfsysteme an den

Quellen studieren will, sollte Richtungen, die den Haupt-
aspekt auf Gesundheit und Gymnastik legen, eher in der
Volksrepublik China suchen, während er in Taiwan, Singa-
pur und Hongkong auch noch die älteren und kämpferische-
ren Stile finden wird.

In Deutschland relativ weit verbreitet ist das Wing-Tsun-
Kung-Fu. Im 16. Jahrhundert von einer Nonne entwickelt,
zeichnet es sich durch Sparsamkeit der Bewegungen aus,
was seine Effektivität allerdings nur unterstützt.

4 Gemeinsamkeiten und Probleme chinesischer Systeme

Während das Erlernen von Kampfkünsten in Japan an eine bestimmte soziale Schicht gebunden war und die Betonung ursprünglich sehr stark auf der militärischen Zielsetzung lag, konnte in China jeder Kampfsysteme erlernen, und zwar eher, um seine eigene Kraft und Persönlichkeit zu entwickeln, als um die erlernten Fähigkeiten im Dienste seiner Regierung einzusetzen.

Formelle Festlegungen, etwa in bezug auf die Kampfetikette oder die Prüfungen und Stufen, finden sich in den chinesischen Systemen weniger als in den japanischen Adaptionen. Diese freiere Einstellung gegenüber den Kampfsystemen ist vielleicht aus der stärkeren Betonung der taoistischen Lehre abzuleiten, wohingegen die Kampfsysteme in Japan später erheblich mehr vom relativ starren Konfuzianismus beeinflußt wurden.

Während im Shaolin Kung-Fu nach der Intention seines Gründers mit der Beherrschung des Körpers und der Sinne die harte und das Leben als Leid empfindende buddhistische Lehre im Vordergrund steht, ist das T'ai Chi, das den Menschen einbinden will in die Harmonie des Kosmos, um ihm eine Sinngebung des Lebens zu ermöglichen, eindeutig taoistischer Natur. Die beiden Systemen innewohnende Möglichkeit, sie im Sinne einer Lebensphilosophie oder Moralerziehung zu nutzen, ist in Japan erst entwickelt worden, als die »reine Technik« schon lange übernommen war.

Bei der Übernahme der Kampfsysteme ist es den Japanern ähnlich wie auf vielen anderen Gebieten gelungen, durch schlichtes Nachahmen große Erfolge zu erzielen. Ihre eigenständige Leistung liegt darin, Vorgegebenes auf eine Art und Weise zu detaillieren und perfektionieren, daß man am Ende von etwas typisch »Japanischem« sprechen kann. Zwar kennen die Japaner, wie wir noch sehen werden, längst nicht so viele Kampfsysteme wie die Chinesen, aber die Akribie, mit der die Systeme zu dem entwickelt wurden, was sie heute sind, ist enorm. Vielleicht ist gerade die Vielfalt und »Genialität« der chinesischen Systeme Ursache dafür, daß sie im Vergleich zu den mittlerweile etablierten japanischen im Westen relativ unbekannt sind.

Die allgemeine Unkenntnis der chinesischen Quellen nutzen allerdings viele, nicht immer sehr seriöse Privatschulen aus, um alles mögliche unter dem Namen »chinesischer Kampfsport« anzubieten. Mit dem Versprechen der »Unbesiegbarkeit« werden zumeist Jugendliche in diese Schulen gelockt, wo sie nichts über die Hintergründe erfahren und von unqualifizierten Lehrern technisch Falsches erlernen.

Bei meinen zahlreichen Besuchen in solchen Schulen mußte ich manchmal Haarsträubendes mitansehen.

Wie kann ein »Meister« versuchen, seinen Schülern in deren erster Unterrichtsstunde beizubringen, wie man einen Messerangriff so abfängt, daß der Angreifer in sein eigenes Messer fällt! Wie kann ein »Sifu« (Titel eines Kung-Fu-Meisters) einen siebenjährigen Jungen Fingerstiche gegen die Augen eines imaginären Gegners üben lassen!

Es werden munter Verbände gegründet, die dann bei näherem Hinschauen nur aus fünf Leuten bestehen, es werden obskure Meisterschaften in Spielhallen und Diskotheken ausgetragen, Mitglieder verschiedener Schulen fordern sich in Leserbriefen einschlägiger Journale zu Vergleichskämpfen heraus, und all dies wird mit einem pseudophilosophischen Nebel umgeben.

Da werden irgendwelche zweitklassigen chinesischen Schauspieler zu Helden hochstilisiert, nur weil sie in den

Straßen und Filmen Hongkongs oft Sieger blieben. Die »Zubehörindustrie« (welches Zubehör braucht man eigentlich, um sich in einem Übungsraum zu bewegen?) funktioniert perfekt. Sie liefert Schallplatten mit den Kampfschreien der Idole, Armmanschetten für »harte Männer«, Gürtelschnallen und Aufkleber, um nur die harmlosesten Accessoires zu nennen.

Solche unerfreulichen Nebenerscheinungen sollten uns allerdings nicht darüber hinwegtäuschen, daß es auch seriöse Privatschulen, Vereine und Lehrer gibt. Ist man noch unentschlossen, welcher Schule man sich anschließen will, sollte man sich zunächst fragen, woher das Interesse an der chinesischen Kampfkunst kommt. Strebt man nach Ruhe und Entspannung? Will man sich im Notfall verteidigen können? Betrachtet man die Kampfkünste als Sport oder Selbsterziehung? Will man sich allgemein körperlich betätigen? Wenn diese Fragen geklärt sind, kann der Kreis der in Frage kommenden Systeme schon enger gezogen werden.

Natürlich werden jemandem, der Entspannung und Gesundheit auf seine Fahnen geschrieben hat, Systeme wie *T'ai Chi* oder *Hsing-I* eher zusagen als andere. Für das erst nach 1950 in westliche Länder gelangte T'ai Chi ist der Ausdruck »Kampfsystem« ohnehin nicht mehr ganz zutreffend, denn die meisten üben es mehr als Gymnastik aus und könnten sich im Ernstfall vielleicht gar nicht einmal mehr damit verteidigen. 1979 ist das T'ai Chi auf dem in Berlin stattfindenden Kongreß für alternative Medizin als Rehabilitationsmethode für Herzinfarktpatienten vorgeführt worden.

T'ai Chi läßt sich in jedem Tempo ausführen und kann so dem gesundheitlichen Zustand jedes einzelnen angepaßt werden. Damit dient es nicht nur der Rehabilitation, sondern auch der Vorbeugung. Einmal in der Grundform erlernt, kann es ohne Aufwand überall praktiziert werden. Aber Vorsicht: Auch T'ai Chi ist kein Allheilmittel, sicherlich gibt es körperliche Defekte, die mit konventionellen Methoden besser zu heilen sind. Immerhin verdient festgehalten zu werden, daß es bei Erkrankungen im Bereich des Herz- und Kreislaufsystems eine wertvolle Hilfe leisten kann.

Derjenige, dem es in erster Linie um die Selbstverteidigung geht, wird vielleicht mit einer »harten« Kung-Fu-Richtung besser zurechtkommen, wobei er diese individuell auf seine Kondition und Konstitution abstimmen kann. Große Leute werden vielleicht verstärkt ihre Beine einsetzen wollen, Leute mit kräftigen Oberarmen werden eher diese einsetzen wollen. Die Vielzahl der chinesischen Systeme ermöglicht es jedem, einen für sich optimalen Stil zu finden. Niemand sollte sich durch die anfangs kompliziert wirkende Technik der Bewegungen abschrecken lassen.

Man hört häufig Sätze wie »Dazu bin ich viel zu alt« oder »Das ist viel zu hart und zu schwer für mich«. In den meisten Fällen sind sie unbegründet, denn erstens wird bei uns in der Regel nicht so hart trainiert wie in Asien, und zweitens können die zu erlernenden Bewegungen von einem guten Lehrer in so kleine Teilschritte zergliedert werden, daß sie jeder erlernen kann. Keiner sollte allerdings glauben, daß er innerhalb von einem oder zwei Jahren perfekt werden könnte. Dies gilt für chinesische Kampfsysteme ebenso wie für japanische oder koreanische. Erst wenn über die Grobform die Feinform einer Bewegung erreicht ist, kann man mit der Automatisierung beginnen. Ausschließlich diese sichert die Möglichkeit, sich zu verteidigen. Überschätzung des eigenen Könnens ist der schwerste Fehler, den man bei den Kampfsystemen begehen kann.

Diesen Appell möchte ich vor allem an Frauen und Mädchen richten. Sosehr ich die verstärkte Hinwendung des weiblichen Geschlechts zu den Kampfsportarten begrüße, muß ich auch warnen. Untersuchungen im Zusammenhang mit Körperverletzungen und Vergewaltigungen haben gezeigt, daß diese Verbrechen in den meisten Fällen für die Opfer schlimmer ausgegangen sind, wenn es ihnen gelang, den Angreifer zu verletzen und ihn dadurch zu reizen.

Wenn Sie sich nicht ganz sicher sind, daß Sie einen Angreifer wirklich außer Gefecht setzen können, laufen Sie weg, solange Sie können! Diesen generell guten Ratschlag gebe ich auch mir selbst immer wieder nach fünfzehnjähriger Übung asiatischer Kampfkünste.

Jeder Kampfsporttreibende sollte sich den auf uns vielleicht etwas pathetisch und antiquiert wirkenden Spruch des chinesischen Kung-Fu-Meisters Kam Yuen zu Herzen nehmen: »Laufe lieber weg, als zu kämpfen; füge lieber Schmerzen zu, als zu verletzen; verletze lieber, als zu töten; töte nur, um nicht selbst getötet zu werden.«[18] Dies sagte ein Mann, der sein Leben lang in nicht eine Auseinandersetzung geriet, obwohl er eine solche in Sekunden für sich hätte entscheiden können.

Aber lassen Sie uns nun diesen traurigen Ausflug in die Schattenseiten des Lebens beenden und zurückkehren zu den Dingen und Fragen, die Sie vor der Aufnahme eines Kampfsporttrainings abklären sollten.

Noch ein paar Hinweise zur Auswahl einer Schule oder eines Lehrers: Sehen Sie sich die in Frage kommenden Schulen in Ihrer Umgebung an. Achten Sie auf die Räumlichkeiten, das Auftreten des oder der Lehrer, auf das Verhältnis Lehrer/Schüler, mit einem Wort auf die gesamte Atmosphäre des Vereins. Ist der Verein solide, wird man Ihnen anbieten, kostenlos und unverbindlich ein paarmal mitzumachen. Versuchen Sie, mit dem Trainer zu sprechen, prüfen Sie sein Hintergrundwissen anhand der Ihnen hier gebotenen Informationen. Stellen Sie fest, ob der Verein an sportlichen Wettkämpfen teilnimmt (wenn Sie darauf Wert legen) oder nur Selbstverteidigung betreibt. Versuchen Sie, soviel wie möglich über die Persönlichkeit des Lehrers und die Modalitäten innerhalb des Clubs zu erfahren.

Auf diese Weise können Sie durchaus mehrere Versuche machen, bis Sie das Gefühl haben, richtig gewählt zu haben. Scheuen Sie sich auch nicht, wieder auszutreten, wenn Sie im nachhinein glauben, sich getäuscht zu haben, oder feststellen, daß es in Ihrer Nähe doch bessere Lehrer gibt. Ein seriöses Unternehmen wird Ihnen Ihren vielleicht im voraus bezahlten Beitrag zurückerstatten.

Erwarten Sie keine generellen Regeln wie: »Einen guten Lehrer erkennt man an ...«. Jeder Meister hat seine Stärken und Schwächen. An Ihnen ist es, diese herauszufinden und zu werten. Und trösten Sie sich in den ersten Stunden mit dem asiatischen Sinnspruch: »Selbst ein Weg von tausend Meilen beginnt mit einem Schritt.«

5 Die Ausbreitung der Kampfsysteme

Okinawa-Te – der Weg zur »leeren Hand«

Zwischen der Philippinensee und dem Ostchinesischen Meer liegt die aus ca. hundert Inseln bestehende Gruppe der Riukiuinseln mit ihrer Hauptinsel Okinawa, auf der ungefähr 90 Prozent der Einwohner leben. In Reichweite Chinas und Japans liegend, war Okinawa immer ein begehrtes Territorium beider Länder. Ursprünglich besaß China die Souveränität über die Inselgruppe. Nachdem jedoch eine mächtige Samurai-Familie, der aus Satsuma in Kyushu stammende Shimazu-Klan, 1609 die Insel eroberte, mußten die leidgeprüften Einwohner ihren Tribut an beide Länder entrichten, um 1879 endgültig von Japan annektiert zu werden.

In ihrer wechselhaften Geschichte waren die Inseln eigentlich immer Zentren des Kulturaustausches zwischen China und Japan. Von diesem Sachverhalt profitierten natürlich auch die Inseln selbst. Auf jedem Gebiet, sei es nun kultureller oder wirtschaftlicher Natur, befruchteten die von China nach Japan und später auch die von Japan nach China ziehenden Gedanken diese »Durchgangsstätten«.

In Okinawa existierte wohl schon eine eigene Kampfesweise, deren Spuren man allerdings nicht weiter zurückverfolgen kann. Diese *Okinawa-Te* genannte Form kann man nicht als System bezeichnen, da ihre Techniken nicht genau festlagen und ungehobelt waren. Durch die kurz erwähnten

Einflüsse erlernten die Inselbewohner jedoch im Laufe der Jahrhunderte von chinesischen Soldaten, Händlern und Emigranten die ausgefeilteren chinesischen Kung-Fu-Techniken. Die weitere Entwicklung zeigt, daß es sich vorwiegend um Techniken der äußeren, härteren Kung-Fu-Richtungen gehandelt haben muß. Die chinesische Einflußnahme wurde schließlich so stark, daß man das ursprüngliche Okinawa-Te in *Tang-Te*[19] umbenannte. Ein Einwohner Okinawas, Gichin Funakoshi, der später in Japan das Karate entwickeln sollte, leitete um 1900 eine der ersten öffentlichen Tang-Te-Schulen. Die Urform des später durch Japan so weltweit bekannt gewordenen Karate liegt also im Tang-Te Okinawas. Die Stellung des Karate ist dann so dominierend geworden, daß es später als eine Art Re-Import das Tang-Te in Okinawa fast gänzlich verdrängte.

Kobudo – die Folge der japanischen Besatzung

Die Entwicklung dessen, was wir heute *Kobudo*-Künste nennen, begann ebenfalls in Okinawa bzw. auf den Riukiu-inseln. Unter der Herrschaft des Shimazu-Klans wurden zahlreiche Gesetze repressiven Charakters erlassen. Eines davon verbot den Einwohnern Okinawas das Tragen von Waffen. Obwohl man im waffenlosen Tang-Te versuchte, die Hand- und Fußkanten so stark abzuhärten, daß man auch ohne Waffen durch die Holz- und Lederrüstungen der japanischen Soldaten schlagen konnte, wollte man auf Waffen nicht gänzlich verzichten und funktionierte landwirtschaftliche Geräte zu solchen um.[20]

Eine dieser Waffen – das *Tonfa* – ist entweder aus dem Griffstück einer Sense entstanden oder aus einem Holz, das benutzt wurde, um Mühlsteine anzutreiben. Das Holz ist 35 bis 50 cm lang. Etwa 6 cm vor dem Ende ragt ein Seitengriff heraus, an dem die Waffe gehalten wird. Das längere Stück des Holzes zeigt nach hinten und schützt so den Unterarm, mit dem meist Blocktechniken ausgeführt werden. Mit der 6 cm langen Spitze des Tonfa konnte gestochen oder gesto-

ßen werden. Die oft paarweise benutzte Waffe war ausgesprochen gefährlich, insbesondere in ihrer späteren Eisen-
ausführung.

Eine weitere Waffe Okinawas ist das *Sai*, dem man die
Verwandtschaft mit einer Mistgabel noch deutlich ansehen
kann. Das Sai besteht aus einem 25 bis 50 cm langen Metall-
mittelarm, der zwei gebogene Außenarme besitzt. Mit den
Außenarmen können Schwertschläge aufgefangen werden,
während mit der Spitze und dem Knauf des Mittelarms Stöße
ausgeteilt werden. Eine Variante des Sai ist die *Jitte*, die nur
einen Außenarm besitzt. Diese beiden Waffen waren auch in
Japan bekannt, dort allerdings beim »schwerttragenden
Adel« als hinterlistig verpönt. Die Jitte war meist Waffe der
Frauen, die sie auch benutzten, um ihre hohen, getürmten
Haarfrisuren zu befestigen.

Die *Kama* ist ein Sichelwerkzeug, welches zur Reisernte
gebraucht wurde. Sie besteht aus einem Holzgriff, an dessen
Ende im rechten Winkel eine gekrümmte Klinge befestigt
ist. Verwandt mit der Kama ist die *Kusarigama*, eine kurze
Sense, an deren Ende eine beschwerte Kette befestigt ist.
Das Gewicht am Ende der Kette kann gegen den Gegner
geschleudert werden. Mit Hilfe der Kette kann man seine
Schläge blockieren oder ihn fesseln. Ein Faustbügel am Griff
der Waffe schützt die Hand des Kämpfers.

Eine weitere Variante dieses Waffentyps ist die *Manriki-
gusari*, eine ca. 1 m lange Kette, an deren Enden Metallku-
geln befestigt sind.[21]

Die wohl gefährlichste dieser bäuerlichen Notwaffen ist
ein Dreschflegel namens *Nunchaku*. Die Waffe besteht aus
zwei 20 bis 40 cm langen Holzstücken, die durch eine Kette
verbunden sind. Mit dem Nunchaku wird geschlagen, gestochen, blockiert, gefesselt und gewürgt.

Ein dreiteiliges Nunchaku ist heute ein beliebtes Requisit
der Pekingoper. Nach dem Sturz der »Viererbande« werden
in China auch wieder Stücke traditionellen Inhalts aufge-
führt, in denen Waffenkampfszenen von höchster Vollendung eine wichtige Rolle spielen.[22]

Die Handhabung solcher Waffen erfordert eine genaue Kenntnis der waffenlosen Karate- oder Kung-Fu-Techniken, wenn man der Gefahr entgehen will, sich selbst zu verletzen. Bei den Schwingbewegungen des Nunchaku treten Geschwindigkeiten von über 180 km/h auf.

In Deutschland gibt es Vereine, die diese Waffen im Training einsetzen. Das Tragen eines Nunchaku außerhalb eines Vereines ist durch das Waffengesetz verboten.

Obwohl chinesische und japanische Waffenmeister die Wirksamkeit dieser Okinawa-Waffen erkannten, verbreiteten sie sich außerhalb Okinawas nur spärlich. Heute sind sie unbedeutend und werden nur noch von wenigen Experten angewandt. In Japan sind dies die Meister der Araki- und Jikishin-kage-Schule.

Sowohl die Kobudo-Systeme als auch das Okinawa-Te wurden auf den Riukiuinseln nie mit einem philosophischen Aspekt versehen. Dies ist verwunderlich und bis heute nicht geklärt, denn die chinesischen Systeme besaßen ja diesen Überbau bereits, als sie nach und nach auf den Riukiuinseln bekannt wurden. Japaner und Chinesen hingegen, die diese Künste heute ausüben, haben ihnen allerdings wieder den für das jeweilige Land typischen geistigen Überbau gegeben.

Taekwondo – der Volkssport

Korea, diese wunderschöne, gebirgige Halbinsel mit mehr als dreitausend vorgelagerten Inseln, im Norden an die Mandschurei grenzend, im Süden nur durch eine Meerenge von Japan getrennt, hat – ähnlich wie Okinawa – wegen dieser geographischen Lage immer die Rolle des Kulturvermittlers gespielt und sich dabei selbst weiterentwickelt.

Einem ursprünglich schamanistischen Glauben folgte im Koguryo – Reich (37 v. bis 668 n. Chr.) der Buddhismus. Das Koguryo-Reich war eins von drei Reichen, zu denen sich die Koreaner zusammengeschlossen hatten, um ihr Land zu verteidigen. Eindringlinge aus China fielen schon vor unserer

Zeitrechnung über Korea her. Die Vereinigung mit den zwei anderen Reichen – Paekche, am Flußbett des Han gelegen, und Silla im Süden Koreas – dauerte bis 668. Nachdem die Könige von Silla im Jahre 660 erst Paekche und 668 mit Hilfe des Feindes China auch Koguryo besiegten, besaß Silla die Alleinherrschaft, und man kann von diesem Zeitpunkt an von der »Nation Korea« sprechen. Schon kurze Zeit später mußte sich Silla selbst gegen die ehemaligen Verbündeten verteidigen. Nach sechsjährigem Widerstand gelang es jedoch, die chinesischen Invasoren zu vertreiben.

Auch die weitere Geschichte Koreas war durch die Gefahr, die von ausländischen Eroberern ausging, bestimmt. Während der Koryo-Dynastie (918 bis 1392) drohte sowohl Gefahr von den mandschurischen Stämmen als auch von den Nordvölkern. Im 13. und 14. Jahrhundert stellten die Kriegszüge der Mongolen eine außerordentliche Bedrohung für Korea dar.

Während der Yi-Dynastie (1392 bis 1910) wurde der Buddhismus durch den Konfuzianismus als neue Richtschnur für Staat und Gesellschaft ersetzt, und man bemühte sich, Beziehungen zum China der Ming aufzunehmen.

Im 15. und 16. Jahrhundert waren die japanischen *Wako* (vgl. S. 47) Koreas größte Sorge. Mit ihren wendigen, ca. zweihundert Mann fassenden Schiffen verwüsteten sie die ostasiatische Küste und fügten sowohl China als auch Korea großen Schaden zu. Die Schlagkraft der Wako wurde noch dadurch unterstützt, daß sich ihnen sowohl Ronin als auch Samurai[23] anschlossen.

Am stärksten wurde die Verteidigungsbereitschaft Koreas jedoch auf die Probe gestellt, als 1592 Toyotomi Hideyoshi, eine der diktatorischsten Gestalten des alten Japans, Korea erobern wollte. Hideyoshi versuchte wahrscheinlich, mit dieser Invasion von innenpolitischen Schwierigkeiten abzulenken – ein Mittel, das uns ja auch aus der neueren Geschichte und Politik zur Genüge bekannt ist. Während die Japaner mit ihrem über 200 000 Mann starken Heer auf dem Land durchaus Erfolge erzielten, wurden sie in den Seeschlachten von Korea geschlagen, was letztlich dazu führte, daß der über See kommende Nachschub ausblieb. Mit welcher Grausamkeit der Krieg geführt wurde, kann man heute noch nachempfinden, wenn man in Kioto am Mimizuka, dem »Ohrengrab«, steht, in dem 76 000 abgeschnittene Ohren von 38 000 Köpfen liegen.[24]

Durch den Tod Hideyoshis und das Eingreifen chinesischer Truppen konnten die Koreaner diesen Krieg 1598 siegreich beenden. Unmittelbar danach wurde das leidgeprüfte Volk wieder von China angegriffen und besiegt. Nach der Niederlage der Chinesen im Krieg mit Japan 1894/1895 und der Absetzung des letzten Kaisers der Yi-Dynastie wurde Korea 1910 unter dem Namen Chosen japanisches Generalgouvernement. Mit dem Ende des Zweiten Weltkrieges verloren die Japaner ihre Herrschaft über Korea, das 1945 in Nord- und Südkorea geteilt wurde.

Dieser kurze Abriß der Geschichte Koreas mag uns zeigen, wie hoch die Bedeutung der Wehrkraft in Korea zu allen Zeiten war. Zur Erhaltung dieser lebenswichtigen Wehrkraft diente neben der Jagd das traditionelle koreanische Ringen, welches auffällige Parallelen zum Sumo der schwergewichtigen japanischen Ringer aufweist. Auf vielen Volksfesten und nationalen Wettbewerben, insbesondere auf dem Land, kann man diese Kunst bewundern.

Die Entwicklung des *Taekwondo* können wir bis zur Zeit von Koguryo zurückverfolgen. Wand- und Grabmalereien zeigen Personen, die sich eindeutig in Taekwondo-Positionen bzw. in Stellungen aus verwandten chinesischen Systemen befinden.

Im ebenfalls schon erwähnten Königreich Silla existierte eine Vereinigung namens »Hwarang«. Dieses Bündnis von Rittern und Adligen betrieb alles, was man unter dem Begriff »ritterliche Künste« zusammenfassen kann. Den waffenlosen Kampf bezeichnete man als »Subak«. Später kommen auch Bezeichnungen wie »Kwonbaek« und »Taekyon« auf. Während das Üben dieser Kampfkünste ursprünglich wohl nur dem Adel vorbehalten war, wissen wir aus nachchristli-

cher Zeit, daß auch koreanische Soldaten ein System namens »Subyokta« kannten.

Während der Koryo-Dynastie hatte der Kampfsport schon
eine große Anhängerschaft. Im 18. Jahrhundert gab es die
ersten Lehrbücher, wodurch das Kämpfen ohne Waffen weite Verbreitung fand.

Verschiedene Autoren berichten davon, daß bei einer der
zahlreichen japanischen Invasionen im 16. und 17. Jahrhundert die Koreaner »waffenlos« gegen die japanischen Ar-
meen kämpften. Im Einzelfall mag dies durchaus zutreffen;
da die Koreaner jedoch einige Invasionen abwehren konnten, haben sie sich mit Sicherheit auch der Waffen bedient.
Ein diszipliniertes, trainiertes und bis an die Zähne bewaff-
netes Samurai-Heer konnte man mit Händen und Füßen
nicht aufhalten.

Eine weniger bekannte Geschichte aus amerikanischem
Quellenmaterial ist die des Kim Suk Bong, der während des
Koreakrieges (1950 bis 1953) dreißig amerikanische Angreifer mit bloßen Händen getötet haben soll, bis man ihn über-
wältigte und tötete.

Seit 1955 wird in Korea der Name »Taekwondo« verwandt. Für die Verbreitung als Sportsystem war General
Choi Hong Hi verantwortlich, und dies sowohl in Korea als
auch in Deutschland. Seiner Initiative ist es zu verdanken,
daß Taekwondo in Korea mittlerweile ein Volkssport geworden ist und zu den Pflichtfächern der Polizei- und Mili-
tärakademien gehört. 1965 war eben dieser General auch
koreanischer Botschafter in Deutschland und forcierte auch
hier die Entwicklung. Seit 1968 ist das Taekwondo eine Abteilung des Deutschen Judo-Bundes. Die ersten Weltmeisterschaften wurden 1973 ausgeführt, und 1988 soll Taekwondo bei den Olympischen Spielen in Seoul erstmalig
olympische Disziplin sein.

Die weltweite Verbreitung des Taekwondo erfolgte in erster Linie von Amerika aus, nachdem zahlreiche amerikanische Soldaten im Koreakrieg Bekanntschaft mit diesem
Kampfsystem gemacht hatten.

Auch im Taekwondo gibt es verschiedene Stilrichtungen, von denen das *Ji-Do-Kwan* und das *Mu-Do-Kwan* die bedeutendsten sind. Die Welt-Taekwondo-Föderation (WTF) ist jedoch bestrebt, alle Richtungen in einem System, welches in Korea schon weit verbreitet ist, zusammenzufassen. In der Technik des Taekwondo wird der unerfahrene Beobachter keine großen Unterschiede zum Karate erkennen, auffällig ist vielleicht der verstärkte Fuß- und Beineinsatz. Den Fußstellungen kommt im Taekwondo große Bedeutung zu, da nur ihre technisch einwandfreie Ausführung einen sicheren Stand gewährleistet. Man unterscheidet die Vorbereitungs-, Ausgangs-, Reiter-, Grund-, Kampf-, Rückfuß-, Kreuz- und Einbeinstellung. Die Fußtechniken werden frontal, seitlich, rückwärts, im Halbkreis, im Vollkreis und mit der Ferse ausgeführt. Handtechniken sind der Fauststoß, der Handkantenschlag und der Ellenbogenstoß.

Die Hauptbewegungsformen des Taekwondo werden unter dem Begriff *Taeguk* zusammengefaßt. Die Idee des Taeguk stammt aus dem uns inzwischen bekannten *I Ging,* dem chinesischen *Buch der Wandlungen.* Taeguk wird durch acht Zeichen symbolisiert, in denen jeweils drei gerade oder unterbrochene Linien unterschiedlich angeordnet sind. Diese acht Trigramme versinnbildlichen elementare Kräfte: 1. Himmel und Licht, 2. Lebenskraft, 3. Feuer, 4. Blitz, 5. Luft, 6. Wasser, 7. Berg, 8. Erde.

Die südkoreanische Flagge selbst enthält noch vieles von der Philosophie und Mystik Asiens. Auf ihr ist das Yin/Yang-Symbol dargestellt, die obere Hälfte rot (Yang), die untere blau (Yin). Damit wird der zentrale Gedanke ausgedrückt, daß – trotz einer ständigen Bewegung innerhalb der Sphäre der Unendlichkeit – Ausgewogenheit und Harmonie herrschen.

Vier der eben beschriebenen Trigramme sind in der Nationalflagge Südkoreas enthalten (*Abb. 11, Seite 80).*

Drei Balken in jeder Ecke der Flagge symbolisieren die Idee von Gleichgewicht und Gegensatz. Die drei ungebrochenen Linien links oben stehen für den Himmel. Die diago-

Abb. 11: Koreanische Nationalflagge »Tae Geug Gi«.

nal gegenüberliegenden drei gebrochenen Linien stellen die
Erde dar. Links unten befinden sich zwei gerade Linien mit
einer gebrochenen Linie in der Mitte. Diese Anordnung bedeutet Feuer, während das diagonale Gegenüber das Symbol für Wasser ist.

Eine einzelne Form aus dem Taeguk heißt *Hyong*. Bei einer Hyong werden Angriff und Abwehr miteinander verbunden und ohne Partner vorgeführt. Der Charakter einer
Hyong orientiert sich an der Bedeutung des jeweiligen Sym-
bols: Wasser = weich und geschmeidig, Berg = statisch und
kraftvoll usw. Außerdem folgt die Hyong den Linien des entsprechenden Trigrammes. Neben diesen acht Grund-
Hyongs gibt es weitere Meister-Hyongs, die länger und
komplizierter sind.

Die Ausbildung im Taekwondo umfaßt weiter das *Yaksok-
Taeryon*, eine Kampfübung, in der die Aktionen vorher festgelegt sind und die der Automation der Bewegung dienen
soll.

In einer Übungsvariante, *Ban-Chayu-Taeryon*, werden Schläge und Tritte härter und kampfmäßiger ausgeführt, die Übenden sind in der Regel mit gepolsterten Schutzwesten ausgerüstet.

Der Freikampf, *Chayo Taeryon*, hat in den letzten Jahren eine meiner Meinung nach ungute Entwicklung genommen. Während früher alle Tritte und Schläge vor dem eigentlichen Ziel gestoppt wurden und die Kampfrichter die Präzision des Angriffs oder der Abwehr bewerteten, dürfen heute gewisse Körperstellen getroffen werden (zum Beispiel der Kopf), und der Gegner muß »Wirkung« zeigen. Gekämpft wird auf einer Fläche von 9 × 9 m in drei Runden à drei Minuten. Punkte werden am Ende zusammengezählt. Bei offiziellen Wettkämpfen kennt man zehn Gewichtsklassen von 48 kg bis über 84 kg.

Im Training werden weiter geübt das *Hosinsul*, die Selbstverteidigung gegen bewaffnete Angreifer, und *Kyek Pa*, das Zerschlagen von Holz und Steinen. Bei diesen spektakulären Bruchtests ist die Geschwindigkeit des Schlages wichtiger als die dahinterstehende Kraft. Von den vielen Bruchtests, die ich gesehen habe, ist folgender wegen der dazu nötigen enormen Geschwindigkeit besonders eindrucksvoll: Ein 4 cm starkes Holzbrett (vorher durch Zuschauer geprüft) hängt an zwei Seilen in etwa 2 m Höhe; mit einem seitlichen Fußstoß aus dem Sprung wird die untere Hälfte des Bretts abgetreten, ohne daß die obere ins Pendeln gerät!

Bruchtests gehören wie das Vorführen der Grundübungen und einer Bewegungsform auch zum Prüfungsprogramm. Die Schülergurte werden *Kup* genannt, die der Meister *Dan*. Der Kampfanzug *Dobok* und der Gürtel *Ty* ähneln den bekannteren Judo-Anzügen, sie sind lediglich etwas leichter gearbeitet, da sie keinen so starken Zugbelastungen ausgesetzt sind. Die Zeremonie im Übungsraum *Dojang* gleicht der der japanischen Kampfsportarten.

Zusammenfassend kann man sagen, daß das Taekwondo eine moderne, ausgesprochen körperbildende Sportart ist, die, einmal beherrscht, eine sichere Selbstverteidigung gewährleistet. Für Frauen, deren Hüftbeweglichkeit im allgemeinen größer ist als die der Männer, ist Taekwondo durch die Betonung der Beintechniken gut geeignet. Wer Taekwondo nicht nur trainigsmäßig betreibt, was übrigens durchaus sinnvoll ist, sondern an Wettkämpfen teilnimmt, sollte allerdings nicht zimperlich sein. Ein blaues Auge oder eine geschwollene Backe liegen immer im Bereich des Möglichen, insbesondere dann, wenn man zu früh an Wettkämpfen teilnimmt. Vor Erreichen eines gewissen technischen Niveaus wird der verantwortungsvolle Lehrer seinen Schüler allerdings gar nicht zu einem Turnier melden.

Hapkido – das koreanische Aikido

Hapkido, der »Weg der koordinierten Kraft«, wurde gegründet von dem Koreaner Yong Shul Choi, der in Japan Aiki-Jutsu studiert hatte. Es ist ein relativ junges System, denn Choi erlernte und entwickelte es zwischen 1910 und 1945. Es stellt eine Mischform zwischen »innerer« und »äußerer« Schule dar, denn es kennt ebenso wie Tritte und Schläge auch das »Leerlaufenlassen« des Gegners.

Ähnlich wie beim japanischen Aikido wird der Gegner durch eine Vielzahl kreisender Bewegungen verwirrt. Die Mehrzahl der Techniken, die sich in Grundhandtechniken, Faust- und Fußabwehrtechniken und Waffenabwehr aufgliedern, hat sehr defensiven Charakter. Als Sport im Sinne von Wettkampfsport existiert das Hapkido nicht.

Der Hauptvertreter des Hapkido im Westen ist der in Amerika lebende Bong Soo Han, der als einer von sieben Schülern das System beim Gründer erlernte. In Deutschland ist Hapkido weniger bekannt, kann aber innerhalb des Deutschen Judo-Bundes betrieben werden.

II. Teil:

Bushido

6 Historische Zeittafel des alten Japan

Um die historischen und kulturellen Bedingungen, unter denen die meisten der bei uns heute bekannten Kampfsportarten entstanden sind, zu verstehen, wollen wir uns zunächst in ein paar kurzen Kapiteln eine Übersicht über die religiöse und geschichtliche Entwicklung Japans verschaffen. Die wichtigsten in unserem Zusammenhang relevanten Daten sind in der folgenden Tabelle zusammengefaßt.

Periode	Zeitraum	Geschichtliche Ereignisse
	660 v. Chr.	Mythische Reichsgründung durch den ersten Kaiser Jimmu-Tenno. Früheste Ursprünge der Shinto-Religion.
Yayoi	300	Japan besteht nach einer chinesischen Chronik aus vielen kleinen Staaten, die von Frauen regiert werden.
	100	Zeremonialwaffen (Speere und Schwerter) aus Bronze.
	57 n. Chr.	Kontakte mit der Han-Dynastie in China.

Periode	Zeitraum	Geschichtliche Ereignisse
Yamato	300	Zusammenschluß zu Großfamilien und Ausprägung der shintoistischen Religion.
Asuka	552–710	
	552	Einführung des Buddhismus in Japan.
	594	Durch Prinz Shotoku wird der Buddhismus gefördert.
Nara	710–794	
	710	Die Kaiserin Gemyo errichtet ihre Hauptstadt nach chinesischem Muster in Nara.
	712	Chronik *Kojiki* (Sammlung von Gründungsmythen und Legenden).
	752	Fertigstellung des großen Buddha im Todaiji-Tempel in Nara.
Heian	794–1185	
	794	Neue Hauptstadt in Heiankyo (Kioto).
	805–806	Aufschwung der Tendai- und Shingon-Sekte.
	858	Fujiwara Yoshifusa wird erster Regent, der nicht aus der Kaiserfamilie stammt. Dadurch Festigung der Fujiwara-Macht.
	1051–1087	Während der nördlichen Kriege bilden sich die Taira und Minamoto zu den mächtigsten Kriegerfamilien heraus. Entstehung der Samurai-Klasse.
	1170	Erstmalig nachweisbar *Seppuku* (Harakiri).
	1180–1185	Gempei-Krieg zwischen den Minamoto und Taira.

Periode	Zeitraum	Geschichtliche Ereignisse

Kamakura *1185–1333*

	1191	Einführung des *Chan*-Buddhismus (Zen).
	1192	Als erster Shogun gründet Minamoto Yoritomo das Kamakura-Bakufu. *Bushido* als Moralkodex.
	1224–1253	Gründung verschiedener Zen-Sekten.
	1281	Mongolenangriffe.

Muromachi *1333–1568*

	1336–1392	Krieg zwischen Nord- und Südfamilien.
	1467–1477	Große innere Kämpfe und Unruhen, die sich aus den internen Streitigkeiten der bedeutendsten Sippen entwickelt hatten.
	1534–1615	Eine immer stärkere Ausprägung des *Bushido* ist zu bemerken. *Sengoku-jidai* (Zeitalter des Krieges).
	1542	Ankunft portugiesischer Händler und christlicher Missionare.

Momoyama *1568–1615*

| | | Unter Oda Nobunaga Repressalien gegen den Buddhismus. Sein Nachfolger Hideyoshi einigt das Land. Nach dem Tod Hideyoshis kann Tokugawa Ieyasu dessen Einigungspolitik fortsetzen. |
| | 1603 | Ieyasu wird vom Kaiser als Shogun eingesetzt und gründet das Edo-(Tokio-) Bakufu. |

Tokugawa *1615–1868*

| | 1616 | Tod Ieyasus. |

Periode	Zeitraum	Geschichtliche Ereignisse
	ca. 1616–1853	Abriegelung Japans gegenüber der Außenwelt bis auf kleinen Handel mit chinesischen und holländischen Kaufleuten in Nagasaki.
	1853	Öffnung Japans durch die Vereinigten Staaten.
	1867	Ende der Tokugawa-Herrschaft.
	1868	Der Kaiser wieder im Besitz seiner alten Macht.
Meiji	1868–1912	
	1871–1876	Radikaler Bruch mit der Vergangenheit. Neben eingreifenden Änderungen im Finanzwesen und Industriewesen formale Aufhebung des Feudalismus durch kaiserlichen Erlaß. Vergütung an Daimyo und Samurai in Form von Pensionen. Verbot des letzten Privilegs der Samurai, nämlich Schwerter zu tragen.
	1877	Satsuma-Aufstand gegen die »moderne« Gesinnung des Kaisers.
	1889	Meiji-Verfassung.
Taisho	1912–1926	
Showa (Hirohito)	1926–heute	
	1945	Verbot aller Kampfsportarten durch die Amerikaner.
	1948	Ausübung von Karate und Aikido wieder erlaubt.
	1950	Wiedereinführung des Judo.

7 Die »Eltern« Japans und der Weg der Götter

Geologen, Archäologen und Ethnologen haben das Rätsel noch nicht gelöst, ob Japan infolge großer Erdbeben oder Vulkanausbrüche entstanden ist oder ob es ein abgebrochenes Reststück der großen asiatischen Kontinentalscholle ist, ob Japan durch altai-tungusische Stämme aus Südkorea oder durch sinomalaiische Volksgruppen besiedelt wurde und ob die oft als Ureinwohner bezeichneten Ainu[25] nicht nur Nachfolger der Kumaso[26] waren, die schon sehr früh in Süd-Kyushu ansässig waren. Im Gegensatz dazu ist die mythologische Entstehung Japans in Leben und Geist der meisten Japaner unzweifelhaft und klar verankert. Wie in den meisten Mythen der Vor- und Frühgeschichte spielen auch hier Kampf, Waffen und Helden eine entscheidende Rolle.

Die mythische Theogonie Japans nennt uns das Urpaar Izanagi und Izanami, die einen juwelengeschmückten Speer ins Wasser stießen. Die von der Spitze des Speeres ablaufenden Wassertropfen bildeten die Insel Onogoro. Auf dieser Insel produzierten sie sowohl weitere Inseln als auch Nachkommen. Bei der Geburt des Feuergottes verbrannte Izanami und begab sich, wie es sich für Götter, die nicht sterben können, gehört, in die Unterwelt. Izanagi, der sie dort suchte, entkam nur mit Mühe den Schrecken der Unterwelt. Müde und verschmutzt wusch er sich an einem See, wobei aus seinem linken Auge Amaterasu O-Mi-Kami, die Sonnengöttin, geboren wurde, aus dem rechten Tsuki-Yomi No Mi-

koto, der Mondgott, und aus der Nase Take-Haya Susano-O
No Mikoto, der Windgott. Der Enkel der Sonnengöttin Amaterasu sollte auf ihren eigenen Wunsch die Erde regieren,
wozu sie ihn mit den drei Kostbarkeiten ausrüstete, die dann
zu den Insignien kaiserlicher Macht wurden. Im einzelnen
waren dies die Krummjuwelen »Yasaka«, der Spiegel »Yata-
no« und das Grasmähschwert »Murakumo«.[27] Der letzte
Nachfolger dieses Enkels der Göttin war, so will es die Legende, Jimmu-Tenno. Seiner Abstammung und seiner hohen Aufgabe bewußt, begann Jimmu-Tenno einen Eroberungszug durch das ganze Land und beendete ihn 660
v. Chr. siegreich, nicht zuletzt durch die Hilfe eines heiligen
Schwertes, das ihm Amaterasu hatte zukommen lassen. Der
Überlieferung nach wurde Jimmu-Tenno 127 oder 137 Jahre
alt.

Historisch sicher ist diese Angabe ebensowenig wie das
Datum der Thronbesteigung 660 v. Chr. Einige Historiker
glauben sogar, daß der erste »Menschenkaiser« Japans erst
sechshundert bis achthundert Jahre später gelebt hat. Auch
über seine Nachfolger ist wenig bekannt außer der Tatsache, daß sie alle nach Herrschaft und Ruhm trachteten und
so die japanische Kaiserfamilie ständig mit Morden und Intrigen zu tun hatte.

Im Jahre 88 v. Chr. begann der zu dieser Zeit herrschende
Kaiser Sujin Tenno damit, das Territorium seiner Ahnen aus-
zuweiten.[28] Vier Shogune, erstmals so genannt, sollten ihm
dabei helfen. Die Kämpfe richteten sich vorwiegend gegen
die Ainu, aber auch gegen andere mächtige Sippen, die sich
inzwischen gebildet hatten. Zahlreiche Söhne und Nachfolger setzten seine Pläne und Kämpfe fort.

Im Jahre 4 v. Chr. berichtet uns die Chronik zum erstenmal von einem Vorfall, der einen direkten Bezug zu den
Kampfsystemen hat. Erzählt wird von einem Mann namens
Nomi-no-Sukune, der einen bis dahin für unbesiegbar ge-
haltenen Kämpfer im Ringen schlug. Seine Kampfesart
nannte er Sumo. Aufgrund seines besonnenen Wesens und
seiner Kraft lebte er von da an am Hof des Kaisers.[29] Eine

frühe Hochschätzung auch der geistigen Fähigkeiten eines Kämpfers scheint sich hier schon anzudeuten.

Um 300 n. Chr. bildete sich eine feste höfische Gesellschaft im Yamato-Gebiet, die unter Führung der kaiserlichen Familie sowohl aus Adligen und Priestern als auch aus militärischen Gefolgsleuten bestand.

Die religiöse Gedankenwelt Japans in der Vor- und Frühgeschichte, also vor der Einführung des Buddhismus, orientierte sich in erster Linie am Shintoismus, dessen Einfluß auch heute noch in allen Bereichen japanischen Lebens deutlich zu spüren ist. Als Nationalreligion hat der Shinto[30] verschiedene Erscheinungsformen, von denen für uns allerdings nur zwei Varianten interessant sind.

Der sogenannte *Kokka-Shinto,* den man als Staats-Shinto bezeichnen kann, ist Grundlage des japanischen Nationalismus. Er betont sehr stark die göttliche Abstammung des Kaisers und der gesamten Nation. Zu dieser Argumentation wird der Gründungsmythos Japans, also die dramatische Geschichte von Izanami und Izanagi bis zu Jimmu-Tenno, herangezogen. Dieser Zusammenhang zwischen der Schöpfung der Welt und der Abstammung der Menschen versieht den Kaiser, den »Sohn des Himmels«, mit höchster Macht, denn er ist nicht ein Kaiser von Gottes Gnaden, sondern er ist selbst ein Gott und kann uneingeschränkten Gehorsam erwarten. So ist alles, was der Kaiser will, natürlich, göttlich und zum Besten der Nation. Durch gewisse kultisch-zeremonielle Akte wird dieses Verhältnis zwischen Kaiser, Land und Volk immer wieder ins Gedächtnis zurückgerufen und gefestigt. Die latente Gefahr, die darin liegt, ist sicherlich jedem Leser bewußt. Man würde dem Shinto allerdings nicht gerecht, würde man ihn auf seine offizielle Funktion oder die Mythologie beschränken, denn weitaus aktiver, lebendiger und heute wohl auch bedeutender ist er als Volks-Shinto *(Minkan-Shinto).*

Wir wollen uns den »Minkan-Shinto« etwas genauer ansehen, weil in ihm die religiösen und philosophischen Grundhaltungen des japanischen Volkes deutlich hervortreten.

Ähnlich wie der Taoismus nimmt auch der Shintoismus an, daß es eine Beständigkeit der Dinge nicht gibt. Während sich der westliche Mensch gerade an die Unverrückbarkeit gewisser Normen und Erscheinungen klammert, ist die Welt für den Shinto-Anhänger ein Wechsel von Leben und Tod, der sich ständig neu ereignet. Darum heben sich solche Phänomene wie Leben und Tod als Einzelerscheinungen auf und ergeben nur einen Sinn im kosmischen Zusammenhang. Auch auf den Menschen selbst wird diese Denkweise übertragen. Kein Individuum ist immer gleich. Immer gleich an ihm ist nur seine ständige Wandlung (Yin/Yang). Das, was uns beunruhigt, gibt dem Japaner Sicherheit, denn nur, wenn er geistige und körperliche Starrheit vermeiden kann, ist sein Leben ein konstantes Fortschreiten und damit ein Ausdruck der Harmonie und natürlichen Ordnung. So wie alle Phänomene und Dualismen in diesen Kreislauf eingebunden sind, soll sich auch der Mensch durch Vollendung und Perfektion, die nur durch Wandlung zu erreichen sind, in allen Bereichen möglichst nahtlos in das große, allumfassende Weltsystem einfügen.

Oftmals ist dem Shinto seine Zurückhaltung in Fragen der Moral vorgeworfen worden. Aber die fehlenden Dogmen oder Moralvorschriften werden ersetzt durch Begriffe wie Einheit mit dem Leben, Harmonie mit der Natur, ständige Erneuerung durch körperliche und seelische Reinigung. Der Shinto geht davon aus, daß derjenige, der versucht, sich nach diesen Grundsätzen zu richten, der Vorschriften nicht mehr bedarf. Dennoch ist die Sünde, das menschliche Fehlverhalten, dem Shintoisten nicht unbekannt: Er definiert das Böse als eine natürliche Erscheinung, von der man sich, wenn sie aufgetreten ist, reinigen muß und kann. Diese Reinigung muß der Mensch aus eigenem Antrieb vollziehen, denn obwohl der Shinto sehr viele Götter, *Kami* genannt, kennt, treten diese nicht in richtender, übergeordneter Position auf, sie manifestieren sich vielmehr in der Natur der Dinge. Berge, Bäume, Tiere, Naturkatastrophen usw., alles kann *Kami* sein. Dieses Betonen des Natürlichen, diese nicht vorhandene Trennung zwischen Gott, Natur und Mensch, all dies ist uns gar nicht so fremd, so asiatisch fern, denn die Parallelen zur griechischen »All-Gott Lehre« des Pantheismus sind sehr deutlich.

Da ein Leben in »Unreinheit« den zahlreichen Kami mißfallen würde, gibt es zu jedem denkbaren Anlaß ein spezielles Reinigungsritual. Bedeutende Kulthandlungen im Shintoismus sind die *Matsuri,* Feste, in denen man die Kami um gute Ernten und ein gesichertes Leben bittet. Die Matsuri-Feierlichkeiten sind begleitet von Tanz und Musikdarbietungen, vielen Sportwettkämpfen, unter denen das Sumo, das Ringen der großen fettleibigen Kämpfer, und das japanische Bogenschießen Kyudo den ersten Rang einnehmen.[31]

Höhepunkt der bedeutendsten Matsuri-Feste sind jedoch die großen historischen Umzüge, in denen Tausende von Menschen in alten Trachten und Rüstungen einen Kami-Schrein begleiten, der durch die Straßen getragen wird.

Ein weiterer wichtiger Wesenszug des Shinto ist sein Ahnen- und Heldenkult. Indem den Ahnen auf kleinen Hausaltären zu jeder Gelegenheit geopfert wird, um ihre Unterstützung oder Fürbitte zu erlangen, nehmen die Verstorbenen teil am Leben der Familie, ein Vorgang, der uns vom Konfuzianismus her bekannt ist. In gewissen Tempelanlagen wird großen militärischen oder politischen Persönlichkeiten der Vergangenheit geopfert, die durch ihre Taten in den Rang eines Gottes erhoben sind.

Wenn wir diese religiösen Hintergründe kennen und beachten, können wir auch den Nationalismus und das Traditionsbewußtsein der Japaner besser verstehen. Ausschließlich die Geburt als Japaner berechtigt den Gläubigen, sich Shintoist zu nennen, eine Konversion zum Shintoismus ist nicht möglich.

Da sich Shintoismus und Taoismus in ihrer Hauptaussage, daß es oberstes Ziel des Menschen ist, sich und sein Seelenleben in Einklang mit der Natur zu bringen, sehr ähneln, konnten sich philosophische und religiöse Impulse von China her meist schnell in Japan ausbreiten.[32]

8 Kultureller Einfluß Chinas auf Japan

Eine wichtige Rolle bei der Übernahme des Buddhismus, Konfuzianismus und der chinesischen Kultur im allgemeinen spielte Prinz Shotoku, der während seiner Regierungszeit von 593 bis 622 versuchte, chinesisches Gedankengut aus den Bereichen Politik, Religion, Philosophie und Kunst nach Japan zu importieren *(Abb. 12)*. Er selbst erklärte, daß man die Staatsgeschäfte nur aufgrund eines Wissens führen könne, welches auf dem Buddhismus und Konfuzianismus fuße.

Er gab Japan eine Verfassung nach chinesischem Muster und ließ mehrere Gesandtschaften nach China reisen, in denen sich Priester, Künstler, Studenten und Handwerker Anregungen aus diesem Land holen sollten. Daß Prinz Shotoku ausgerechnet in einer Zeit an der Macht war, als in China die Tang-Dynastie herrschte, eine Dynastie, die wegen ihrer ausgezeichneten Verwaltung, ihres ausgeprägten Sinns für Kultur und letztlich wegen des inneren Friedens, den sie dem Land bescherte, einmalig in der Geschichte Chinas dasteht, war für Japan ein glücklicher historischer Zufall.

Durch diese Gesandtschaften und den dadurch eingeleiteten Austausch kamen die chinesische Schrift und fast alle Kunsthandwerke nach Japan. Aber viel wichtiger für die geistige Entwicklung Japans, für die Kaste der Samurai und somit auch für die Kampfsysteme sollte der Import des Konfuzianismus und Buddhismus werden.

Abb. 12: Prinz Shotoku, der Förderer des Buddhismus in Japan, mit seinen Söhnen Yamashiro und Eguri. *(Kaiserliches Museum, Tokio)*

Auf die Japaner müssen die neue Religion und die mit ihr eingeführten Neuerungen großen Eindruck gemacht haben. Wenn man bedenkt, daß die Tang-Dynastie von 618 bis 906 n. Chr. China zur kulturell und teilweise auch wirtschaftlich höchststehenden Nation der Welt machte, wird diese Tatsache verständlich.

Während der Nara-Periode festigte der Buddhismus seine Stellung im Volke und bei Hof. Sowohl sein moralisches Gerüst als auch die buddhistische Kunst faszinierten die Japaner. Im Lauf der Jahre kultivierte der Buddhismus fast alle Bereiche des öffentlichen und privaten Lebens in Japan, insbesondere innerhalb der Klasse der Samurai. Auf viele philosophische Fragen, die der Shinto ausgeklammert hatte oder im Ungefähren beließ, konnten die Japaner im Buddhismus eine Antwort finden. Der intellektuell weniger fundierte und gefestigte Shintoismus überlebte das Eindringen der neuen Religion im 6. Jahrhundert nur durch die Synthese, die er mit ihr bereitwillig einging.

Die für den Buddhismus typische Toleranz erleichterte die Verbindung, was sich am augenscheinlichsten darin zeigte, daß man allmählich die shintoistischen Götter als Erscheinungsformen Buddhas deutete. Ähnlich wie der Buddhismus in China in der Lage gewesen war, den einheimischen Taoismus und Konfuzianismus zu akzeptieren und zu integrieren, gelang es ihm auch in Japan, sich mit den lokalen Traditionen zu verbinden. Dieses Phänomen ist durch zwei Hauptfaktoren zu erklären: Zum einen ist der Buddhismus wohl die ausformulierteste und vom geistigen Überbau gefestigtste Religion Asiens und somit dem jeweiligen Volksglauben überlegen. Zum andern ist der asiatische Mensch selbst aber auch durchaus in der Lage, mit mehreren Religionsvorstellungen gleichzeitig zu leben.

Die neuentstandene Verbindung wurde seit dem 12. Jahrhundert *Ryobu-Shinto* genannt.

9 Die Geschichte der Samurai – eine »Familiengeschichte«

Hana sakura, hito wa bushi.
(Was unter den Blumen die Kirschblüte ist,
ist unter den Menschen der Krieger.)
Japanisches Sprichwort

Im Jahre 684 n. Chr. erließ Kaiser Temmu Tenno ein Gesetz, das als »Temmus Soldatengesetz« bekannt wurde und die Grundlage für die Entwicklung der Samurai bildete:

Das wichtigste aller Regierungsgeschäfte ist es, das Kriegshandwerk auf der Höhe zu halten. Deshalb sollen sich alle Beamten eifrig im Waffengebrauch und im Reiten üben. Jeder von ihnen soll Waffen und was sonst zur Ausrüstung eines Kriegers gehört, jederzeit vollständig und in gutem Zustand bereithalten... Wer sich, diesem Befehl des Kaisers zuwider, nicht mit Waffen versieht oder sich nur mangelhaft ausrüstet und nachlässig übt, der soll bestraft werden, Prinzen und hohe Beamte nicht ausgenommen. Wer sich aber eifrig im Waffengebrauch und im Reiten übt, der soll, falls er sich einmal gegen die Gesetze oder die guten Sitten vergeht, mit leichterer Strafe belegt werden, sofern er sich nicht, auf seine Waffen und seine soldatischen Fähigkeiten vertrauend, zu Gewalttaten hat hinreißen lassen.[33]

Nach der Einführung des Buddhismus wurde Nara, die erste Hauptstadt der japanischen Geschichte, gegründet, wurde jedoch schon einige Jahrzehnte später durch Kioto, damals noch Heiankyo genannt, als Hauptstadt abgelöst.

Während dieser Zeit des Glanzes und der Hochkultur in der Stadt und am Hofe des Kaisers entwickelte sich in den Provinzen des Ostens und Nordostens fernab vom höfischen Treiben ein Menschenschlag, der in den Augen der Höflinge zwar ungebildet und grob war, dem man aber dennoch Mut und Geschick im Umgang mit Bogen und Schwert zubilligte. Diese *Azuma-bito* (Männer des Ostens) sollten die Urväter einer neuen Kriegerklasse werden.

Unter den vielen Familien dieser Provinzen profilierten sich die Fujiwara so sehr, daß im Jahre 858 Fujiwara Yoshifusa als Regent für einen Kindkaiser namens Seiwa fungierte. Etwa um 1000 hatten die Anführer anderer kriegerischer Großfamilien viele Krieger um sich geschart, mit deren Hilfe sie wichtige Provinzen in ihren Machtbereich bringen konnten. Außerdem waren sie inzwischen auch schon in Kioto am Hofe als Wachen und Polizeieinheiten tätig. Seit dieser Zeit unterscheidet man zwischen dem Kriegeradel *(Buke)* und dem Hofadel *(Kuge)*.

Während die Familie Fujiwara ihren Einfluß in erster Linie durch geschicktes Einheiraten und Taktieren aufrechterhielt, sollten im 11. Jahrhundert zwei Familien große Bedeutung erlangen, die weitaus kriegerischer gesinnt waren. Die Familie der Minamoto, die lange den Fujiwara diente, und die Familie der Taira erstarkten während einiger harter Kriege im Norden, die das Resultat von Familienzwist waren.

Für die politische Entwicklung Japans waren die nördlichen Kriege nicht mehr von Bedeutung, obwohl sie natürlich als Quellen der Unruhe von der Regierung immer mißtrauisch beäugt wurden. Wichtig waren sie eher für die Ausbildung der harten Krieger, die mit ihrer Gefolgschaftstreue und ihrem sich entwickelnden Ethos langsam zu der Bedeutung avancierten, die sie noch bis zum Zweiten Weltkrieg in Japan hatten (und vielleicht bis heute haben).

Im schwelenden Konflikt zwischen den rivalisierenden Sippen der Taira und der Minamoto kam es 1180 zum Entscheidungskrieg. Dieser Krieg wird nach den chinesischen Silben für Minamoto und Taira *Gempei*-Krieg genannt. Nach anfänglichen Erfolgen der Taira wurden diese im weiteren Verlauf des Krieges durch das militärische und kämpferische Geschick des Minamoto Yoshitsune immer weiter in die Defensive gedrängt. Seinen berühmtesten Kampf focht Yoshitsune gegen den Mönch Benkei aus.

Joshitsune hatte von den Kampfkünsten dieses Krieger-Mönches gehört, dem man nachsagte, er kämpfe mit einer Hellebarde, die so schwer sei, daß andere Mönche sie nicht heben konnten. In einem dramatischen Zweikampf auf einer Brücke setzte Yoshitsune dem Benkei durch sehr schnelle und ständig variierte Schläge mit seinem Langschwert so zu, daß dieser aufgeben mußte und gelobte, dem Sieger sein Leben lang treu zu dienen. Im Verlauf des Bürgerkrieges wurde Yoshitsune durch Benkei oft aus Lebensgefahr gerettet. 1185 endete der Krieg mit der Seeschlacht von Shimonoseki, die die Minamoto für sich entscheiden konnten. Die martialischere Familie hatte gesiegt.

Minamoto Yoritomo, ein Halbbruder des genialen Heerführers Yoshitsune, versuchte, nachdem er seinen Bruder schmählicherweise vertrieben hatte, das zerstörte und uneinige Land zu befrieden. Als der alte Kaiser Shirakawa, der sowieso zur Machtlosigkeit verdammt war, starb, wurde Yoritomo Herr über die zivile und militärische Macht, denn der neue Kaiser ernannte ihn zum *Shogun,* zum »Barbaren unterwerfenden großen Feldherrn«. Als äußeres Zeichen der Macht verlegte er den Regierungssitz von Kioto nach Kamakura. Das von ihm ausgearbeitete zentralistisch-nationale Verwaltungssystem *Bakufu*[34] hielt sich bis zur Restauration von 1868.

Zu Yoritomos Zeit wurden die Samurai Herrscher über Politik, Moral und Sitte Japans. Durch diesen Umstand bedingt, fand nun auch ein Wechsel in der Geisteshaltung Japans statt. Während als Folge der ersten chinesischen Ein-

flüsse Wissenschaftler und Gelehrte ein hohes Ansehen genossen, nahmen jetzt die loyalen, mutigen Krieger den höchsten gesellschaftlichen Rang ein. *Kyuba-no-michi* (Weg des Bogens und des Pferdes) und später *Bushido* (Weg des Kriegers) wurden Schlüsselworte für die japanische Kultur.

Yoritomo hatte die Kriegerklasse der Samurai zu einer Eliteklasse gemacht, die seine Macht jederzeit stützte. Als er 1199 starb, waren die Hojo die nächste Familie, die das Feudalsystem und die Vormachtstellung der Samurai stabilisierten und denen es gelang, die Mongolenkriege für Japan zu entscheiden.[35]

Nach den Mongolenkriegen war das Land stark geschwächt, und Unzufriedenheit machte sich unter den Samurai breit. Die Macht der Zentralregierung wurde durch bürgerkriegsähnliche Zustände stark gefährdet. Sowohl kaiserliche Empfehlungen als auch Befehle der Regierung wurden von den Provinzherren nicht mehr befolgt.

Die Familie der Hojo wurde von ihren Feinden in Kamakura angegriffen und tötete sich in aussichtsloser Lage zusammen mit tausend Verbündeten durch *Seppuku,* rituellen Selbstmord.[36]

Nachdem Kioto inzwischen wieder Hauptstadt war, sollte Japan auch weiterhin nicht zur Ruhe kommen. Die Machtkämpfe der großen Familien hielten an, und die Krieger setzten ihre Treue gegenüber ihrem jeweiligen Herrn über alles andere, auch über jeden Versuch, dem Land den Frieden zu geben. Diese tragische historische Situation bestand während der Muromachi- und der Momoyama-Periode, einer Zeit, die heute als *Sengoku-jidai,* als »Zeitalter des Krieges«, bekannt ist.

Zusätzlich verschärft wurde die Lage noch durch zahlreiche Aufstände der von den Kaufleuten ausgebeuteten Bauern und ärmeren Samurai. Der dekadente Lebensstil des zu dieser Zeit herrschenden Shoguns Yoshimasa erforderte

Abb. 13: Samurai in früher O-yoroi-Rüstung des 14. Jahrhunderts. *(Mc Cullough,* The Taiheiki, *Columbia 1958)*

sehr viel Geld, das man durch überhöhte Steuern einzutrei-
ben versuchte. Als Yoshimasa 1490 starb, befand sich das
Land in einem Bürgerkrieg, der hundert Jahre andauerte
und in dem sich die adligen Familien fast völlig aufrieben.
Beendet wurde dieses traurige Kapitel der japanischen Geschichte erst durch das Auftauchen dreier großer Männer,
die gleichzeitig als Einiger des vom Bürgerkrieg zerrissenen
Landes angesehen werden.

Oda Nobunaga, 1534 geboren, war schon im Alter von
zwanzig Jahren wegen seiner Kriegskunst bekannt. Durch
rücksichtsloses Vorgehen hatte er den Machtbereich seiner
Familie so weit ausgedehnt, daß der Kaiser ihn um Hilfe
gegen andere Feudalherrn bat. Gefürchtet waren die Truppen Nobunagas deshalb, weil sie eine neue Kampftaktik besaßen und Feuerwaffen einsetzten.[37]

1568 war seine Macht so groß, daß er Kioto besetzte und
1573 die faktische Gewalt im Staate übernahm. Er starb 1582
als Opfer einer Intrige, und Toyotomi Hideyoshi, der schon
unter ihm als Feldherr gedient hatte, wurde sein Nachfolger.
Bereits drei Jahre nach Nobunagas Tod war Hideyoshi zum
Stellvertreter des Tenno aufgestiegen, was angesichts seiner
»niederen Geburt« besonders beachtenswert war. Im Laufe
seines Lebens setzte er die Einigungspolitik seines Vorgän-
gers konsequent fort. Dies ging so weit, daß er 1588 die
sogenannte »Schwerterjagd« befahl, eine Aktion, in der er
alle Waffen einschmelzen lassen wollte, um für Ruhe im
Land zu sorgen. Samurai waren von diesem Erlaß natürlich
nicht betroffen. Später während der Tokugawa-Periode wurde dieses Verbot wieder gelockert, zwei Schwerter jedoch
durfte nur der Samurai tragen.

Nach nur acht Jahren hatte Hideyoshi seine nationalen
Ziele erreicht. Durch seine ordnende Hand hatte sich die
Lage des geschwächten Landes stark verbessert, was sich
auf allen Gebieten des öffentlichen Lebens und der Kultur
zeigte. Als Hideyoshi 1598 eines natürlichen Todes starb, riß
Tokugawa Ieyasu, sein fähigster General, die Nachfolge an
sich. Noch einmal kam es zu Machtkämpfen, bis Ieyasu in

einer großen Schlacht, an der über 200 000 Krieger teilnahmen, all seine Widersacher und Gegner besiegte. Um sein Hauptziel, die nationale Einheit des Landes, durchzusetzen, festigte Ieyasu seine militärischen Erfolge durch weitreichende Gesetze. Er verlegte die Zentralverwaltung nach Edo (Tokio) und erkannte die nominelle Macht des Kaisers an. Die Regierung wurde jedoch vom Shogun geführt, der von einigen großen Provinzherren, die in beratender Funktion tätig waren, unterstützt wurde. Das Militär bildeten die kleineren Provinzherren und die Samurai.

Seine potentiellen Gegner wurden durch ein ausgeklügeltes Kontrollsystem überwacht. Ein Teil dieses Systems war der Besuch, den alle Fürsten einmal im Jahr in Edo machen mußten und zu dem sie mit prachtvollen Gefolgschaften über die *Tokaido,* Japans berühmteste Straße, reisten. Als Ieyasu 1603 vom Kaiser als Shogun bestätigt wurde, begann für Japan eine 264jährige Friedensperiode.

Um den Frieden zu sichern, reglementierte Ieyasu nicht nur das innenpolitische Leben sehr stark, sondern versuchte auch, Japan vom Ausland weitestgehend abzuriegeln. Während der letzten Jahre der planmäßig betriebenen Isolationspolitik sah sich das *Bakufu*-Verwaltungssystem allerdings schon vor Probleme gestellt.

Bedingt durch mehrere große Hungersnöte und Mißwirtschaft, rotteten sich in den Städten zahllose Ronin zusammen. Die Kaufmannsklasse, die im alten feudalistisch-hierarchischen System keinen Stellenwert besessen hatte, erlebte einen großen Aufschwung, neue technische Errungenschaften, die trotz der Abriegelung ihren Weg nach Japan gefunden hatten, breiteten sich aus und erregten das Mißtrauen konservativer Kräfte, und Bauernunruhen erschütterten das Land. Ausgerechnet zum Zeitpunkt dieser innenpolitischen Schwierigkeiten landete 1853 ein Geschwader der amerikanischen Marine unter Commodore Perry in Uraga. Durch diese Landung und die gärenden inneren Probleme wurde der größte politische und gesellschaftliche Umschwung in der japanischen Geschichte eingeleitet.

Aus Nationalstolz wollte das Shogunat ursprünglich nicht auf die amerikanische Forderung nach einem Handelsvertrag eingehen, aber durch latente Drohungen und Zurschaustellung offensichtlicher militärtechnischer Überlegenheit kam der Vertrag dann doch zustande. Obwohl sich das Shogunat verzweifelt wehrte, konnte es sich letztlich gegen den Kaiser, der sich aus Angst vor einem Krieg mit den Amerikanern verbunden hatte, nicht behaupten. So gingen das Wiedererstarken des Kaisers und die Modernisierung Japans Hand in Hand. Die Samurai-Gesellschaft stand dieser Entwicklung machtlos gegenüber, zumal man sich auch in ihren Reihen über Zustimmung oder Ablehnung zur modernen Entwicklung nicht einig war. Einzelne mit Erbitterung geführte Aufstände zeigten diese innere Spaltung.

Gegen Ende des 19. Jahrhunderts verschwanden die Samurai aus der Geschichte Japans und mit ihnen vorerst auch ihre alten Kampfsysteme, denn sie erschienen den fortschrittsorientierten Kreisen als reaktionär und nicht zeitgemäß. Erst mit der späteren Rückbesinnung auf Tradition und nationales Erbe lebte auch der »Samurai-Geist« wieder auf und beeinflußte die Japaner bis auf den heutigen Tag.

Diese Kurzdarstellung der japanischen Geschichte sollte uns zeigen, welch wichtige Rolle darin die Kampfsysteme und die Samurai spielten. Mindestens ebenso wichtig für die Entwicklung der Kampfkünste selbst war aber ein religionsphilosophischer Aspekt, dem wir uns nun zuwenden wollen.

10 Zen – die Suche nach dem Ton der einen Hand

Durch den Finger, der direkt auf dein Herz deutet,
wirst du dein wahres Wesen erkennen und zum
Buddha werden.

Hakuin, 1685–1768

Die genaue Herkunft des Zen[38] in Indien ist nach Meinung
des bekannten japanischen Zen-Gelehrten Prof. Dr. Daisetz
Teitaro Suzuki derart von Legenden durchsetzt, daß nur sehr
wenig historisch Abgesichertes bekannt ist.

Daß in Indien schon vor ewigen Zeiten mit den Fähigkeiten des menschlichen Geistes experimentiert wurde, ist allgemein bekannt. Fast immer ging es darum, eine höhere geistige Ebene zu erreichen, um von Not und Leid der Welt unabhängig zu werden. Hinduismus und Tantrismus sind reich an »Methoden des Glücks«, von denen Yoga in seinen verschiedenen Erscheinungsformen in Europa heute am bekanntesten ist. Viele dieser Methoden neigen jedoch zu einer Art »Weltflucht«, worin sie sich deutlich vom Zen unterscheiden. In groben Zügen kann man sich die Entwicklungsstadien des Zen-Buddhismus etwa so vorstellen:

Aus dem alten und strengen Hinayana-Buddhismus Indiens entstand das tolerantere Mahayana und gelangte nach China, hier entwickelte sich als Richtung des Mahayana der Chan-Buddhismus, und dieser wiederum wurde in Japan zum Zen.

Der Begriff »Zen« stammt vom Sanskrit-Wort *Dhyana* ab, was mit Meditation übersetzt werden kann. In China, welches für die Entwicklung des Zen am bedeutendsten war, wurde aus »Dhyana« »Chan-na« und später »Chan«.

Im 6. Jahrhundert n. Chr. brachte Bodhidharma, der als 28. Patriarch des Dhyana-Buddhismus gilt, diese Lehre nach China (vgl. S. 44 ff.). Hier erfuhr der Chan-Buddhismus durch die Begegnung mit der Lehre des Laotse (vgl. S. 22 ff.) eine weitere Fortentwicklung, die ihn immer mehr von seinen indischen Anfängen entfernte. Das Wesen der Welt wurde nicht mehr wie in Indien als Ruhendes, Unveränderbares angenommen, sondern als Bewegung, als ständiges Fortschreiten. Unter dem Einfluß Chinas und seiner weltzugewandten Philosophie tat der Chan den Schritt von der Passivität zur Aktivität, schärfer formuliert von der Realitätsflucht zur Realitätsbewältigung.

Bis zum 12. und 13. Jahrhundert hatten sich bereits mehrere Sekten der Chan-Schule entwickelt, die nun auch in Japan viele Anhänger fanden, zu einem Zeitpunkt, als sich die Kaste der Samurai anschickte, die gesellschaftliche Elite des Landes zu bilden. Da andere Formen des Buddhismus schon seit einigen hundert Jahren in Japan bekannt waren, standen die Japaner, insbesondere die Samurai, dem Chan (Zen) sogleich sehr aufgeschlossen gegenüber. Die beiden bis heute einflußreichsten japanischen Zen-Sekten sind die Rinzai- und die Soto-Schule. Nachdem der Mönch Eisai Zenji 1184 nach China gefahren war und 1191 nach Japan zurückkehrte, gründete er die Rinzai-Sekte und förderte den Bau mehrerer Tempel. 1195 verbot der Kaiser den Zen generell, da ihm die Sekten und die Klöster zu mächtig geworden waren. Eisai ging daraufhin nach Kamakura, weil er dort der Protektion des Shogunats sicher war. Der große Enkakuji-Tempel in Kamakura stellt eines der wichtigsten und bedeutendsten Klöster dieser Sekte dar.

Nach Eisais Tod im Jahre 1215 gründete sein Schüler Dogen Zenji 1227 ebenfalls nach einem Aufenthalt in China die Soto-Sekte. Überall in Japan erlebten die Zen-Sekten während der Kamakura-Periode einen enormen Aufschwung. Neben dem *Jodo Shinshu* (»Wahre Lehre vom reinen Land«) und der Nichiren-Sekte waren sie bald die stärkste religiöse Macht im Lande und spielen seitdem im kulturellen und geistigen Leben Japans eine überragende Rolle.

In der Praxis des Zen kann man fünf Varianten bzw. Stufen unterscheiden: Der *Bompu*-Zen zielt in erster Linie auf die körperliche und seelische Entspannung hin. Der *Gedo*-Zen betont stärker den buddhistischen Hintergrund der Lehre. Die dritte Stufe, *Shojo*-Zen genannt, erfordert eine völlige Beherrschung des Geistes. Die vierte Stufe, *Daijo*-Zen, und die fünfte, *Saijojo*-Zen, ermöglichen dem Übenden, der auf diesen Stufen aber schon fast ein Meister ist, die Umsetzung der Zen-Ideale in das alltägliche Leben.

In den Klöstern und Tempeln der meisten Sekten lebt eine feste Mönchsgemeinde, die in Form von Kursen oder Wochenendübungen den Interessierten die Möglichkeit gibt, sich im Zen zu üben.

Während das äußere Erscheinungsbild des Zen, also die praktische Ausübung, die ich noch beschreiben werde, relativ leicht zu erklären ist, ist das geistige Prinzip des Zen, welches sich auf eine »besondere Überlieferung außerhalb von Wort und Schrift« beruft, nur schwer zu beschreiben.

In den alten Zen-Episoden stellen Schüler und Mönche häufig die Frage nach dem tieferen Sinn des Zen. Die Meister antworten meist nur mit einer Geste, einem Ausruf oder einem Stockhieb. Zu den überlieferten Erwiderungen gehören aber auch so unterschiedliche Äußerungen wie die folgenden:

> Zen bedeutet, die Reflexion des Mondes im Wasser zu fangen.
> Zen ist eine Kugel rotglühenden Eisens, die man hinunterschlucken muß.
> Die Zypresse im Garten.
> Drei Pfund Flachs.
> Dein alltägliches Bewußtsein.

Etwas leichter ist es, zu erklären, was man im Zen nicht fin-
den kann: Zen ist keine Religion und kein philosophisches
Ideengebäude, es verspricht weder das Paradies noch die
Glückseligkeit. Wenn auf die Frage »Was ist eigentlich
Zen?« der Meister einem zur Antwort gibt: »Ruhig dasitzen,
nicht nachdenken und sowohl körperlich als auch geistig
völlig still sein«, so hilft einem das kaum weiter, Wesen und
Anliegen des Zen-Buddhismus auf der begrifflichen Ebene
besser zu verstehen. Oberstes Ziel Bodhidharmas war es, die
Mönche körperlich so zu trainieren, daß sie imstande waren,
die Meditation, die wiederum Selbstbeherrschung und Konzentrationsfähigkeit schulen sollte, durchzuhalten. Um dies
zu erreichen, ließ er sie *Zazen,*[39] das Meditieren im Sitzen,
üben. In der Meditation soll der Zustand der Geistesleere
erreicht werden, der, so paradox es erscheinen mag, auf
höchster Konzentration und Wachsamkeit basiert. Dieser
Begriff der »geistigen Leere« (chin. *Wu-nien)* stammt eindeutig aus taoistischem Gedankengut, ähnlich wie der bereits erwähnte Begriff des »Nicht-Handelns« (chin. *Wu-wei,*
vgl. S. 27). Was nun ist genau mit dieser »Leere« gemeint?
Durch die Konzentration sollen sämtliche Störfaktoren der
Außenwelt und des eigenen Bewußtseins ausgeschlossen
werden. Dialektische Überlegungen oder logische Gedankengänge sollen vermieden werden, um ein stärkeres Bewußtsein zu erlangen und somit die Fähigkeit, sich ausschließlich auf das zu konzentrieren, was die Situation erfordert, und das ist im Verlauf der Zazen-Sitzung eben das
»Nichtdenken«. Eine Begründung für diese Meditationswei-
se ist die Annahme, daß nur der, der in der Lage ist, seinen
Geist willentlich über eine bestimmte Zeit von allem freizu-
halten, in Situationen, die seine ganze geistige Kraft verlangen, sich selbst vollständig einsetzen kann. Jemand, der die
Fähigkeit hat, diese »Leere« während der Meditation her-
vorzurufen und zu ertragen, kann das »störende Ich«, das
seinen Willen und somit seine Taten beeinflußt, ausschalten.
Dazu muß er, wie die Zen-Lehrer sagen, sich selbst wegwer-
fen. Das ist das Ziel jeder Zen-Meditation.

Obwohl es theoretische Meditationsanweisungen, die über den technischen Ablauf hinausgehen, kaum gibt, hält die Zen-Tradition einige Hilfen für den Anfänger bereit, dem es zunächst kaum möglich ist, an »Nichts« zu denken. Einige Sekten weisen ihre Schüler an, sich auf feste Punkte in der Natur oder im Raum zu konzentrieren, auch das Aufsagen gewisser Formeln oder die Benutzung eines geometrischen Bildes wird empfohlen,[40] um das Bewußtsein auf diese Objekte festzulegen. In anderen Schulen versucht man nicht, die auftauchenden Gedanken von vornherein völlig zu unterbinden, sondern nur nicht an ihnen haftenzubleiben, sie »vorbeifließen« zu lassen.

Das Ziel der Meditation ist nur zu erreichen, wenn alle hinderlichen Vorstellungen vorher aufgegeben werden und jegliche Emotion dahinschwindet. Es gilt nicht nur den Geist, sondern auch, um es japanisch auszudrücken, das Herz leer zu machen. All dies dient nicht dazu, völlig gefühllose und gleichgültige Menschen zu erziehen, sondern dem genauen Gegenteil. Nur wer seine ganze Energie von den Dingen zurückziehen und im Innern sammeln kann, kann im umgekehrten Fall voll und ganz »wollen« oder auch »genießen«. Zen ist nicht eine Lehre, die die generelle Askese fordert, sondern die sich ihrer zeitweise bedient.

Einer der bekanntesten japanischen Zen-Meister, Taisen Deshimaru-Roshi, der gleichzeitig Oberhaupt der Soto-Sekte und Repräsentant des Zen für Europa war und von 1967 bis zu seinem Tode 1982 in Paris lebte und lehrte, meinte dazu: »Es nur halb zu tun, ist nicht gut. Man muß es bis zum Grund ausschöpfen, sich ihm vollkommen hingeben. Man darf keinen Rest von Energie zurückbehalten ... In der modernen Welt sehen wir jedoch genau das Gegenteil. Die jungen Menschen leben nur halb, und halb sind sie tot. Auch ihre Sexualität ist nur halb. Bei der Arbeit oder beim Zazen denken sie an Sex und umgekehrt. Und so ist alles in ihrem Leben ... Wenn man im Kampf auch nur einen Rest von Energie zurückhält, kann man nicht gewinnen. Das ist das Geheimnis der Kampfkünste.«[41]

In Japan selbst bekommen die Schüler der meisten Zen-Sekten vom Meister ein *Koan* gestellt, über das sie ausschließlich nachdenken sollen. Diese Koans waren auch in China schon bekannt und wurden von den Japanern übernommen und erweitert. Die Zen-Überlieferung kennt eine große Zahl dieser verwirrenden Sinnsprüche oder Gedichte, die rational nicht zu lösen oder zu verstehen sind. Die beiden bedeutendsten Koan-Sammlungen sind das *Hekigan-roku* aus dem Jahre 1125, welches 100 Koans umfaßt, und das *Mumonkan* aus dem 13. Jahrhundert mit 48 Koans. Wahrscheinlich hat man diese Koans gesammelt, um die Lehrmethode der großen Meister, die ein Koan gestellt haben, auch über ihren Tod hinaus der Nachwelt zu erhalten. Das Koan beabsichtigt, das normale Bewußtsein in die Irre zu führen. Die Konzentration auf das logisch nicht zu lösende Problem führt den Geist in eine Art Sackgasse. Der Schüler soll das Koan so stark verinnerlichen, daß es zu irgendeinem Zeitpunkt aus seinem Bewußtsein verschwindet und keine Diskrepanz mehr besteht zwischen Ich, Koan und Bewußtsein.

Das Lieblingskoan des Rinzai-Mönches Hakuin hieß:

> Höre den Ton der einen zusammengeschlagenen Hand.

Andere bekannte Koans lauten:

> Alle Dinge kehren zu dem Einen zurück; doch wohin kehrt dieses Eine zurück?
>
> In einem Getreidekorn steckt das Universum. Hügel und Flüsse gehen in einen kleinen Kochtopf.
>
> Wo warst du, als Vater und Mutter noch nicht geboren waren?
>
> Wer bin ich, wenn ich froh oder traurig bin?

Auch Dialoge von Zen-Meistern und -Schülern sind in den Koan-Sammlungen enthalten. Auffällig an diesen Gesprächen ist, daß die Meister sehr oft Naturphänomene benutzen, um dem Schüler weiterzuhelfen.

Schüler: Was ist das schönste Ereignis der Welt?
Meister: Daß ich hier sitze, auf dem einsamen Gipfel dieses Berges.

Schüler: Ich bin neu hier im Kloster. Zeigt mir den Weg zum Zen.
Meister: Hörst du das Rauschen des Gebirgsbaches?
Schüler: Ja.
Meister: Dort ist das Tor.

Auch hier wird sehr schön deutlich, wie die Meister oft die einfachsten Erscheinungen des Alltags bewußt »methodisch« eingesetzt haben, um die Erkenntnisfähigkeit des Schülers zu forcieren.

Schüler: Meister, ich habe dir nichts mitgebracht. Was hast du mir darauf zu sagen?
Meister: Nimm es weg!

Schüler: Wo ist der Weg?
Meister: Er liegt vor deinen Augen.
Schüler: Warum kann ich ihn dann nicht sehen?
Meister: Weil du nur über dich selbst nachdenkst.
Schüler: Siehst du ihn denn?
Meister: Solange du Worte wie »ich« und »du« gebrauchst und Sätze wie »ich sehe nicht« und »du siehst« aussprichst, wirst du den Weg nie sehen.
Schüler: Wenn es kein »ich« und kein »du« mehr gibt, kann ich ihn dann sehen?
Meister: Wenn es »ich« und »du« nicht mehr gibt, wer soll dann noch da sein, den Weg zu sehen.

Die Mönche eines Klosters beschäftigen sich nicht nur während der Zazen-Sitzung mit ihrem Koan, sondern auch während der Arbeit. In täglichen Gesprächen mit dem Meister kann der Schüler seinen Erkenntnisstand unter Beweis stellen und dem Meister Lösungsvorschläge anbieten. In einigen japanischen Zen-Klöstern gibt es eine Glocke, mit der die Mönche den Klostervorsteher zu jeder Zeit um ein Gespräch bitten können, wenn sie glauben, ein Problem gelöst zu haben.

In einem überlieferten Fall überwand der Schüler das ihm gestellte Koan: »Wie kannst du dem Rad der Geburt und des Todes entfliehen?«, mit der Erkenntnis: »Wieso bin ich überhaupt an dieses Rad gebunden?« Er hatte erkannt oder »erfahren«, daß das Problem selbst nicht zu lösen ist, sondern nur die persönliche Einstellung dazu. Einige Zen-Schulen belassen es bei dem einen zu lösenden Koan, in anderen muß der Schüler immer neue Probleme überdenken.

Jemand, der ein Koan gelöst hat, hat *Satori*, die Erleuchtung. Während die Soto-Sekte davon ausgeht, daß Satori mehrmals möglich und nötig ist, ist es in der Rinzai-Sekte ein einmal erreichter Zustand. Richtungs- und sektenunabhängig werden Menschen, die überhaupt je Satori erlebt haben, als *muga*, geistig erfahren, bezeichnet. Was sich psychologisch im einzelnen abspielt, wenn man Satori erlebt, ist sehr schwer generell zu beschreiben. Nach Aussagen vieler Zen-Meister ist die Plötzlichkeit, mit der Satori eintritt, ein Hauptmerkmal. Es muß sich offenbar um ein intuitives und überraschendes Schauen in die Natur der Dinge handeln, ein Schauen, welches nicht durch Überlegung oder Analyse zustande gekommen ist, sondern durch ein vitales und gänzliches Erfassen des kosmischen Zusammenhangs. In solch einem Augenblick ist der Mensch nicht mehr Teil der Welt, sondern ist Welt, ist absolutes Kontinuum. Satori kann das Endergebnis einer langjährigen Zen-Schulung sein, wer es erzwingen will, wird es allerdings nie erreichen.

Die hinduistisch-buddhistische Annahme, daß all das, was wir als »weltlich« bezeichnen, nur Täuschung ist und keine

wirkliche Existenz hat, ist sich im Zen nicht mehr so vertre-
ten wie zum Beispiel im Yoga. Wenn im Zen von Täuschung
die Rede ist, dann ist eine Täuschung des eigenen Geistes
gemeint, der nicht trainiert ist, das »Echte«, die Realität
wahrzunehmen.

Die teilweise extrem körperfeindliche Askese indischer
Yogis wird vom Zen nicht bejaht. Leben und Tod allerdings
werden als gleichwertige Zustände betrachtet, so daß eine
Entscheidung oder Tat durch diese Begriffe überhaupt nicht
beeinflußt werden darf.

Vom Zen-Mönch Kokushi erzählt man sich die Geschichte, daß er sein Kloster dadurch vor einem Überfall durch
Räuber schützte, daß er sich in Zazen-Haltung vor das Ein-
gangstor des Klosters setzte und dabei so viel Entschlossen-
heit ausstrahlte, daß die Räuber nicht wagten, an ihm vorbei
ins Kloster zu stürmen. Ein Paradebeispiel für den japanischen Sinnspruch: »Siegen, ohne gekämpft zu haben.«

Nicht das individuelle Ich des Mönches hat hier gehandelt, sondern »Es« oder das »Ganze«. Universum und
Mensch, Körper und Geist sind eins geworden, Diskrepan-
zen sind nicht mehr vorhanden, mit intuitiver Sicherheit hat
der Mönch in einem Augenblick die richtige Entscheidung
gefällt. Wie eng asiatische Denksysteme zusammenhängen,
zeigt die Tatsache, daß die Suche nach dem Urgrund des
Seins sowie der Versuch des Menschen, sich in das *Tao*, das
das All ist, einzuordnen, im Taoismus, Buddhismus, Konfuzianismus und Shintoismus eine entscheidende Rolle spielen.

Warum hat nun diese Variante des Buddhismus so entscheidend und nachhaltig auf die Psyche der Samurai ge-
wirkt? Ist es nicht ein Widerspruch in sich, daß ausgerechnet
diese Lehre des »Nichtverletzens«, die in ihrer indischen Urform doch eher eine Lehre der stillen Meditation und Sanft-
mut war, geistige Grundlage einer Kriegerkaste wurde, die
Mut, Kampf und Disziplin auf ihre Fahnen geschrieben hatte?

Eine Erklärung dafür könnte in der Umformung des Buddhismus liegen, die er in Japan erfahren hat. Die letzte Klärung geistiger und religiöser Zusammenhänge, die der Buddhismus in seiner indischen Urform erreichen wollte, wich im späteren japanischen Buddhismus bzw. in der Zen-Sekte eher einer profanisierten Form der Selbstdisziplinierung. Zen unterscheidet sich von anderen buddhistischen Richtungen durch seine Betonung von Training, Willen und Selbstbeherrschung des Individuums. Diese Aspekte waren für den Ritter des feudalen Japan, sein Leben, seine Schlachten und natürlich auch für seine Kampfsysteme existentiell wichtig. Während andere Formen und Sekten des Buddhismus, die ja zum Teil schon früher in Japan bestanden, eher intellektuelle Gesichtspunkte in den Vordergrund stellten, bot Zen dem »Mann der Tat«, dem Krieger, Ziele, die er unmittelbar auf sich beziehen konnte. In seiner Welt des Kampfes, wo ein Schwertstreich alles entscheiden konnte, war die im Zen so hochangesehene Intuition von enormer Wichtigkeit. Im Kampf mußte der Samurai oft intuitiv, ohne Zögern handeln. Dies konnte nur dann schnell erfolgen, wenn der Geist leer war von hemmenden Faktoren, die die Ausführung des zu Tuenden behindert hätten. Zen mußte mit seinem Appell an die Willenskraft und den sittlichen Charakter auf die Samurai großen Eindruck machen. Auch die Ähnlichkeit der Lebensumstände der Zen-Mönche und der Samurai war dazu angetan, den Kriegern den Zen-Buddhismus näher zu bringen. Ebenso wie die Krieger mußten sich auch die Mönche strenger Disziplin und Entbehrung unterwerfen.

Insbesondere während der politischen Wirren in den Bürgerkriegen griffen einige militante Zen-Sekten aktiv in das Kampfgeschehen ein. Die großen Klöster, die durch ihre zahlreiche Mönchsgemeinde und ihren Reichtum eine politische Macht geworden waren, konnten bei wichtigen Entscheidungen nicht unberücksichtigt bleiben. So wurden dann die *Yamabushi* (Mönchskrieger aus den Bergen) mit ihren kurzen Streitäxten *(Ono)* in der japanischen Geschichte oft gefürchtete Gegner oder beliebte Verbündete der Samurai. Es war auch keine Seltenheit, daß bewaffnete Mönche eines Klosters in der Hauptstadt demonstrierten, um eine politische Entscheidung zu kritisieren.

Und noch etwas im Zen ließ sich mit dem vorhandenen Kulturgut aufs beste verbinden. Auf dem Gebiet der Kunst bildete die strenge Schlichtheit des Zen mit der natürlichen Ästhetik des Shinto eine fast organische Einheit. Diese in jeder japanischen Kunstrichtung festzustellende Tatsache manifestiert sich am deutlichsten in den zen-buddhistischen Gartenanlagen und Steingärten. Wäre der Satz »Am Ende aller Dinge steht das Schlichte« nicht von dem deutschen Expressionisten Kasimir Edschmid (1890–1966), er könnte aus dem Mund eines im Garten meditierenden Zen-Mönches sein.

Alle genannten Zen-Ideale übten mit unterschiedlicher Gewichtung Einfluß auf das Leben der Samurai aus. Nichts aber verinnerlichten sie so sehr wie die Todesverachtung. In der Schlacht oder im Einzelkampf ständig mit dem Tod konfrontiert, negierten sie diesen so weit, daß sie sogar zu Taten mit vorhersagbar tödlichem Ausgang fähig waren. In diesem Zusammenhang werden die Begriffe *Seppuku* oder *Harakiri* und *Kamikaze* immer wieder erwähnt, wahrscheinlich, weil diese Handlungsweisen für unseren Kulturraum sehr fremd und exotisch sind. Zwar sind auch in anderen Ländern heroische Taten unter Aufopferung des eigenen Lebens vollbracht worden, aber nie in einer solchen Vielzahl wie im buddhistischen Einflußbereich.

Daß dieser Einfluß ungebrochen ist, zeigen uns die Kamikaze-Flieger des Zweiten Weltkrieges, bei denen der durch den Shintoismus forcierte Nationalstolz ebenfalls eine wichtige Rolle spielte, und aus jüngerer Zeit die vietnamesischen Mönche, die sich aus Protest selbst verbrannten. Wie weit dies noch religiös motivierte und legitimierte Handlungsweisen sind oder aber ideologische Perversionen, soll hier nicht erörtert werden.

Lassen Sie mich zusammenfassend sagen, daß die Japaner es verstanden haben, wie später auf anderen Gebieten noch

so oft, nur die Teile des Buddhismus in Form des Zen-Buddhismus zu übernehmen, die in ihre Kultur, speziell in das
durch die Samurai geprägte Feudalsystem, paßten.

Daß Zen nicht eine metaphysische Religion ist, sondern
eine Lebenshaltung des aktiven Handelns und des gradlini-
gen Wollens, macht seine Bedeutung für die Samurai und
die Kampfsportarten aus, aber auch die mögliche Anwendung der Zen-Ideale in unserer gesellschaftlichen Realität ist
aus dieser Tatsache zu erklären.

Fast alle bedeutenden Japaner aus der Welt der Kultur,
der Politik und insbesondere der Wirtschaft üben sich in der
Zen-Meditation. Schon 1979 wußte das Hamburger Nach-
richtenmagazin »Stern« davon zu berichten, daß große japanische Industriekonzerne ihre Angestellten anhalten, sich
mit Kampfsportarten oder Zen zu beschäftigen, um »unwich-
tige Dinge aus ihrem Denken zu vertreiben und sich auf das
Wesentliche zu konzentrieren«. Liegt in der willensstarken,
sich selbst beherrschenden Einzelpersönlichkeit Japans in-
dustrieller Aufschwung begründet und hängt die große Popularität, die Zen und Zen-Literatur inzwischen in Amerika
erlangt hat, mit dem Versuch zusammen, sich diese »Technik des Willens« zunutze zu machen?

Zen contra Weltwirtschaftskrise? Muß sich der Westen auf
den »Weg nach innen« begeben, um bestehen zu können?
Thesen und Vermutungen, bei denen allein die Zeit zeigen
wird, wie valid sie sind.

Ich sehe andererseits auch die Gefahren eines entarteten
Zen-Trainings, denn Willensstärke und Intuition können
zum Problem werden, wenn sie den Bereich dessen, was
noch als »moralisch gut« gelten könnte, verlassen. Wenn es
dem trainierten Geist gelingen sollte, auch Begriffe wie
»Schuld« oder »Gewissen« aus seinem Innersten zu verban-
nen, um »leer« zu sein für die Tat, ist ein gefährlicher Punkt
erreicht. Dies will Zen nicht, aber es birgt latent diese Gefahr
in sich. Von dieser Gefahr ist nicht so sehr bedroht der alte
Meister eines japanischen Klosters oder der weltabgewand-
te Asket am Fuß des Fuji-san, sondern der, der tagtäglich mit

der weltlichen Macht, in welcher Form auch immer, umzu-
gehen hat.

Dem folgenden Abschnitt über Zazen möchte ich D. T. Su-
zukis Antwort auf die Frage »Was ist der Geist des Zen?«
vorausschicken. »Der beste Weg, dies zu erfahren, ist, Zen
zu praktizieren.« Bei meiner Beschreibung der Praxis des
Zen kann ich nur einige grundlegende Hinweise geben, um
den Leser nicht durch sekteninterne Unterschiede zu verwir-
ren.

Man sitzt im sogenannten »Lotossitz« oder »halben Lotossitz«. Bei ersterem liegen bei gekreuzten Beinen beide Füße
auf dem jeweils gegenüberliegenden Oberschenkel. Da diese Sitzhaltung für den Ungeübten in der Regel sehr schwer
ist, empfiehlt sich am Anfang der »halbe Lotossitz«, bei dem
nur ein Fuß auf dem gegenüberliegenden Oberschenkel
liegt. Ein etwa 8 bis 12 cm hohes Kissen vereinfacht diese
Sitzstellung. Der Rücken sollte so aufrecht wie möglich sein.
Im Laufe der Zeit wird die dafür erforderliche Muskelan-
spannung immer geringer werden und das Gleichgewichts-
gefühl so ausgeprägt, daß man weder nach vorn noch nach
hinten schwankt. Als Verlängerung des Rückens sollte auch
der Nacken aufrecht gehalten werden. Die Hände werden
mit den Handflächen nach oben ineinander gelegt, wobei
sich die Daumen berühren.

Das wichtigste Konzentrationsmittel ist die Beobachtung
des eigenen Atems, wobei dieser nicht gekünstelt oder ver-
spannt sein, sondern gleichmäßig und ruhig fließen soll. Den
Anfang macht ein kräftiges, mehrmaliges Ausatmen durch
den Mund. Danach wird nur noch durch die Nase geatmet,
und zwar in Form der Tiefatmung (Zwerchfellatmung), die
tiefer und entspannender ist. Zwischen Einatmung und Ausatmung sollen keine künstlichen Pausen entstehen. Der
Ausatmung kommt allerdings eine größere Bedeutung zu als
der Einatmung, sie soll langsam erfolgen und einen leichten
Druck auf den Hara (die Bauchregion in der Nähe des Son-
nengeflechts) ausüben. Diese Art der Atmung hilft, in eine
ruhige Gemütsverfassung zu kommen, wenn der Geist erst

einmal aufmerksam dem strömenden Rhythmus des Atems folgt. Möglich wird dies aber nur bei aufrechter Haltung der Wirbelsäule und gelockerter Muskulatur. Die Augen hält man geöffnet, den Blick etwa einen Meter vor sich auf den Boden gerichtet *(Abb. 14)*.

Soviel zum technischen Ablauf. Man übt am Anfang besser in Gruppen und nicht länger als 20 oder 30 Minuten. Alles, was dann während des Zazen geschieht oder auch

Abb. 14: Typische Zazen-Haltung. *(Foto: Bernd Kreutz)*

nicht, muß man selbst erfahren. Das stille Sitzen in der Meditation führt den Geist in eine Art angespannter Hilflosigkeit, die sich erst im Laufe der Zeit und mit zunehmender Übung in eine gelöste Sicherheit verwandelt. Für Anfänger dürften die körperlichen Schmerzen die geistigen Probleme bei weitem übertreffen. Schmerzen und Verkrampfungen in den Beinen und im Rücken sind unvermeidbar. Aber auch die Anweisung, an »Nichts« zu denken oder wenigstens nicht an den Gedanken haftenzubleiben, ist nicht ohne weiteres zu befolgen. Man darf sich nicht der Illusion hingeben, daß anfänglich beides – die richtige Körperhaltung und die Geistesstille – zusammen realisierbar ist. Ich würde empfehlen, das Hauptaugenmerk zunächst auf die Körperhaltung und die Atmung zu richten. Wenn diese beiden Punkte etwas entspannter beherrscht werden, kann man sich dem Geist widmen.

Die beruhigende Wirkung, die von Zazen ausgeht, wird allerdings auch von Anfängern oft schon nach den ersten Sitzungen bestätigt, obwohl sie die Phase der eigentlichen Meditation noch gar nicht erreicht haben und so etwas wie *Satori* vielleicht nie erleben werden. Wenn es gelingt, durch Zazen ruhig und ausgeglichen, gleichzeitig aber auch, wenn nötig, aktiv und konzentriert zu sein, halte ich schon dies für gute Auswirkungen des Meditierens.

Ob wir Europäer jemals in der Lage sein werden, uns vielleicht jahrelang mit einem »unsinnigen« Koan zu beschäftigen, oder wir in der Lage sind, wie japanische Mönche um drei Uhr nachts aufzustehen, zweimal dreißig Minuten zu meditieren, danach mit Reis und Tee zu frühstücken, den Klostergarten umzugraben und auf Knien die Holzgänge zu scheuern, mittags nur Reis und Gemüse zu essen, wieder zwei Stunden zu meditieren, uns während der Meditation mit einem Stock[42] schlagen zu lassen, erneut zu arbeiten, erneut zu meditieren, um dann endlich vier bis sechs Stunden zu schlafen, vermag ich nicht zu sagen.

Zu sagen vermag ich aber, daß auch die einfachere und »humanere« Übung im Zazen, die übrigens auch in Japan sehr verbreitet ist, dem einzelnen etwas bringen kann. In Deutschland sind Zen und Zen-Schulung noch nicht sehr weit bekannt, obwohl der Popularitätsgrad stark zunimmt. Im Anhang nenne ich Ihnen einige der bekanntesten Institutionen, in denen man Zen lernen kann.

Die meisten dieser Organisationen bieten unterschiedliche Kurse an. In der Abtei Maria Laach in der Eifel werden zum Beispiel strenge Zazen-Kurse mit sieben Meditationen à fünfzig Minuten angeboten, was mit Sicherheit nur für Fortgeschrittene geeignet ist. Modifizierte Kurse, die sowohl theoretisch als auch praktisch vorgehen, in denen Vorträge und Entspannungsübungen sich mit zwanzigminütigen Zazen-Sitzungen abwechseln, sind am Anfang eher geeignet.

Da Zen in Deutschland, wie bereits erwähnt, noch nicht sehr bekannt ist, ist auch die Suche nach kompetenten Lehrern nicht ganz einfach. Hier kann es zu ähnlichen Problemen kommen, wie wir sie bei den chinesischen Kampfsportarten schon angesprochen hatten. Sie sollten also sehr sorgfältig nach einem qualifizierten Kursleiter oder Lehrer Ausschau halten, bevor Sie sich entschließen, an einer Übung teilzunehmen. Man kann Zazen zwar auch allein ausüben, doch ist es besser, wenn am Anfang ein Zen-Erfahrener mit Rat und Tat zur Seite steht, um Fehler, insbesondere bei Atmung und Haltung, gar nicht erst aufkommen zu lassen.

Welche Bedeutung dem Zen speziell in bezug auf die Kampfsportarten, wie sie heute in Asien und Europa betrieben werden, zukommt, werde ich im IV. Teil des Buches darstellen.

11 Der Pfad des Kriegers

Beim *Bushido* oder dem »Pfad des Kriegers« lassen sich drei historische Entwicklungsstufen unterscheiden:

1. Der frühe Bushido entstand zur Zeit des Gempei-Krieges, also im 12. Jahrhundert. Er wurde jedoch noch nicht als solcher bezeichnet, sondern als *Kyuba-no-michi* (Weg des Bogens und des Pferdes). Im »Zeitalter des Krieges« war er natürlich vom martialischen Geist geprägt und legte verstärkt Wert auf die praktische Ausbildung in den Kampfkünsten.

2. Als »reformierten Bushido« bezeichnet man die Form der Kampfkünste, wie sie etwa seit Beginn des Tokugawa-Shogunats 1603 ausgeübt wurde. Dieser Bushido ist philosophisch fundierter und klarer durchstrukturiert.

3. Der moderne Bushido ist nach der Meiji-Restauration 1867 entstanden. In ihm sind einige archaische Elemente der früheren Bushido-Formen ausgeklammert worden. Hier ist der Bushido, der anfänglich nur für die Garde des Shoguns gedacht war und später auch für die *Hatamoto* (Vertrauensleute) der Fürsten und dann für alle Samurai verbindlich wurde, zur allgemeingültigen Lebensauffassung aller Schichten der Bevölkerung geworden. Diese letzte Entwicklungsstufe des Bushido wurde dem Westen um 1900 durch Inatzo Nitobes Buch *Bushido, die Seele Japans* vorgestellt.[43]
Zu Beginn des 17. Jahrhunderts, also auf dem Höhepunkt

feudaler Machtentfaltung, konstituierte sich, durch die verschiedensten Geistesrichtungen geprägt, der reformierte
Bushido als Ehrenkodex der Samurai, die man in dieser Zeit
auf ca. 500 000 schätzte.

Obwohl die Samurai-Krieger ihre Willensschulung stark
am Zen orientierten, war für die Lebens- und Umgangsformen sowie für ihre Moralvorstellungen der Konfuzianismus
ausschlaggebend. So wurden der Shintoismus als einheimischer Glaube, der Konfuzianismus als strenger Richter über
Sitte und Moral sowie Zen als Weg zur Meisterung des Ich
und zur Erlangung unerschütterlicher innerer Ruhe die Eckpfeiler dieser Samurai-Ideologie. Aus den dargestellten drei
religiösen Quellen entstand ein mächtiger Strom, ein umfassendes ethisches Gesetz, welches allerdings nie in niedergeschriebener Form existierte noch einen Religionsanspruch
besaß, dennoch aber einen gewaltigen Einfluß auf die weitere gesellschaftliche, kulturelle und politische Entwicklung
Japans ausüben sollte.

Durch die Einführung dieser neuen ethisch-religiösen
Konventionen wurde das Lehnsverhältnis zwischen dem Samurai und seinem Herrn stark gefestigt. Die schon in grauer
Vorzeit geübte persönliche Treue dem Heerführer gegenüber erhielt jetzt eine weitaus tiefere Bedeutung. Der Samurai selbst verlor immer mehr den Anstrich des barbarischen
Nur-Kriegers und wurde zu einem geistigen Archetyp, der
im Laufe der Zeit auf die Normen und Wertvorstellungen des
spätmittelalterlichen Japans und sogar weit über diesen historischen Zeitraum hinaus formende und sanktionierende
Wirkungen hatte. Eine ähnliche Entwicklung ist uns unter
dem Namen *honnête homme*[44] aus dem 17. Jahrhundert in
Europa, insbesondere in Frankreich, bekannt.

Der Bushido war natürlich ein System, welches zwangsläufig auf Konfrontationskurs mit dem Kaiserhaus liegen
mußte. Die mächtigen Feudalherren, Hauptförderer des Bushido-Geistes, hatten die Kaiser zur politischen Ohnmacht
verdammt. Das Wachstum des feudalen Rittertums ging einher mit dem Niedergang des Kaisertums. Erst in der Meiji-

Epoche gelang eine »friedliche« Koexistenz zwischen Kaiserhaus und Feudalherren.

Aus den drei genannten Religionen schöpfte der Bushido folgende wichtigen Einzelelemente und Ideen, die er dann zu einer einheitlichen neuen Denk- und Lebensweise zusammenschweißte:

Das stille Sichschicken in das Unvermeidliche, die kraftvolle Konzentration sowie die Ausgeglichenheit in gefährlichen Situationen sind unbezweifelbar die Folge der intensiven Beschäftigung mit dem Zen-Buddhismus. Ebenso ist die Bereitschaft, im Kampf zu sterben, die so berühmte Todesverachtung der Samurai, auf diese Wurzeln zurückzuführen. In der japanischen Literatur, besonders auch in der Lyrik, nimmt diese Thematik einen sehr großen Raum ein. Zwei typische Beispiele mögen dies etwas deutlicher machen:

> Wer will zurückkehren?
> Der Ritter ist gleich einem abgeschossenen Pfeile,
> der nie zurückkommt,
> sobald er den Bogen verlassen hat.
>
> *Kajiwara Kagesue*

> Wann werden erblüht sein
> auf Musashis Feldern die Bergkirschen,
> werden sie fallen im Sturm
> wie wohl heute die Krieger?
>
> *Suguyama Yaichiro*

Vorsehen muß man sich aber, den Samurai als »lebensverachtend« zu bezeichnen, wie dies einige Autoren gerne tun. Die buddhistische Lebensverachtung, die, nebenbei bemerkt, vielmehr eine hinduistische ist, ist im Zen, und nur das ist für die Samurai von Bedeutung, einer hohen Lebensbejahung und Aktivität gewichen. Daß ein Samurai den Tod nicht gescheut hat, wenn es sich nicht vermeiden ließ, heißt nicht, daß er das Leben nicht liebte. Aber nach seinem Glauben war der Tod kein Gegensatz zum Leben.

Das im 17. Jahrhundert vom Fürsten Noshige zusammengestellte Buch *Hagakure* nimmt zu diesem Punkt sehr deutlich Stellung. Es betont, daß der Samurai jeden Augenblick bereit sein muß zu sterben und daß es nötig ist, um eine große Tat zu vollbringen, die normale Bewußtseinsebene zu verlassen, um die tieferen, inneren Kräfte zu mobilisieren. Nur das Unbewußte ist in der Lage, die Grenzen des Individuums zu überschreiten. Ständig sollte der Samurai sich darüber im klaren sein, daß jeder Tag der letzte seines Lebens sein könnte und er ihn deshalb »gut« und »richtig« verbringen müsse, was aber nicht heißt: ohne Lebensfreude.

Aus dem Konfuzianismus übernimmt der Bushido die Achtung gegenüber Vorgesetzten und Eltern, das Anerkennen von Sitten und Normen, Rechtschaffenheit, Höflichkeit und die Überzeugung, daß die Kraft des Beispiels für Staat und Volk gleichermaßen pädagogisch wirksam ist. Weiteres im Bushido wirksames konfuzianisches Gedankengut sind: Aufrichtigkeit, Klugheit, Vorsicht und Gerechtigkeitssinn. Den konfuzianischen Ehrbegriff machten die Samurai sich so konsequent zu eigen, daß sie in einer ständigen Furcht vor Entehrungen lebten.

Der Shintoismus schließlich steuerte die Treue zum Kaiser bei, obwohl wir gesehen haben, daß im Falle eines Gewissenskonflikts immer die Treue zum Herrn Vorrang genoß. Auch die Heldenverehrung und der Patriotismus, der sich in Japan oft zum ausufernden Nationalismus entwickelte, stammen aus dem Shinto.

Wie sehr die Samurai durch Bushido die Begriffe Ehre und Treue zu ihren höchsten Gesetzen gemacht haben, wird auch heute noch den Besuchern des Sengakuji-Tempels in Tokio mit aller Macht deutlich. Dort liegen nämlich die 47 Ronin begraben, deren Geschichte sie zu den gefeiertsten Helden Japans machte. Während der Mitte des 18. Jahrhunderts lebte am Hof in Edo ein Zeremonienmeister namens Kira Kotsuke no Suke. Zwei Adlige, die ihm zur Ausbildung anvertraut waren, demütigte er, trotz deren aufrichtiger Bemühungen, wo und wann er nur konnte. Durch ein großes

Geldgeschenk des einen bestochen, konzentrierte sich schließlich seine ganze Schlechtigkeit auf den anderen Adligen namens Takumi no Kami. Die Entwicklung eskalierte in Kamis spontanem Versuch, den Zeremonienmeister Kira zu erstechen, der aber dem Anschlag entkam. Am Hofe eines Shoguns eine Waffe zu ziehen konnte nur das Todesurteil zur Folge haben. Kami vollzog den rituellen *Seppuku* an sich selbst. Durch den unehrenhaften Tod ihres Herrn wurden alle ihm untergebenen Samurai zu Ronin. Die Treueverpflichtung zu ihrem Herrn veranlaßte die Ronin, ihn zu rächen. Da sie jedoch wußten, daß auch der Zeremonienmeister Kira mit dieser Rache rechnete, ließen sie sich unerkannt als Handwerker und Händler in Edo nieder. Ihr Anführer Kuranosuke führte bewußt das Leben eines asozialen, trinkenden Raufboldes, der bald im ganzen Land verpönt war.

Während die Vorsicht des Zeremonienmeisters nachließ, zogen die Ronin immer genauere Informationen über den Palast ein. Mitten im tiefen Winter war der Zeitpunkt der Rache gekommen. Nachdem sie mit einer ausgeklügelten Strategie in den Palast eingedrungen waren, brachten sie alle Wachen um, bis sie den Zeremonienmeister Kira fanden, der sich in einem Verschlag für Holzkohle verborgen hatte. Der Aufforderung, sich selbst zu töten, für damalige Begriffe eine sehr faire Geste der Ronin, kam er nicht nach, worauf er von Kuranosuke mit einem Schlag getötet wurde.

Natürlich wußten die 47, daß sie mit dieser Tat auch dem Tode verfallen waren. Das Urteil des Shogun ließ nicht lange auf sich warten. Den *Seppuku* vollzogen alle mit großem Stolz. Im Sengakuji-Tempel liegen jedoch nicht 47 Leichen begraben, sondern 48. Ein Mann, der den Anführer der Ronin einmal öffentlich beschimpft hatte, brachte sich aus Scham darüber ebenfalls um. Auch heute noch begegnet einem keine Geschichte öfter in Japan als diese. Der gegenwärtige Einfluß des Bushido-Gedankens mag damit hinreichend dokumentiert sein. Prof. Suzuki sagt darüber folgendes:

Was Bushido, so wie wir ihn heute verstehen, letzten
Endes bestimmt hat, ist, daß er ein unanfechtbarer,
göttlicher Richter über die Ehre des Samurai zu werden bestimmt war. Diese Ehre beruht in der Treue,
der Sohnesliebe und wohlmeinender Gesinnung.
Allein, zur rechten Erfüllung dieser Pflichten bedarf
es zweier Dinge: das eine ist Selbstzucht durch sitt-
liche Askese nicht allein in praktischer Übung, sondern auch in der weltanschaulichen Vorbereitung,
das andere ist eine stete Bereitschaft zu sterben, das
heißt, sich ohne zu zögern selber zu opfern, sobald
das gefordert wird. Um dies zu erfüllen, bedarf es
einer langen seelischen und geistigen Schulung.[45]

Wie bereits erwähnt, war es Inatzo Nitobe, der als erster versuchte, diese Geisteshaltung für den Westen einsichtiger zu
machen. Dennoch wird Bushido für uns immer etwas Uner-
klärliches enthalten. Damit meine ich nicht die Tatsache,
daß eine Bevölkerungsschicht zum lebenden Ideal eines
ganzen Volkes wurde – das hat es in anderen Kulturen auch
gegeben. Aber der bis zum Widersinn ausgelebte Ehrbegriff,
die Rücksichtslosigkeit sich selbst gegenüber und die dies
alles steuernde Selbstbeherrschung sind sicherlich Aspekte,
die in unserem westlichen Kulturkreis nicht restlos nachvoll-
ziehbar sind.

Besonders deutlich merkt man das an einem alten japanischen Schriftstück, das als *Bekenntnis des Samurai* bezeichnet wird:

Ich habe keine Eltern. Ich mache Himmel und Erde
zu meinen Eltern.
Ich habe keine Heimat. Ich mache die Mitte meines
Körpers zu meiner Heimat.
Ich habe keine göttliche Macht. Ich mache Ehrlich-
keit zu meiner göttlichen Macht.
Ich habe keine Meinung. Ich mache Gelehrigkeit zu
meiner Meinung.

Ich habe keine magische Kraft. Ich mache die Persönlichkeit zu meiner magischen Kraft.

Ich habe weder Leben noch Tod. Ich mache die Kontrolle meines Atems zu meinem Leben und Tod.

Ich habe keinen Körper. Ich mache Gleichmut zu meinem Körper.

Ich habe keine Augen. Ich mache den Lichtblitz zu meinen Augen.

Ich habe keine Ohren. Ich mache Empfindsamkeit zu meinen Ohren.

Ich habe keine Glieder. Ich mache Bereitschaft zu meinen Gliedern.

Ich habe kein Gesetz. Ich mache Selbstschutz zu meinem Gesetz.

Ich habe keine Strategie. Ich mache die Freiheit, Leben zu nehmen und Leben zu erhalten, zu meiner Strategie.

Ich habe kein Zeichen. Ich mache mein Stirnhaar zu meinem Zeichen.

Ich habe kein Wunder. Ich mache das richtige Gesetz zu meinem Wunder.

Ich habe kein Prinzip. Ich mache die Anpassung an die Umstände zu meinem Prinzip.

Ich habe keine Taktik. Ich mache die Leere und das Erfülltsein zu meiner Taktik.

Ich habe kein Talent. Ich mache den stets bereiten Verstand zu meinem Talent.

Ich habe keine Freunde. Ich mache mein Gemüt zu meinem Freund.

Ich habe keine Feinde. Ich mache Unvorsichtigkeit zu meinem Feind.

Ich habe keine Rüstung. Ich mache Wohlwollen und Rechtschaffenheit zu meiner Rüstung.

Ich habe kein Schloß. Ich mache Unerschütterlichkeit zu meinem Schloß.

Ich habe kein Schwert. Ich mache Gedankenleere zu meinem Schwert.[46]

Neben allem Positiven, was man zum Bushido sagen kann, muß man natürlich auch sehen, daß er immer einen Hang zum Konservativismus hatte, was in diesem Fall heißt, daß er bewußt von den jeweils Mächtigen gefördert wurde, um das feudalistische Regierungsprinzip zu stabilisieren. Seine progressive Seite liegt darin, daß er zumindest zeitweise – bis zur Meiji-Restauration – die Monarchie faktisch überwand und aus einer rauhen Kriegerkaste eine gebildete Elite machte, die Japan bis heute in vielen kulturellen und gesellschaftlichen Bereichen beeinflußt.

In Anlehnung an den Samurai-Kodex nannte der 1830 geborene Schriftsteller und Militärstratege Yoshida Shoin als seinen obersten Grundsatz: »Erst nach dem Tode ausruhen!« Angesichts der japanischen Entwicklung der letzten Jahre ist man geneigt zu glauben, daß dieser einfache, aber bedeutungstiefe Spruch nach anderthalb Jahrhunderten aktueller denn je ist.

12 Die Kampfsysteme der Samurai

Sumo

Die Geschichte dieser Ringkunst muß sehr alt sein, und auch hier ist es nicht möglich, den Schleier, der über ihrer Entstehungsgeschichte liegt, gänzlich zu lüften.

Die 712 n. Chr. abgefaßte *Kojiki-Chronik* berichtet über Leibesübungen und Sumo im 3. und 4. Jahrhundert, gleichzeitig berichtet sie auch von Streitigkeiten zwischen Göttern, die diese durch Sumo-Kämpfe austrugen. In einer anderen alten Schrift, dem *Nihon Sho-Ki,* von 720 n. Chr. wird vom Kampf des Nomi-no-Sukune (vgl. S. 88) berichtet und von der Tatsache, daß Sumo erstmals 23 v. Chr. ausgeübt wurde, und zwar von einzelnen Ringern, die als Vertreter ihrer Parteien bis zum Tode rangen und durch diese Einzelkämpfe größere Auseinandersetzungen verhinderten. Obwohl solche »stellvertretenden Kämpfe« ja auch aus anderen Kulturkreisen bekannt sind, muß man dennoch Skepsis walten lassen, denn die erwähnte Chronik ist immerhin über 700 Jahre später geschrieben worden. Während des 5. bis 8. Jahrhunderts erhielten die Kämpfe religiöse Bedeutung, die zu einer Aufteilung in drei Sumo-Arten führte.

1. Das *Sechie-Sumo* erhielt zeremoniell-höfischen Charakter und verband sich eng mit dem Shinto-Kult. Es wurde am kaiserlichen Hof und an Opferstätten zu bestimmten Festen,

wie zum Beispiel dem Erntedankfest, betrieben. Viele Shinto-Tempel besaßen eigene Sumo-Arenen, in denen rituelle Kämpfe ausgetragen wurden. Eine weitere Ursprungslegende weiß davon zu berichten, daß der erste Sumo-Kämpfer ein Mann gewesen sei, der beim Bau eines Tempels den Firstbalken aufsetzte, den zuvor tausend Männer nicht heben konnten. Die Ringer dieses frühen Sumo lebten meist am kaiserlichen Hof, wo sie in ihrer Stellung als Wächter großes Ansehen genossen.

2. Das Profi- oder Berufs-Sumo, welches die Ausübenden, die ihre Kraft in Vergleichskämpfen zur Schau stellten, ernähren mußte.

3. Das Samurai-Sumo, welches sich mit der Erstarkung der Samurai-Klasse weiterentwickelte und veränderte. Anfänglich legte dieses Sumo sein Hauptgewicht auf Festhaltegriffe, um einen entwaffneten Feind gefangenzunehmen. Mit dem Aufkommen von besseren Rüstungen konnte man den Feind nicht mehr so leicht fassen und fügte deshalb Tritt-, Schlag- und Wurftechniken hinzu, die deutlich chinesischen Ursprungs waren. Dieses neuentstandene System hieß nicht mehr Sumo, sondern *Kumi-uchi*. Es wurde immer weiter ausgebaut und war am Anfang des 17. Jahrhunderts unter dem Namen *Yawara* bekannt, bevor es dann durch erneute chinesische Einflüsse zum Ju-Jutsu[47] wurde.

Mit dem Zunehmen der Samurai-Macht wurde das Sumo am Hofe verboten, wahrscheinlich eine Sicherheitsmaßnahme, mit der man ausschließen wollte, daß der Kaiser sich eine guttrainierte Leibgarde zulegte.

Erst 1623 kam es zu öffentlichen und offiziell genehmigten großen Sumo-Turnieren, die man *Basho* nannte und an denen nur Profis teilnahmen. Schon 1780 war der Sumo-Sport gut organisiert. Das erste Turnier, so wie man es heute kennt, wurde um 1790 in Kioto ausgetragen. Dieses Turnier wurde von da ab einmal im Jahr veranstaltet und dauerte fünf Tage. 1909 baute man in Tokio die Kokugi-Halle, die ausschließlich dem Sumo diente. Mittlerweile dauern die großen Turniere fünfzehn Tage und finden sechsmal im Jahr statt: im Januar in Tokio, im März in Osaka, im Mai in Tokio, im Juli in Nagoya, im September in Tokio, im November in Kyushu.

Schon seit dem 16. Jahrhundert war das Sumo ein professioneller Sport, der zugleich auch die traditionelle Art und Weise des frühen *Sechie-Sumo* übernahm. Während der Meiji-Zeit nahm das Ansehen des Sumo, ähnlich wie das anderer Kampfsysteme, ab, erst seit 1885 wurde es wieder öffentlich vom Kaiser unterstützt und gefördert. Der Kaiser hat allerdings immer einen großen Nachteil als Zuschauer, denn er muß, so will es die Etikette, vor den Endrunden das Turnier verlassen, um nicht als gierig zu gelten.

Die Zahl der Ringer (der *Sumotori)*, die in Japan mit Sumo, das sonst nirgendwo auf der Welt ausgeübt wird, ihr Geld verdienen, liegt heute zwischen 600 und 800. Diese Ringer leben in sogenannten *Heya* (Schulen), in die sie mit etwa 15 Jahren eintreten und in denen sie neben dem Sumo auch eine schulische Grundausbildung erhalten. Das tägliche Training ist speziell auf die Erfordernisse des Sumo-Kampfes abgestimmt. Je massiver Bauch- und Beinmuskulatur sind, desto tiefer liegt der physikalische Körperschwerpunkt, und desto schwerer ist der Kämpfer umzuwerfen *(Abb. 15)*.

Während für westliche Begriffe ein Sportler die ideale Figur hat, wenn sie in etwa die Form eines V hat, ist die ideale Sumo-Figur ein auf dem Kopf stehendes V. Um eine maximale Standfestigkeit zu erreichen, wiegen die für japanische Verhältnisse zudem noch sehr großen Sumotori im Durchschnitt 120 bis 140 kg.[48] Die enorme Körperfülle wird durch einen sehr gezielten und reichhaltigen Speiseplan erreicht, auf dem Zucker und Bier eine große Rolle spielen. Daß viele Sumotori einen vorzeitigen Tod sterben, liegt nicht etwa an einer besonderen Gefährlichkeit des Kampfes, sondern daran, daß das Herz-Kreislauf-System vieler Kämpfer durch das große Körpergewicht einfach überlastet ist.

Nicht nur der Sumo-Kampf selbst ist gespickt mit symbolischen Zeichen und Bedeutungen, sondern auch der Kampf-

Abb. 15: Historische Aufnahme zweier dickleibiger Sumotori während der
Schiebetechnik (Oshi). *(Archiv des Autors)*

platz. Der 4 bis 4,50 m breite, mit Stroh eingegrenzte Kampf-
ring symbolisiert die Erde, während die gesamte viereckige
Fläche, auf der der Ring liegt, das Weltall darstellen soll. Das
aus Tuch über dem Ring gespannte Dach steht für die Fairneß der Kämpfer. Die an den Ecken des Daches herunter-
hängenden Kordeln sind verschiedenfarbig und symbolisieren dadurch die vier Jahreszeiten. In der ganzen Umgebung
des Rings befinden sich zahlreiche shintoistische, konfuzianische und buddhistische Sinnbilder. Eine Sumo-Arena
faßt ca. 5000 Zuschauer, die den Namen der antretenden
Kämpfer schon am Eingang auf großen Fahnen sehen können.

Vor Beginn eines Kampfes wird der Ring gesegnet, indem
man Sake, den japanischen Reiswein, verschüttet. An dieses
shintoistische Opferritual schließen sich die Wünsche einer
guten Ernte und die Hoffnung auf einen guten Verlauf des
Turniers an. Die weniger guten und bekannten Ringer werden dem Publikum in Gruppen vorgestellt. Die Vorstellung
eines Großmeisters ist eine sehr eindrucksvolle Zeremonie,
in der der Meister von zwei Assistenten begleitet wird. Einer
dieser beiden ist sein Schwertträger, der andere sein Diener.
Nachdem sich der Meister *(Yokozuna)* vor dem Publikum
verbeugt hat, stampft er einmal zum Zeichen seiner Kraft mit
dem Fuß auf, um sich dann an den Rand des Ringes zurück-
zuziehen und dem nächsten Meister Platz zu machen. Der
amtierende Meister ist durch eine dicke um den Bauch ge-
schlungene Kordel gekennzeichnet. (Das etwa 10 kg schwere Seil hat seine Bedeutung in einer alten Geschichte. Ein
unbesiegbarer Sumo-Kämpfer ganz früher Zeiten soll sich
solch ein belastendes Seil um den Bauch gebunden haben,
um seinen Gegnern überhaupt eine Siegeschance zu geben.)

Wenn die Vorstellung der Teilnehmer abgeschlossen ist,
beginnen die Kämpfer damit, sich und den Ring symbolisch
zu reinigen. Nachdem der Ringer auf der Kampffläche Salz
verstreut hat, spült er seinen Mund mit Wasser aus und läßt
sich den Schweiß abtrocknen. Früher durften diese Zeremo-

nien so lange wiederholt werden, bis sich die Kämpfer bereit fühlten, heute ist die Zeit für diese Einstimmung auf vier Minuten begrenzt.

Nun endlich kann der eigentliche Kampf beginnen. Die Ringer hocken sich gegenüber und stützen die Fäuste in den Sand, während der Kampfrichter sie genau beobachtet. Er gibt den Kampf erst dann frei, wenn sich beide Kämpfer im selben Atemrhythmus befinden. Nur wenn der erste Angriff *(Tachi-ai)* während der Ausatmung geschieht, kann der Ringer seine Kraft voll einsetzen. Im selben Augenblick, in dem der Kampfrichter den Kampf freigibt, springen beide Sumotori blitzartig aufeinander zu und versuchen, sich schon im ersten Anprall aus dem Ring oder auf den Boden zu werfen. Ein Kampf ist verloren, wenn einer der Ringer aus dem Ring geworfen wird oder mit einem Körperteil, außer den Füßen, den Ringboden berührt. Aufgrund dieser Regel dauert ein Sumo-Kampf selten länger als eine Minute.

Im Kampf sind siebzig Techniken erlaubt, die sich in drei Gruppen aufteilen lassen:
1. Schiebetechniken *(Oshi)*,
2. Stoßtechniken *(Tsuki)*,
3. Grifftechniken *(Yori)*.
Stoßtechniken können einen Kampf oft innerhalb weniger Sekunden entscheiden, während der Einsatz von Schiebe- und Grifftechniken meist einen längeren Kampf erwarten läßt.

Eine der beliebtesten Stoßtechniken ist *Hataki-komi,* in der man dem Gegner zur Seite ausweicht und ihm mit der flachen Hand auf den Rücken schlägt, um ihn aus dem Ring oder auf den Boden zu befördern. Schiebe- und Grifftechniken sehen fast immer so aus, daß der Kontrahent an seinem Gürtel *(Mawashi)* gefaßt und »ausgehoben« wird, um ihn dann entweder aus dem Ring zu drücken oder zu werfen, was oft in Form der »Überzug-Würfe« geschieht, die uns ja auch von unseren Ringern her bekannt sind. Verboten und zur Disqualifikation führend sind Faust- oder Handkantenschläge sowie Fußtritte.

Am Ende eines jeden Turniertages führt ein Ringer einen symbolischen Tanz mit einem Bogen aus als Erinnerung an Oda Nobunaga, der dem Sieger eines von ihm veranstalteten Sumo-Turniers einen Bogen schenkte.

Wie Sie sehen, ist Sumo eine Sportart, die man, sollte man das Glück haben, sie einmal in natura erleben zu können, nur mit Hilfe einer gewissen Kenntnis annähernd verstehen kann. Im Ritual und Zeremoniell hat sich der Sumo-Kampf im Laufe der Jahrhunderte von allen Kampfsportarten am wenigsten geändert, was wohl in erster Linie daran liegt, daß Sumo eben ausschließlich auf Japan beschränkt blieb.

Naginata-Jutsu

Alle japanischen Kampfsysteme wurden ursprünglich mit dem Begriff *Jutsu,* was soviel wie Technik heißt, kombiniert. Erst später wurde in den meisten Fällen Jutsu durch die Silbe *Do* (Weg) ersetzt.

Naginata heißt der ca. 2 m lange japanische Speer, der aus einem umwickelten Bambusstiel und der gekrümmten, bis zu 60 cm langen Klinge besteht. Entwickelt hat sich diese Waffe aus der wuchtigeren chinesischen Hellebarde *Kwanto.* Praktisch gesehen ist der Naginata eine Kombinationswaffe aus Schwert, Speer und Streitaxt.

Der Naginata gehört mit zu den ältesten japanischen Waffen. Die älteste Schule für *Naginata-Jutsu* ist die 1168 gegründete »Ko-Ryu«. Man nimmt heute an, daß der Naginata in erster Linie entwickelt wurde, um es dem Fußsoldaten möglich zu machen, sich gegen einen Reiter zu behaupten. Die Geschichte weiß davon zu berichten, daß große Naginata-Einheiten in der berühmten Schlacht der Taira gegen die Minamoto bei Dan-no-Ura (1185) eine entscheidende Rolle gespielt haben. Während der Muromachi-Epoche existierten allein 425 verschiedene Naginata-Schulen, von denen die Tendo- und Shinkage-Schule die bekanntesten waren.

Einige Schulen lehrten auch den Gebrauch des Naginata vom Pferd aus, was von den Reitern eine große Sattelfestigkeit verlangte, da der Naginata mit beiden Händen geführt werden mußte. Bis zum 15. Jahrhundert wurde der Naginata auch von den Samurai benutzt, doch als zu dieser Zeit der *Yari*, ein Speer mit gerader Klinge, aufkam, wurde er dem Naginata vorgezogen, und dieser wurde Waffe der Kriegerfrauen.

Eine ebenfalls beliebte, heute aber in Vergessenheit geratene Variante war der *Nagemaki*, ein Speer, der aber eher zum Schlagen bestimmt war, da er eine sehr wuchtige Klinge besaß, die genauso lang war wie der Griff der Waffe. Der Nagemaki war neben der Axt *(Ono)* eine beliebte Waffe der Mönchskrieger. Als Gegenpart zum *Kendo*, dem japanischen Schwertfechten, wird *Naginatado* heute in Japan an Mädchenschulen unterrichtet, weil Kendo für die meisten Mädchen wohl physisch zu anstrengend ist, während die langen Kreisbewegungen im Naginatado nicht ganz soviel Kraft erfordern.

Die schnellen Schwingbewegungen nennt man *Ha-kaeshi*, und Treffer können sowohl mit der Klinge als auch mit der Metallzwinge am Ende des Speers erzielt werden. Es dürfen allerdings nur bestimmte Körperstellen getroffen werden, wobei meist Schienbeine und Fersen anvisiert werden. Die Speere sind leichter als früher und besitzen eine Klinge aus zusammengebundenen Bambusstreifen. Die Rüstung ist der des Kendo ähnlich, wird jedoch noch durch Schienbeinschoner ergänzt.

Vergleichskämpfe zwischen Naginatado und Kendo sind in Japan sehr beliebt und werden mit Spannung verfolgt, da die größere Distanz, die die Speerkämpferin einnehmen kann, ihren physischen Nachteil meist wettmacht und sich der Schwertkämpfer mit zweifacher Geschwindigkeit in Relation zu dem Speer bewegen muß, um die Distanz zu überbrücken.

Naginatado kennt etwa 25 Kampftechniken, wobei kreisende Schwingbewegungen mit dem Speer in erster Linie zur Verteidigung eingesetzt werden, während Angriffe sehr oft gegen die Schienbeine oder Beine gerichtet sind. Im Training und beim Wettkampf verwendet man einen Speer mit Bambusklinge, gültige Treffer werden von einem Schiedsrichter angezeigt. Nur männliche und weibliche Großmeister namens *Hanshi* verwenden bei Demonstrationen echte Klingen, was äußerst gefährlich ist, da das Gewicht der Klingen die Schläge wesentlich wuchtiger macht.

Das heute im japanischen Naginatado-Verband, der annähernd 15 000 vorwiegend weibliche Mitglieder hat, betriebene System nennt sich *Atarashi*-Naginata. Im »Budokan« in Tokio, dem Mekka aller Kampfsportler, richtet der Verband jährliche Meisterschaften aus, sowohl in Vergleichskämpfen Schwert gegen Naginata als auch Naginata gegen Naginata. Die Welt-Naginata-Organisation hat ca. eine halbe Million Mitglieder, einen Großteil davon in den USA. In Deutschland scheint der Naginatado noch keine nennenswerte Anhängerschaft gefunden zu haben.

Nachdem der Yari-Speer den Naginata abgelöst hatte, war er neben dem Schwert lange Zeit Lieblingswaffe der Krieger. Mit seiner Länge von 2 bis 2,50 m stellte er auch zu Pferd eine sehr effektive Waffe dar. Er erscheint auch als *Maga-Yari* (Kreuzklinge), *Kama-Yari* (Sichelklinge). Ausnahme blieben Speere mit Längen bis zu 8 m, die eingesetzt wurden, um eine feindliche Kavallerie zu stoppen.

Ein Experte im Umgang mit dem Yari war der 1488 gestorbene Iishino Choisai, dessen Schule bis heute in Japan überlebt hat. Während mit dem Naginata vorwiegend Schwingschläge ausgeteilt wurden, wurde der Yari in erster Linie zu geraden Stößen *(Tsuki)* benutzt, die man aus der Hocke, dem Sprung, dem Lauf und sogar aus der Bodenlage austeilte. Der Umgang mit dem Yari ist allerdings sogar in Japan etwas in Vergessenheit geraten.

Iai-Jutsu

Schwert und Zen sind eins.
Takuan, Zen-Meister, 1573–1645

Iai-Jutsu, die Technik des Schwertziehens, ist wahrscheinlich eine sehr alte Übungsform des japanischen Schwertkampfes. Der erste Meister des Iai-Jutsu war Jinsuke
Shigenobu, der schon um 1550 eine eigene Schule besaß.
Dieser Schule des Schwertziehens folgten im Laufe der
Zeit etwa 400 andere. Als Shigenobu 1616 starb, gründeten
seine Schüler die »Eishin-Ryu«, aus der sich um 1700 die
heute populärste Stilrichtung *Omori-Ryu* entwickelte. Iai-
Jutsu wurde in erster Linie angewandt, wenn der Gegner
unerwartet sein Schwert zog, was insbesondere während der
schrecklichen Bürgerkriegszeiten nicht selten vorkam. Aus
diesem Grund war es nötig, ein System von Einzeltechniken
zu entwickeln, mit denen das Schwert blitzschnell aus der
Scheide gezogen werden konnte, um einen defensiven oder
offensiven Hieb zu führen. Schwertstreiche, die nach diesem
ersten Hieb folgen, gehören dann in das Gebiet des Ken-
Jutsu bzw. Kendo. Das Zurückstecken des Schwertes in die
Scheide, ein Vorgang, der, wenn er korrekt in einem Zug
ausgeführt wird, sehr schwer ist, gehört wieder zum Iai-Jutsu.
Da man jeder denkbaren Situation gewachsen sein wollte,
wurde das Schwert während des Trainings aus hockender,
liegender, gehender und sitzender Stellung gezogen. Alle
möglichen Eventualitäten wurden berücksichtigt. Der Schüler mußte das Schwert im Dunkeln ebenso schnell und sicher
ziehen können wie bei blendendem Sonnenlicht. Es wurden
enge Räume simuliert, die es unmöglich machten, das
Schwert auf gewohnte Weise zu ziehen. Hindernisse mußten
mitbedacht werden. In gewissen Schulen wurden den Schülern Gegenstände entgegengeworfen, die sie noch in der
Luft mit dem Schwert treffen mußten. Die Maniwa-nen-
Schule ging sogar so weit, daß man mit einem Pfeil auf den

Schwertkämpfer schoß und dieser den Pfeil mit einem Schlag abwehren mußte. Diese Übung betreibt die Maniwanen-Schule heute noch in Japan, die Pfeile sind inzwischen allerdings abgepolstert. Alle Techniken des Iai-Jutsu werden ausschließlich gegen einen imaginären Gegner ausgeführt. Es gibt etwa zwanzig Arten des *Nuki-suke* (Herausziehen des Schwertes aus der Scheide), fünfzig Arten des *Kirisuke* (Schlagbewegung), lediglich das makabre *Chiburi* (Abschütteln des Blutes) und das *Noto* (Zurückstecken des Schwertes in die Scheide) sind fast immer gleich.

Das Ziehen des Schwertes verlangt neben der geistigen auch eine perfekte körperliche Selbstkontrolle, denn es ist nicht leicht, auch wenn man nur ein hölzernes Übungsschwert benutzt, dieses zum Beispiel aus einer hockenden Position in einer Kreisbewegung zu ziehen. Das Üben mit einem echten, bis zu 4 kg schweren und 130 cm langen Schwert erschwert den Vorgang natürlich noch mehr.

Im Verlauf der ruhigen Tokugawa-Zeit ging es dem Iai-Jutsu ähnlich wie den anderen alten Kampfsystemen. In einer Zeit wachsender politischer Ruhe war eine militärisch optimal ausgebildete Führungselite ein Anachronismus.

Aus dem Iai-Jutsu, der reinen Kriegstechnik, wurde das *Iaido,* eine Methode der Konzentration und Atemschulung. Das Schwert, ursprünglich wie in allen Kulturen der Welt auch in Japan als Waffe gedacht, um Feinde zu besiegen, wurde von der Mordwaffe *(Satsujin-ken)* zum »lebenschenkenden Schwert« *(Kwatsujin-ken).* Wie wir noch sehen werden, eine nur scheinbar paradoxe Wandlung, die andere Kampfsysteme auch mitgemacht haben.

Die Bedeutung des Schwertes in Japan ist für uns kaum zu ermessen. Es war so unmittelbar mit einer historischen Gesellschaftsform verbunden, wie es auf der Welt kaum noch einmal vorgekommen ist. Lediglich der indonesische Dolch *Kris* kann von seiner Symbolik mit dem japanischen Schwert verglichen werden.[49]

Als Symbol der Macht schon aus mythischer Vorzeit bekannt, ist das japanische Schwert chinesischen Ursprungs und war ursprünglich Statussymbol der kaiserlichen Beamten *(Kuge)*. Diese mußten generell ein langes Schwert namens *Tachi* tragen. Bei höfischen und offiziellen Feierlichkeiten mußten verschiedene Varianten dieses Typs angelegt werden.

Mit der Machtergreifung der Krieger *(Buke)* gehörte das Schwert zur Zivilkleidung. Der Samurai trug ein sogenanntes *Daisho,* ein oftmals im Design gleiches Paar, bestehend aus dem Langschwert *Katana* und dem Kurzschwert *Wakizashi.* In Gegenwart eines anderen Samurai durfte das Schwert zwar betrachtet, jedoch nicht gezogen werden. (Unsere Kenntnis des Iai-Jutsu macht diese Etikette verständlich.) Auch die Schmiede *(Kaji)* genossen eine ausgesprochen privilegierte Stellung in der Feudalgesellschaft. Sie verbanden die Herstellung einer Klinge, die oft Monate dauern konnte, mit dem Shinto-Kult. Der Schmiedevorgang ist von Anfang bis Ende mit Reinigungsritualen und Kulthandlungen durchsetzt.

Den Stellenwert des Schwertes, meist kostbarster Besitz des Samurai, formulierte Tokugawa Ieyasu in seinem 35. Gesetz:»Das Schwert ist die Seele des Samurai, wer es verliert, ist entehrt und der strengsten Strafe verfallen.« Noch 1874 gingen die meisten japanischen Beamten mit dem Schwert zur Arbeit, und selbst Oberschüler legten bei offiziellen Anlässen ein Schwert an. Der soziokulturellen Bedeutung des Schwertes fügte der Zen-Buddhismus eine philosophische Sichtweise hinzu, welcher heute eine größere Beachtung zukommt. Völlig von seinem martialischen Ursprung abstrahiert, wird das Schwertziehen dabei als eine intellektuelle Disziplin zur Schulung von Geist und Konzentrationsfähigkeit betrachtet. Worauf es dabei ankommt, zeigt uns ein berühmtes Koan-Gedicht:

> Das Bild des Mondes im Wasser ist immer in Bewegung.
> Doch der Mond ist da, und er verschwindet nicht.
> Er bleibt und bewegt sich doch.

Wenn es mir gelungen ist, Ihnen die schwierige Zen-Philoso-
phie etwas näherzubringen, müßte Ihnen der Zusammenhang zwischen diesem Gedicht und dem Iaido bzw. anderen
Kampfsportarten klarwerden: Um siegen zu können, muß
der Geist so ruhig wie der Mond sein, aber auch gleichzeitig
so beweglich.

Speziell für Iaido heißt das: Der Geist muß sich der uner-
warteten Situation entsprechend verhalten, der trainierte
Körper muß folgen. Dem vom Geist gewählten Schlag müssen Körper und Technik folgen. Eine zeitliche Lücke zwischen diesen drei Elementen darf es nicht geben. Von Großmeistern wird behauptet, daß sie gewisse *Debana*-Techni-
ken entwickelt haben, mit denen sie dem Gegner auf intuiti-
ve Weise zuvorkommen.

Japans berühmtester Schwertkämpfer aller Zeiten, Miyamoto Musashi (1584–1645), ein hochgebildeter Mann, der
auch in der japanischen Kalligraphie sowie in der Poesie Er-
staunliches leistete, spricht in seinem bekannten Werk *Go-
rin-no-sho*, dem »Buch der fünf Ringe«, davon, daß der Zwischenraum zwischen Überlegung und Tat nicht einmal Haa-
resbreite besitzen darf. Wie beim »In-die-Hände-Klat-
schen«, wo Schlag und Ton dasselbe sind, könne man den
Gegner nur besiegen, wenn man zwischen dessen Schlag
und der eigenen Reaktion keinen Zwischenraum läßt, in den
auch nur ein Haar paßt. Dies ist nur mit Hilfe von Konzentration möglich, die aus der Tiefe der Meditation entspringt.

Während das Ken-Jutsu durch seine Umwandlung zum
Kendo durchaus Sportcharakter angenommen hat, gilt dies
für Iaido nicht. Aus der Kriegstechnik ist kein Sport geworden, sondern eine Konzentrationsschulung, die in Japan als
vornehmste der Budo-Praktiken angesehen wird. Heute ist
das Iaido als selbständige Abteilung in den japanischen
Kendo-Verband eingegliedert. Bekanntester Ausüber des
Iaido und Kendo ist der ehemalige japanische Ministerpräsi-
dent Zenko Suzuki. Um das Iaido etwas übersichtlicher zu
gestalten, hat man 1968 die Vielzahl der Schläge auf sieben
»Formen« zusammengestrichen.

Eine Form *(Kata)* sieht in etwa so aus:

Je nach angesagter Form geht, steht oder hockt der Übende, wobei er ständig bemüht ist, seine Atmung zu kontrollieren. Nach einer selbstgesetzten Zeitspanne zieht er in der
durch die Kata vorgeschriebenen Form das Schwert und
führt seinen Schlag aus. Den angenommenen Gegner weiterhin beobachtend, simuliert er das Abwischen des Blutes
von der Klinge, um danach das Schwert in einer schnellen
und eleganten Art zurück in die Scheide zu stecken. Die
ganze Aktion dauert oft nur wenige Sekunden *(Abb. 16)*.[50]

Die am meisten angewandte Trainingsmethode im Iaido
ist das gruppenweise Nachahmen der Vorführungen des
Meisters, der dieses Nachahmen dann durch Einzelkorrek-
turen unterstützt. Neben dem Übungsschwert braucht man
eine judoähnliche Jacke *(Gi)* und die weite, rockähnliche
Hose *(Hakama)*. Das Schwert mit seiner Scheide *(Saya)*
steckt im Gürtel *(Obi)*.

Außer den echten, alten Schwertern gibt es maschinell ge-
fertigte Kopien alter Schwerter, die zwischen 400 und
800 DM kosten. Ein altes Schwert ist heute im Kunsthandel
unter 5 000 DM kaum zu bekommen. Wer sich ein Schwert
in Japan von einem zeitgenössischen Schmied anfertigen
lassen will, braucht sehr viel Zeit und 30 000 DM.

International ist das Iaido noch wenig organisiert. In Amerika und England gibt es zwei Vereinigungen, die aber nur
aus sehr wenigen Mitgliedern bestehen. In Deutschland besteht innerhalb der Kendo-Sektion im Deutschen Judo-Bund
eine Iaido-Gruppe.

Ken-Jutsu

Die erste historische Person, die im Zusammenhang mit der
Schwertkunst genannt wird, ist der Samurai Minamoto
Yoshitsune. Er soll das Fechten von einem *Tengu* erlernt ha-

Abb. 16: Demonstration von Meister Yasuo Yamashibu, 8. Dan Iai. *(Foto:
      Michael Gaide)*

ben und wird als legendärer Urvater des Fechtens angesehen. Die Tengu sind mythologische Mischwesen aus Kobold und Vogel, die im Bergland um Kioto lebten und denen man nachsagte, über außergewöhnliche Fechtkünste zu verfügen.

Um 800 n. Chr. kennt man gewisse Schwertübungen unter dem Namen *Kumi-tachi,* die aber wohl keine feste methodische Form hatten. Historisch sicher läßt sich Ken-Jutsu erstmals 1350 an der Gründung der »Nen-Ryu« festmachen, denn bei dieser Schule ist die Existenz einer systematischen Methode nachgewiesen. Die Gründung der »Nen-Ryu« paßt sehr gut in den historischen Kontext, denn während der kriegerischen Muromachi-Periode erlangte eine systematische Ausbildung im Schwertkampf große Bedeutung. Erstaunlich an dieser Entwicklung ist, daß die Art des Schwertziehens, Iai-Jutsu, erst ein Jahrhundert später schulmäßig unterrichtet worden sein soll.

Noch in der Muromachi-Periode wurde von Kagehisa Ittosai Ito die »Itto-Ryu« gegründet, die noch heute Lehrer für die Polizei in Tokio ausbildet. *Ittosai* heißt übersetzt soviel wie »Ein-Schwert-Mann«. Während dieser Zeit unterteilte man das Fechten schon in zwei Richtungen: das *Sen-ha-ken-Jutsu,* die praktische Ausbildung im Fechten, und *Ryu-ha-ken-Jutsu,* die theoretische Auseinandersetzung mit der chinesischen Kriegs- und Militärstrategie.

Gegen Ende des 16. Jahrhunderts gründete der populärste Schwertkämpfer Japans, der schon erwähnte Miyamoto Musashi, seine eigene Schule, nachdem er mit dreizehn Jahren seinen ersten Kampf bestand und in seinem Leben mehr als sechzig Kämpfe siegreich beendete. Sein Hauptvorteil in all diesen Kämpfen lag darin, daß er gleichzeitig mit dem Langschwert und dem Kurzschwert focht. Während das kurze Schwert in der linken Hand der Verteidigung und den geraden Stößen diente, teilte der rechte Arm mit dem Langschwert wuchtige Hiebe aus. Aufgrund dieser Technik nannte er seine Richtung »Niten-ichi-Ryu« (Zwei-Schwerter-Schule). Diese Art des Fechtens hat sich bis in unsere

Abb. 17: Alte Kendo-Kata. Im weißen Hakama Meister Kozo Ando, 7. Dan
Kendo. *(Foto: S. Gragnato)*

Tage unter dem Namen *Nito* innerhalb des Kendo erhalten. Die Fähigkeiten Musashis kann man schon erahnen, wenn man weiß, wie schwer es ist, sich im Kampf nicht durch die eigenen Schwerter selbst zu verletzen.[51]

Seine Technik des Schwertkampfes und seine philosophischen Überlegungen zu diesem Thema legte Musashi im schon erwähnten *Buch der fünf Ringe* dar. Dieses nicht immer leicht zu verstehende Werk war von Musashi nicht für die Öffentlichkeit gedacht, er händigte es seinem Schüler Terao Katsunobu aus mit der Auflage, es nur einem Schüler weiterzugeben. Erst in unseren Tagen sind eine englische und seit kurzem eine deutsche Ausgabe dieses Buches zu haben.[52]

Während Ken-Jutsu früher im Training mit dem Schwert oder dem hölzernen Übungsschwert *Bokken* ausgeübt wurde, kam um 1750 der Gebrauch des *Shinai* (Wettkampfschwert aus zusammengebundenen Bambuslatten) und der *Bogu* (leichte Sportrüstung) auf. Auch diese Neuerung muß im Zusammenhang mit der langen Friedenszeit gesehen werden, in der die Samurai zwar weiter üben mußten, ihre Techniken aber nicht mehr real anwenden konnten.

Während der Tokugawa-Periode gab es eine Vielzahl von Schulen, durch deren Rivalität das Kendo ein hohes Niveau erlangte. Kendo wurde nicht mehr ausgeführt, um einen Gegner zu töten, sondern um sich selbst in Form zu halten und zu erziehen. Über die Entwicklung des Kendo von dieser Zeit an bis 1871 ist, mitbedingt durch die Abriegelung Japans, wenig bekannt.

Ju-Jutsu

Genaue Herkunft und historischer Ursprung des *Ju-Jutsu* sind unbekannt. Verschiedene Thesen, die einander nicht unbedingt ausschließen, werden dazu genannt. Für uns erwähnenswert ist davon nur folgendes: Ju-Jutsu kann im Zuge des Kulturaustausches durch Mönche und Händler nach Japan gekommen sein. Sicher ist aber auch, daß die

Samurai waffenlose Kampfsysteme kannten, mit denen sie sich verteidigen konnten, wenn sie vom Pferd gefallen oder entwaffnet waren. Da das Sumo ja schon sehr lang in Japan bekannt war, muß man davon ausgehen, daß die Ringtechniken der Krieger in Rüstungen, die man *Kumi-uchi* nannte, schon gewisse Griffe beinhalteten, die später im Ju-Jutsu wieder auftauchten.

Schon im 12. Jahrhundert hat es eine japanische Schule für den »Handkampf« gegeben, die ein General namens Shinra Saburo gegründet hatte. Inwieweit hier bereits chinesische Einflüsse verarbeitet worden waren, ist nicht mehr zu rekonstruieren.

Der eigentliche Impetus zu dem, was dann auch »Ju-Jutsu« hieß, ging vom Chinesen Chin-Gen-Pin aus, der 1659 nach Japan kam und dort drei Samurai in irgendeiner Art des chinesischen Boxens unterrichtete. Die drei Samurai, Fukuno Shichiroemono, Miura Yojiemon und Terada Heizaemon, verbanden diese chinesischen Techniken mit dem, was sie schon kannten, und nannten es »Ju-Jutsu«, die nachgiebige Kriegstechnik.

Nachdem das Ju-Jutsu einmal bekannt war, wurde es von vielen Schulen, die ihre speziellen Techniken jedoch geheimhielten, vermittelt. In Büchern und Schriftrollen waren die verschiedenen Techniken zwar beschrieben, diese Dokumente blieben aber innerhalb der Schulen und wurden immer nur dem jeweiligen Oberhaupt übergeben. Während der Tokugawa-Zeit gab es über 170 Schulen für Ju-Jutsu. Die Vielfalt der Ju-Jutsu-Techniken erklärt sich aus diesem Umstand.

Das Ju-Jutsu basiert schon weniger auf Kraft als das Kumi-uchi und räumt so auch dem körperlich unterlegenen Kämpfer eine reelle Chance ein. Neben Tritt-, Schlag- und Wurftechniken kennt Ju-Jutsu Würge-, Hebel-, Abführ-, Fessel- und Festhaltetechniken.

Als in der Mitte des 19. Jahrhunderts der Modernisierungsprozeß Japans einsetzte und alles Traditionelle verdrängt wurde, geriet auch das Ju-Jutsu in Vergessenheit.

Auf die moderne Entwicklung des Ju-Jutsu werden wir
noch einmal zu sprechen kommen (vgl. S. 161 ff.), da diese
beiden Punkte in unmittelbarem Zusammenhang mit dem
Judo stehen.

Ich möchte allerdings darauf hinweisen, daß gerade Ju-
Jutsu unter den verschiedensten Namen immer wieder als
völlig neue, bisher unbekannte Kampfsportart angeboten
wird. Denken Sie dabei daran, daß es zwar sehr viele Kampfsysteme gibt, aber keine neuen und unschlagbaren. Hier
eine kleine Auswahl der Namen, die alle mehr oder weniger
Ju-Jutsu-Techniken vermitteln: »Hakushu«, »Koshinoma-
wari«, »Tai-Jutsu«, »Tori«, »Tori-te«, »Kogushoku«, »Shi-
me«, »Wa-Jutsu«, »Yawara«, »Nakuda« und »Shubaku«.

Aiki-Jutsu

Ebenso wie das vorher besprochene Ju-Jutsu gehörte auch
das *Aiki-Jutsu* zu den alten Methoden der Kriegskunst. Allerdings ist Aiki-Jutsu deutlich vom chinesischen T'ai Chi
beeinflußt worden. Während es in seinen Anfängen im 8. bis
10. Jahrhundert auch Hiebe mit der Hand kannte, die auf
Öffnungen und Anschlußstücke in der Rüstung zielten, kam
es im 12. Jahrhundert, also zu einem Zeitpunkt, an dem
wahrscheinlich in China T'ai Chi entstanden ist, zu einer
einschneidenden Änderung, die auch heute noch das moderne *Aikido* prägt:

Der General Yoshimitsu wandelte das System um, indem
er Abstand von den weniger effektiven Hiebtechniken nahm
und sich auf die Hände und Handgelenke konzentrierte, da
diese auch durch die Rüstung nicht geschützt waren. Die
Angriffe, die sich gegen diese Punkte richteten, waren
schwungvolle Verdrehungen oder Hebelungen der Handgelenke und Hände, denen sich der Angegriffene nur durch
einen Überschlag oder Fall entziehen konnte.

Ebenso kamen Techniken hinzu, die der unterschiedlichen Länge der Waffen Rechnung trugen und die Frage der
Distanz zum Gegner in den Vordergrund stellten. Dieses

neuentstandene System wurde *Daito-Ryu-Aiki-Jutsu* genannt.

Yoshikiyo, ein Sohn des Generals, verbesserte das System weiter, indem er der Koordination von Augen und Körperbewegung verstärkt Aufmerksamkeit schenkte. Diese Koordination war enorm wichtig, um zum Beispiel den Schlägen eines Schwertkämpfers auszuweichen und dann mit einem schnellen Vorstoß seine Handgelenke zu ergreifen.

Da Yoshikiyo in Takeda wohnte, änderte er seinen Familiennamen in Takeda um. Die Prinzipien dieser Kampfmethode wurden innerhalb der Takeda-Familie weiterentwikkelt und nur an Familienangehörige weitergegeben. Im 14. Jahrhundert wurde das System nach dem neuen Wohnort der Familie *Aizu-Todome* genannt. Mit dem Zerfall der alten Kriegskünste führte auch das Aiki-Jutsu bis in die zweite Hälfte des 19. Jahrhunderts nur noch ein Schattendasein.

Kyu-Jutsu

Pfeil und Bogen sind so alt wie Japan selbst. Im Kampf der Sonnengöttin Amaterasu mit ihrem Bruder, dem Windgott Susa-no-wo, soll Amaterasu mit einem Bogen und einem für 1500 Pfeile ausgelegten Köcher gewappnet gewesen sein.

Auch wenn wir das Reich der Legenden verlassen, ist sicher, daß die Einwohner der japanischen Inseln Pfeil und Bogen schon in vorgeschichtlicher Zeit benutzten. Lange Zeit hatte der Bogen nur Bedeutung als Jagdgerät. Doch im Laufe der Zeit erhielt er, der Garant für einen guten Jagderfolg, symbolische Bedeutung. Bogen und Pfeil wurden als Opfergabe betrachtet oder als ein Mittel, Geister und Dämonen zu vertreiben. Auf vielen Festen in Japan, insbesondere auf dem Land, kann man heute noch sehen, wie Bogenschützen mit Hilfe von Summpfeilen symbolisch Geister vertreiben. Prinz Shotoku, der große Förderer des Buddhismus in Japan, soll auch die erste Bogenschießschule (»Taishi-Ryu«) gegründet haben.

Etwa im 11. Jahrhundert bildeten sich verschiedene Formen des Schießens aus: »Inuoimono«, »Sharei«, »Hikime«,
»Yabusame«, »Kazuya« und »Koshiya«.

Das *Inuoimono* entsprang wohl dem Jagdgedanken, hatte
aber in späteren Zeiten nur noch Unterhaltungscharakter,
bis es am Ende des 19. Jahrhunderts abgeschafft wurde.
36 Reiter schossen mit stumpfen Pfeilen von verschiedenen
Standorten aus auf einen flüchtenden Hund, wobei ein
Schiedsrichter die Treffer zählte, um die Sieger zu ermitteln.

Sharei, ursprünglich nur am kaiserlichen Hof zu Neujahr
vorgeführt, ist das Abschießen zweier Pfeile aus dem Knien
und zweier Pfeile aus dem Stand in einem streng vorgeschriebenen Ritual. Es wird sowohl gruppenweise als auch
einzeln durchgeführt.

Hikime ist das schon kurz angesprochene symbolische Bogenschießen. Aus den verschiedensten Gründen, zum Beispiel Geburt, Erntedankfest usw., werden Pfeile abgeschos-
sen, die durch bestimmte aufgesetzte Köpfe sirrende Geräusche oder Töne von sich geben. Durch diese Geräusche
sollen alle ungünstigen Einflüsse vertrieben werden. Da der
Schütze während dieser Zeremonie ein shintoistisches Ge-
wand trägt, hängt dieses Schießen mit Sicherheit mit den
uralten Reinigungsritualen des Shinto zusammen.

Von den unterhaltenden und symbolischen Formen des
Bogenschießens kommen wir nun zu den zweckbetonten,
kriegerischen Formen.

Yabusame, das Bogenschießen vom Pferd aus, wurde im
12. und 13. Jahrhundert besonders stark von den Samurai
geübt, da es ja unmittelbar für den Ernstfall zu gebrauchen
war. Im 14. Jahrhundert gründete Ogasawara Nagahide die
»Ogasawara-Ryu«, in der Yabusame unterrichtet wurde. Es
war eindeutig abgestimmt auf den berittenen Krieger dieser
Epoche. Natürlich verlor das Yabusame 1543 mit der Einführung der Feuerwaffe aus militärischer Sicht an Bedeutung.
Heute wird Yabusame noch in Tokio und in Kamakura vorgeführt, und zwar am Fest des Bogenschießens am 15. und
16. September eines jeden Jahres.

Die »Ogasawara-Ryu« betreibt das Schießen auf einer 256 m langen Reitbahn. Im rechten Winkel zu dieser Bahn hängen, etwa 3 bis 5 m von ihr entfernt, drei Holzbretter, das erste nach ca. 40 m, das zweite nach 120 m und das dritte nach 190 m. Im vollen Galopp muß der Schütze zielen und neue Pfeile einlegen. Die Holzbretter müssen durch die Wucht des Pfeiles gespalten werden. Die Zielbretter sind etwa 30×30 cm groß und 1 cm dick.

Die zweite bedeutende Yabusame-Schule ist die »Takeda-Ryu«, die das Schießen ähnlich betreibt bis auf Variationen in den Streckenlängen und Abmessungen. In beiden Schulen wird das Schießen noch heute auf einem drehbaren Holzpferd geübt. Ohne eine vorschriftsmäßige Reithaltung und eine gut ausgeprägte Oberschenkelmuskulatur kann der Schütze sich nicht auf den Schuß konzentrieren.

Den berühmtesten Bogenschuß vom Pferd aus tätigte in der japanischen Geschichte der Krieger Nasu-no-Yoichi aus dem Heer der Minamoto, indem er ein Zeichen, welches die Taira auf einem ihrer Schiffe aufgehängt hatten, um die Minamoto zu provozieren, mit einem Schuß herabholte, obwohl die Distanz sehr groß war und er mit seinem Pferd in die Wellen des Meeres geritten war. In einer anderen Überlieferung soll er mit einem zweiten Pfeil sogar das ganze Schiff versenkt haben, was man aber getrost in den Bereich der zahlreichen japanischen Legenden einordnen kann.

Die kriegerischste Form des Kyu-Jutsu ist das *Kasagake*, welches man auch in *Kazuya* und *Koshiya* unterteilt. Dieses Schießen spielte in den Schlachten eine bedeutende Rolle, war jedoch nur für den Infanterieeinsatz gedacht. Daher wird es auch heute noch bei historischen Festen in voller Rüstung und Bewaffnung vorgeführt. Die erste Phase *Kazuya* geht davon aus, daß das feindliche Heer noch weit entfernt ist. Gezielte Schüsse würden sich hier also nicht anbieten, dafür aber ein sogenannter »Pfeilregen«. Die Schützen versuchten also, aus dem Kniestand eine möglichst große Zahl von Pfeilen abzuschießen. Näherte sich das Heer der Feinde, begann die zweite Phase *Koshiya*. Man rannte dem

Feind entgegen, um die Distanz noch mehr zu verkürzen, hockte sich blitzschnell nieder und schoß nun gezielt. Im anschließenden weiteren Vorwärtsstürmen wurde bereits der nächste Pfeil eingelegt.

Schließlich gibt es noch zwei sportliche Varianten aus dieser Zeit: Beim *Enteki* kommt es hauptsächlich auf die Entfernung zum Ziel an. Hier kann eine Distanz von bis zu 100 m überschossen werden auf ein Ziel von ca. 1,60 m Durchmesser. Beim *Oyakazu* , auch *Toshiya* genannt, das seit 1606 bekannt ist, mußte der Bogenschütze von einer überdachten Veranda aus 24 Stunden lang ununterbrochen schießen. Hierbei wurden bis zu 14 000 Schüsse bei bis zu 8 000 Treffern abgegeben. Das heißt, der Schütze mußte in jeder Minute etwa zehn Pfeile abschießen. Dieser Wettbewerb wurde im Laufe der Zeit mehrfach modifiziert und variiert, und zwar dahingehend, daß die Anzahl der Schüsse vorher bestimmt wurde oder daß nur zwei Stunden Zeit vorgegeben waren.

Die bedeutendste Schule war die im 16. Jahrhundert gegründete »Heki-Ryu«, die militärisch zwar nur kurz von Bedeutung war, deren technisches Training jedoch bis heute übernommen wird. Nachdem auch das *Kasagake* im 17. Jahrhundert seinen militärischen Anstrich nach und nach verlor, kam der bis zu diesem Zeitpunkt nur latent vorhandene zen-buddhistische Aspekt stärker durch, auf den ich bei meiner Beschreibung des heutigen Kyudo noch einmal zu sprechen kommen werde.

Wann erstmals der Name »Kyudo« verwandt worden ist, steht nicht fest, es ist aber anzunehmen, daß die »Do«-Benennung wie bei fast allen anderen Kampfsystemen erst in der Tokugawa-Periode aufgekommen ist.

Abb. 18: Japanischer Mönch beim Kyudo. *(Trautz*, Japan, *Berlin 1930)*

13 Der reformierte Bushido

Tokugawa – die Krieger ohne Krieg

Während der 264jährigen Friedensherrschaft der Tokugawa
entstand oder verfestigte sich vieles von dem, was wir heute
noch auf dem Gebiet der Kunst und Kultur als typisch japanisch bezeichnen. Die strikte Isolation Japans hatte ein enor-
mes Aufblühen des von Jahrhunderten des Krieges gezeich-
neten Landes zur Folge. Die Angst vor Ausländern und aus-
ländischem Gedankengut und die dadurch bedingte Konzentration auf eigenes, bodenständiges Erbe und Kulturgut
führten einerseits zu dieser erfreulichen Entwicklung, andererseits aber auch zum Verbot ausländischer Bücher, ja sogar zur Todesstrafe für fremde Seeleute, die in Japan lande-
ten. Die charakteristische Strenge des Tokugawa-Regimes
brachte dem Land zwar Recht und Ordnung, aber auch Ge-
sinnungsschnüffelei und absolute Diktatur. Ob diese Phase
der japanischen Geschichte insgesamt positiv oder negativ
beurteilt werden kann, ist eine alte, ungeklärte Streitfrage
der Gelehrten.

Der unerhörte und von staatlicher Seite geförderte Aufschwung des Konfuzianismus liegt in der Tatsache begründet, daß ein Hauptziel dieser Lehre der geordnete Staat ist.
Das statische Modell der Tokugawa-Herrschaft fand im Konfuzianismus eine ausgezeichnete Legitimation. Während
große Teile der Bevölkerung den langersehnten Frieden be-

grüßten, stellte er für die Samurai ein existentielles Problem
dar.

Einerseits waren sie nach wie vor die führende soziale
Schicht Japans, andererseits wurden sie nicht mehr gebraucht. Es trat der paradoxe Fall ein, daß eine zur Bedeu-
tungslosigkeit verdammte Elite dennoch moralisches Vorbild einer ganzen Nation war. Dies stellte auch die Tokuga-
wa-Rengenten vor ein sehr diffiziles Problem. Ihre Macht
und ihre gesamte Ideologie hatte den *Bushido* als Funda-
ment. Wie aber sollte man den Frieden nach außen und vor
allen Dingen nach innen wahren, ohne gleichzeitig zuzulas-
sen, daß die Elite des Landes, ihrer ursprünglichen Aufgabe
»beraubt«, der Dekadenz zum Opfer fiel?

Die Gesetze der Tokugawa mußten den Samurai vorkommen wie ihre eigenen kampferprobten Rüstungen: Zum einen gaben sie ihnen Sicherheit, zum anderen engten sie sie
aber auch ein und machten sie unbeweglich.

Der durch die Isolationspolitik Japans stark anwachsende
innerjapanische Handel stieß die »Krieger ohne Krieg« sehr
oft in die Abhängigkeit von Händlern, die zwar machtlos,
aber sehr reich waren, was den ersteren Zustand erträglich
machte. Viele Samurai lebten von ihren Ersparnissen, konnten ihren Lebensstandard jedoch nicht aufrechterhalten. Da
eine händlerische oder bäuerliche Tätigkeit nicht standesge-
mäß gewesen wäre, versuchten die Samurai, ihre politische
Vorherrschaft dadurch zu bewahren, daß sie mit sehr großer
Anpassungsfähigkeit Wissenschaftler, Gelehrte und Künstler wurden. Hauptbestandteil der Bildung wurden Literatur,
Philosophie und die Schönschrift, in der man ein besonderes
Charakterzeichen sah. Viele Samurai wurden zu Lehrern
der Teezeremonie, andere unterrichteten in der Kunst des
Blumensteckens.

Aber auch die militärischen und kriegerischen Traditionen
wurden bewahrt, wenn schon unter anderen Vorzeichen. Es
wurden sehr viele militärische Schulen und Akademien gegründet, in denen sowohl trainiert als auch diskutiert wurde
und die sich sehr schnell zu den favorisierten Treffpunkten

der Krieger entwickelten. (Parallelen zum griechischen *Gymnasion* drängen sich hier förmlich auf.)

In zahlreichen Vorlesungen wurde die Bedeutung des Bushido unterstrichen und die Aufgabe der Samurai, als »lebendes Ideal« zu fungieren. Einer der bedeutendsten Militärstrategen und Schriftsteller der Zeit war Yamaga Soko (1622–1685). Unter dem Titel *Shido* wurden viele seiner Vorlesungen 1665 veröffentlicht. Soko betont in erster Linie, daß die Aufgabe der Samurai nicht darin liege, den üblichen Geschäften nachzugehen, sondern den »Weg« zu üben, um als Lehrer der Bevölkerung die Moral des Landes zu stützen und zu verbessern. Darin sähe er die Existenzberechtigung der Ritter. Dieser Schluß Sokos war für die unmittelbar folgende Zeit (*Meiji*) falsch, auf lange Sicht gesehen jedoch richtig. Bereits zweihundert Jahre später sah man für die Samurai als Klasse keine Daseinsberechtigung mehr, ihr Vorbild in sittlicher Hinsicht aber beeinflußt die Japaner bis heute.

Da alle »Wege« dazu dienen, eine Überwindung und Läuterung des Selbst zu erreichen, sind sie nur Mittel zum Zweck und austauschbar. Wichtig ist allein die Übung, ob im Blumenstecken oder im Kämpfen. (Die Begriffe »Weg« und »Übung« werden am Ende des Buches noch einmal umfassend erklärt und beschrieben, vgl. Seite 230 ff.)

Die verschiedenen Systeme körperlicher Übung wurden, ihres eigentlichen Zwecks enthoben, eingesetzt zur persönlichen Charakterbildung des Ausübenden. Die Einbindung der *Martial Arts* in die philosophisch-moralische Welt Japans macht das Üben mit und ohne Waffe zur Kunst.

Ein Ausspruch, den schon einige hundert Jahre zuvor der japanische Konfuzianer Ekken Kaibara getan hatte, ist bezeichnend für das Zeitgefühl dieser Epoche: »Das Ziel des Lernens ist nicht, das Wissen zu erweitern, sondern den Charakter zu stärken.«[53] Man sollte sich allerdings nicht zu der Annahme verleiten lassen, daß die physische Ausbildung der Krieger unter dieser neuen Konzeption litt.

Die Achtung der Samurai vor physischen Höchstleistungen und Körpertraining bestand nach wie vor. In den zahlreichen Schulen wurde sehr hart, ja teilweise unter Ernstfallbedingungen trainiert, auch wenn man wußte, daß der wirkliche Ernstfall vielleicht nicht eintrat. Aber es ging ja in der Kunst des Kämpfens auch nicht mehr so sehr um den äußeren sichtbaren Gegner, sondern um die vielfach schwerere Überwindung des inneren Gegners, des Feindes im Selbst eines jeden.

Durch das neue Verständnis von Kunst und Kampfsystemen wurden diese Kulturformen in eine pädagogische Dimension versetzt, und die Meister dieser Künste genossen hohes soziales Ansehen. Durch die wachsende Bereitschaft der Meister, ihre Kenntnisse weiterzugeben – es war ja nicht mehr lebenswichtig, Geheimtechniken für sich zu behalten – wurden die Kampfkünste und ihr geistiges Anliegen mehr und mehr auch im Volke verbreitet. Äußeres Zeichen dieses neuen Verständnisses war die Tatsache, daß der Begriff *Jutsu* nun der Silbe *Do* weichen muß, die bis heute für die meisten Kampfsportarten kennzeichnend geblieben ist.

Auch die Waffen und Rüstungen der Samurai erfuhren während der Tokugawa-Zeit einschneidende Änderung. Ursprünglich zum Kriegsgebrauch bestimmt, wurden auch sie immer mehr zum Kunstobjekt.

Die Entwicklung während dieser Zeit bedeutete für alle in diesem Buch behandelten japanischen Kampfsysteme außer dem Sumo, daß sie fernab vom Druck der praktischen Anwendung auch ihre Methoden und Techniken verfeinerten und gewisse reine Kriegstechniken schon in dieser frühen Phase in Vergessenheit gerieten. Natürlich waren die *Martial Arts* auch durch diese Umwandlung und das neue geistige Umfeld noch nicht das, was wir heute unter »Sport« verstehen.

Wahrscheinlich wären sie wesentlich schneller zu weitverbreiteten Sportarten geworden ohne den Rückschlag, den sie in der Meiji-Epoche erlitten.

Meiji – Licht aus dem Westen

Meiji, die Aufklärung, das Licht, eine der wichtigsten Perioden der japanischen Geschichte, begann mit dem Sturz des Shogunats und der Wiederherstellung der kaiserlichen Macht.

Schon um 1800 mußten die Tokugawa die starke Opposition der Daimyo von Satsuma und Shosku fürchten, die zusammen rund 350 000 gutbewaffnete Krieger aufbieten konnten. Die ebenfalls mächtigen Familien wollten die lange Vorherrschaft der Tokugawa gewaltsam brechen. Durch die Landung Commodore Perrys wurde die sich sowieso anbahnende Entwicklung dramatisch beschleunigt, und der letzte regierende Tokugawa namens Yoshinobu trat am 14. Oktober 1867 zugunsten des Tennos zurück (vgl. Seite101 ff.). Die nahezu 700 Jahre andauernde Herrschaft der Shogune war unwiderruflich zu Ende.

Als der Kaiser im jugendlichen Alter von siebzehn Jahren den Thron seiner Väter bestieg, mußte er sich, politisch unerfahren, auf zahlreiche Minister und Berater stützen, die zum größten Teil aus den alten Samurai-Familien stammten.

Die Hauptsorge der neuen Regierung war das Verhältnis zu Amerika und Europa. Man konnte sich ihnen nicht mehr länger verschließen, also mußte man sich auch mit ihren Ideen und Technologien auseinandersetzen. Die Modernisierung im privaten und öffentlichen Leben war begleitet von zahlreichen Reformen und grundlegenden Einschnitten in allen Lebensbereichen. Nach der Isolationspolitik der Tokugawa schlugen die meisten Japaner diesen »Modernisierungsweg« allerdings begeistert ein.

So wie sie vor über 1500 Jahren die chinesische Geisteskultur übernommen hatten, versuchten sie jetzt recht entschlossen, Elemente der westlichen Kultur aufzunehmen. Wahrscheinlich waren sich die Japaner nicht darüber im klaren, wie ungeheuer die Folgen dieses einsetzenden Umwandlungsprozesses werden sollten. Während der ersten

Jahre wurden westliche Sitten und Moden von den meisten ohne größere Reflexion übernommen.

Lediglich die Klasse der Samurai konnte sich mit den Zeichen der neuen Zeit nur sehr schwer abfinden. Dieser Umstand führte bei vielen Samurai zu einer tiefen Frustration. Auf welche absurden Ideen die politischen Anführer der Samurai in dieser Zeit des Umbruchs kamen, mag man daraus ersehen, daß ein Plan diskutiert wurde, einen überseeischen Angriffskrieg zu führen, um die Samurai zu beschäftigen:

Nachdem mehrere Versuche Japans, Handelsbeziehungen mit Korea aufzunehmen, fehlgeschlagen waren, schien Korea ein geeignetes Objekt zur Wiederherstellung der »Samurai-Moral« zu sein. Deshalb schlug Saigo Takamori vor, man solle ihn allein nach Korea senden und dann seine Ermordung, die man für unausweichlich hielt, zum Anlaß nehmen, Korea anzugreifen. Zum Glück kam es nicht zur Ausführung dieses unseligen Plans. Auch einzelne Aufstände größerer Familien führten nicht mehr zur »feudalistischen Revolution«.

Der erbitterte Widerstand der Samurai gegen die »Modernisierung« wird verständlicher, wenn man bedenkt, daß sie diejenigen waren, die darunter am stärksten zu leiden hatten. Ihre Landgüter und Besitztümer wurden aufgehoben, wofür man ihnen eine Rente zahlte. Mit der Einführung der allgemeinen Wehrpflicht verloren sie ein weiteres Privileg. Als 1875 die zahlreichen Ronin zu einer wirklichen Gefahr wurden, entschloß man sich zum »Schwertverbot«, welches 1876 ausgesprochen wurde und das Selbstgefühl der Samurai aufs äußerste verletzte. Das Verbot, zwei Schwerter zu tragen, war der moralische Todesstoß für diese Klasse. Er zog 1878 sogar nach sich, daß die Krieger ihren Namen verloren und mit dem chinesischen Wort *Shisoku* bezeichnet wurden.

Der Zusammenbruch ihrer Welt war für einige Samurai Anlaß, das zu tun, was die Angehörigen ihres Standes immer schon getan hatten, wenn trotz aller Anstrengungen kein Ausweg mehr blieb. Der Seppuku galt ihnen als ehrenvoller

Abgang aus einer Welt, die nicht mehr die ihre war und die
sie weder verstehen noch tolerieren konnten.

Die völlige Orientierung an der Wissenschaft und Technik
der westlichen Welt führte zu einer forcierten Industrialisie-
rung bei gleichzeitigem Niedergang des in der Tokugawa-
Periode so hochentwickelten heimischen Kunsthandwerks.

Auf dem Gebiet der Körperübung und der Kampfsysteme
trat eine ähnliche Entwicklung ein. Zu eng waren die
Kampfkünste mit der Tradition der Samurai verbunden,
auch sie drohten unterzugehen im Strudel des Fortschritts.
Als ungebildet und nicht mehr zeitgemäß empfunden, wurden die Körperübungen völlig vernachlässigt. Von Regie-
rungsseite aus wurden sogar aktive Schritte gegen die
Kampfsysteme der Samurai und ihre Ausübung unternommen. Damit schien die Entwicklung der Kampfkünste, die
noch in der vorangegangenen Epoche in höchster Blüte ge-
standen hatten, beendet zu sein.

Showa – die Renaissance des »Yamato-Damashii«

Nachdem der erste Reiz des Neuen etwas nachgelassen hatte, setzte eine Phase der kritischen Reflexion ein. Vielen Japanern war klargeworden, daß die Neuerungen nicht nur
Gutes mit sich gebracht hatten. In relativ kurzer Zeit hatte
die wachsende »Verwestlichung« eine Gegenreaktion her-
vorgerufen. Neben der westlichen Wissenschaft sollte auch
die östliche Moral und Geisteshaltung wieder zur Geltung
kommen.

Um 1880 gab es in Japan immer noch ca. zwei Millionen
Menschen, die aus Samurai-Familien stammten. Auch wenn
sie keine offiziellen Titel mehr führten, waren sie sich doch
genau darüber im klaren, daß sie immer noch eine maßge-
bende Schicht bildeten. Unterrichtet und erzogen in allem,
was zur Allgemeinbildung gehört, waren sie in Verbindung
mit der ihnen eigenen Disziplin und Willensstärke prädesti-
niert, die alten Samurai-Tugenden wiederaufleben zu las-

sen. Man wollte zum *Yamato-Damashii*, dem »Geist von Alt-
japan«, zurückkehren, allerdings unter Einbeziehung der
neuen Erkenntnisse.

Die Samurai, die immer schon gelernt hatten, sich zu überwinden und ihre Fähigkeiten einem höheren Ziel unterzu-
ordnen, übertrugen ihre alten Ideale auf die neuen Berufe,
die sie nun ausübten, und erlangten dadurch schon bald
wieder ihre alte Vormachtstellung. So erhob sich nach kurzem Schlaf der totgesagte Samurai wie ein Phönix aus der
Asche, und die Söhne des alten Japan wurden die Väter des
neuen.[54] In der Folge kam es allerdings zu einer gewissen
Säkularisierung und zum Mißbrauch ihrer hohen philosophisch und religiös begründeten Ideale, bis schließlich die
Überbetonung des Nationalen und Traditionellen in den
dreißiger Jahren unseres Jahrhunderts zu einem verhäng-
nisvollen Militarismus führte, der in der totalen Katastrophe
endete. Parallel dazu hatte es ein Wiederaufleben der alten
Kampfkünste, ja der Leibeserziehung überhaupt gegeben –
auch eine Folge der nationalen Rückbesinnung und des neu-
en Selbstbewußtseins des japanischen Volkes nach den Jahren der kritiklosen Übernahme westlicher Ideen.

Die Vernachlässigung der Leibesübung in der vorherge-
henden Epoche hatte immerhin dazu geführt, daß nun keine
ausgebildeten »Sportlehrer« zur Verfügung standen. 1878
hatte man den Amerikaner George Leland eingeladen, willi-
ge Japaner in amerikanischer Gymnastik zu unterrichten.

Aber im Rahmen eines neuen Erziehungsprogrammes ak-
zeptierte die Regierung auch die Ausübung der alten
Kampfsysteme wieder, deren persönlichkeitsbildende Kräfte
nun wieder allgemein betont und anerkannt wurden. Durch
diesen neuen Trend waren die Weichen für die Weiterentwicklung der Kampfkünste zu »Sportarten« günstig gestellt.

III. Teil:

Der Weg nach Westen

14 Judo: sanfter Weg – harter Sport

Es ist kaum bekannt, daß der deutsche Medizinprofessor Erwin Bälz, der von 1876 bis 1902 an der Universität in Tokio lehrte, für das Wiederaufkommen des Ju-Jutsu mitverantwortlich war. Bälz, der nebenbei auch die kaiserliche Familie als Arzt betreute, war besorgt über die schlechte Gesundheit der Studentenschaft, die einer körperlichen Ausbildung sehr ablehnend gegenüberstand. Durch Zufall machte Bälz die Bekanntschaft mit dem alten Ju-Jutsu-Lehrer Totsuka. In dessen Vorführungen erkannte er eine so gute Körperbeherrschung und Gymnastik, daß er hierin ein geeignetes Mittel sah, den Gesundheitszustand seiner Studenten zu verbessern.

In seinen Erinnerungen weist Bälz darauf hin, daß es ein Märchen sei, wenn man davon ausgehe, daß diese Kunst seit 2500 Jahren in Japan unterrichtet würde. In Wahrheit sei auch Ju-Jutsu wie das meiste in Japan chinesischen Ursprungs (vgl. Seite 145).

Bälz hatte sich schon einige Jahre vorher von dem berühmten Ken-Jutsu-Meister Sakakibara im Fechten unterrichten lassen. Nachdem er jedoch gesehen hatte, wie gelenkig und agil der siebzigjährige Totsuka noch war, nahm er sofort Unterricht bei diesem. Gleichzeitig gelang es ihm aber auch, seine Studenten für diese ursprünglich martialische

Kunst zu begeistern, wobei ihm natürlich die bereits erwähnte Rückbesinnung im japanischen Volk zugute kam.

Am meisten konnte er den Studenten Jigoro Kano motivie-
ren, der sich von da an bemühte, Lehrer zu finden, die die
alten Kampfsysteme noch beherrschten. Kano entdeckte die
Meister Iso Masatoma (Tenkami-shin-Ryu) und Kubo Tsu-
metara, von denen er sehr viel lernte. Nachdem er eine Vielzahl von Schulen wieder ausfindig gemacht und ausprobiert
hatte, war er in der Lage, die Kampfsysteme in ihrer Gesamtheit zu beurteilen. Man muß allerdings wissen, daß eine
»Schule« zu dieser Zeit oft nur noch aus einem Meister und
zwei Schülern bestand. An allen Richtungen, die er kennengelernt hatte, mißfielen Kano die Schmerzhaftigkeit und die
Verletzungsgefahr, die mit vielen Techniken verbunden waren. Eine Beschreibung des deutschen Generalleutnants
Alexander von Janson, der zu dieser Zeit als Militärbeobach-
ter in Japan war, unterstreicht die Beobachtungen Kanos:

> Man bedient sich sogar des Mittels des Würgens,
> und zwar auch mit Hilfe der geringen Kleidung und
> nach ganz bestimmten Methoden. Dabei kommt es
> oft vor, daß der Gewürgte die Besinnung verliert,
> worauf der Gegner ihn, ohne daß es einer Anregung
> dazu bedarf, sofort auf vorschriftsmäßigem Wege
> zur künstlichen Atmung bringt.[55]

Nachdem Kano den Wert der alten Kampfsysteme für die
Erziehung Jugendlicher erkannt hatte, eröffnete er 1882,
23jährig, seine eigene Schule in Shitaya, einem Stadtteil Tokios, und gab ihr den Namen »Kodokan«, Schule zum Studium des Weges.

Sein System nannte er *Judo* (Sanfter Weg), um es bewußt
vom überlieferten Ju-Jutsu bzw. Ju-Jutsu-Do abzusetzen. In
der Namensgebung kam natürlich auch zum Ausdruck, daß
es ihm im wesentlichen um die Charakterbildung des Menschen ging. Kano versuchte, das Ju-Jutsu zu überwinden,
indem er die reine Kriegstechnik *(Jutsu)* zu einer Sportart

umwandelte, die gleichzeitig zur Lebensauffassung *(Do)* werden kann.

Dieses frühe *Kano-Judo* kannte allerdings noch Techniken des Tretens und Schlagens, die heute im Wettkampf-Judo nicht mehr angewandt werden. Da in Kanos neuem System aber nicht nur Spezialtechniken angewandt wurden, was bei einigen Kampfsystemen zu einer gewissen Einseitigkeit geführt hatte, waren seine Schüler in Vergleichskämpfen sehr oft die Sieger.

Schon 1890 wurde Judo durch den Einfluß Kanos vom damaligen japanischen Minister für Erziehung in das Schulprogramm aufgenommen. Auch die Kadettenanstalt in Tokio und die Polizei in Yokohama ließ ihre Schüler ausbilden. (Kano selbst wurde Seminarleiter eines Lehrerseminars für Judo.)

Im Laufe der folgenden Jahre schied Kano alle gefährlichen Schläge und Tritte aus, um Judo sport- und wettkampffähig zu machen. Inhaltlich wichtigste Änderung war das Einführen der Grundstellung vor jedem Kampf *(Shizentai)* und der Faßart *(Kumi-kata)*. Eine so enge Distanz hatte es im ernstfallorientierten Ju-Jutsu nicht gegeben. Von technischer Seite her gesehen, entwickelte er die Griffe und Würfe des Judo nach dem Grundsatz »Siegen durch Nachgeben«. In seiner bekanntesten Äußerung zu diesem Thema wird das noch einmal deutlich:

Lassen Sie mich nun erklären, was mit dieser Sanftheit oder dem Nachgeben wirklich gemeint ist. Nehmen wir an, wir messen die Stärke eines Mannes mit Einheiten von eins. Zum Beispiel die Stärke eines vor mir stehenden Mannes wird von 10 Einheiten dargestellt, während meine Stärke, die geringer ist, nur 7 Einheiten darstellt. Wenn er mich nun mit seiner ganzen Kraft stößt, werde ich natürlich zurückgestoßen oder hingeworfen, auch wenn ich meine ganze Kraft gegen ihn nutze. Dies würde geschehen, obgleich ich meine ganze Kraft gegen ihn

wenden würde, Kraft gegen Kraft gemessen. Aber
wenn ich, anstatt mich ihm entgegenzustellen,
nachgebe und meinen Körper gerade so viel zurück-
ziehe, wie er mich gestoßen hat, und dabei das
Gleichgewicht halte, dann würde er sich natürlich
vorwärtsneigen und dabei sein Gleichgewicht verlieren. In dieser neuen Stellung wird er so schwach
(nicht in wirklicher physischer Stärke, sondern angesichts seiner ungeschickten Stellung), daß seine
Stärke in diesem Augenblick nur 3 Einheiten darstellt statt seiner normalen 10 Einheiten. Während-
dessen erlange ich, immer Gleichgewicht haltend,
meine volle Kraft wieder, die ursprünglich 7 Einheiten darstellte. Hierdurch bin ich augenblicklich in
einer günstigen Lage, und ich kann meinen Gegner
mit nur halber Kraft schlagen, das ist die Hälfte von
7 oder 3 1/2 gegen 3. Dies läßt die Hälfte meiner
Kraft für andere Zwecke verfügbar.[56]

In diesem Zitat wird Kanos Prinzip vom wirksamsten Gebrauch von Geist und Körper deutlich, welches Kano auch in
allen anderen Bereichen des menschlichen Lebens für gültig
hielt.

Kein anderes Sportsystem schien dem Volkserzieher Kano
so geeignet zu sein wie sein Judo, zur nationalen, körperlichen und sittlichen Ertüchtigung eines ganzen Volkes zu
dienen. Den sittlich-moralischen Wert des Judo erblickte er
im Einüben von Respekt und Gerechtigkeit, Eigenschaften,
die dem Schüler auch heute noch durch das Zeremoniell dieses Sportes nahegebracht werden.

Den Kampf selbst betrachtete er als Schule für Gedächtnis, Aufmerksamkeit und Beobachtungsgabe. Er sah auch
insofern ein intellektuelles Training im Kampf, als die Ge-
wohnheit, im Kampf Angriffs- und Verteidigungsmittel finden zu müssen, den Schüler vorsichtig und abwägend
macht, andererseits aber schnelles und entschlossenes Handeln verlangt, wenn die Situation günstig ist.

Alle aufgezählten Eigenschaften, die durch Judo erlangt
werden können, sind auch auf das Alltagsleben übertragbar
und in diesem durchaus von Nutzen. Hierzu noch einmal
Kano selbst: »Judo ist Studium und eine Übung von Geist
und Körper, die für die Führung des Lebens und aller Ange-
legenheiten gilt.«[57]
Nachdem Judo 1911 sogar Pflichtfach an allen japanischen Mittelschulen wurde, war seine Breitenentwicklung
nicht mehr aufzuhalten. Als Professor Kano, der auch maßgeblich an der Gründung des japanischen olympischen Ko-
mitees mitgearbeitet hatte, 1938 starb, gab es bereits
100 000 »Schwarzgurtträger« im Judo.
Durch die Amerikaner nach dem Krieg verboten, wurde
Judo schon 1950 wiedereingeführt. 1951 betrieben bereits
über zwei Millionen Menschen diesen Sport, dessen erste
Weltmeisterschaft 1956 in Tokio stattfand. Auf den nachfol-
genden Weltmeisterschaften bestätigte sich die Dominanz
der Japaner, die auf »ihrer« Olympiade 1964 in Tokio Judo
erstmalig als olympische Disziplin einführten. 1968 gab es
noch einmal einen Rückschlag für die internationale Entwicklung des Judo-Sports, als man ihn in Mexiko nicht als
olympische Disziplin zuließ. Aber seit 1972 in München hat
sich Judo einen Stammplatz innerhalb der olympischen Dis-
ziplinen erobert. Wir wollen uns nun die spektakuläre Entwicklung dieser Sportart in Deutschland etwas genauer ansehen.
Bekannt waren die geheimnisumwobenen Techniken
schon seit 1901, wo sie erstmalig von Japanern auf einer
Londoner Varietébühne vorgeführt wurden. Für deutsche
Augen sichtbar gemacht wurde Judo, damals noch Ju-Jutsu
genannt, obwohl es dieser Urform schon weitgehend nicht
mehr entsprach, bei dem Freundschaftsbesuch zweier japanischer Schiffe der kaiserlichen Kriegsmarine 1906 in Kiel.
Die Vorführungen müssen so eindrucksvoll gewesen sein,
daß Kaiser Wilhelm II. einige japanische Meister beauftrag-
te, Judo bzw. Ju-Jutsu in Deutschland bekanntzumachen.
Aber so einfach gelang dies nicht! Denn um die Jahrhun-

dertwende gab es »vornehme« und »weniger vornehme« Sportarten. Judo rückte sofort in die letztere Kategorie, in der sich zu dieser Zeit Fußball, Ringen und Boxen befanden.[58] Durch glückliche Umstände lernte der Pionier des deutschen Kampfsports, Erich Rahn, 1906 einige Japaner kennen, die ihn unterrichteten. Im selben Jahr noch eröffnete Rahn die erste Kampfschule für Judo/Ju-Jutsu in Deutschland. Militärs und Polizei erkannten die Effektivität dieser Selbstverteidigung relativ schnell, und so unterrichtete Rahn 1910 die Berliner Kriminalpolizei, und 1913 wurde er Ausbilder an der Militäranstalt in Berlin. Diesen Berufungen waren eindrucksvolle Demonstrationen Rahns vorausgegangen, von denen eine die »Vossische Zeitung« vom 30. Juni 1910 zu folgender Notiz veranlaßte:

... mehrere Kriminalbeamte und Polizeioffiziere wohnten dem interessanten Schauspiel bei. Herr Erich Rahn, Meisterschaftslehrer des Jiu-Jitsu, durchaus keine Herkules-Erscheinung, fast von schmächtiger Figur, dem es aber trotzdem, dank seiner Jiu-Jitsu-Künste gelang, den 110 kg schweren Meisterschaftsringer Hauser zu werfen, zeigte, wie diese Kampfmethode dem Kriminalbeamten im Kampf mit Rowdies und sonstigen widersetzlichen Elementen von Vorteil sein könnte.«[59]

Nachdem die Entwicklung des Judo/Ju-Jutsu während des Ersten Weltkrieges stagnierte, steigerte Rahn den Popularitätsgrad nach dem Krieg sehr stark durch zahlreiche öffentliche Auftritte in Zirkusarenen und Varietés und durch Schaukämpfe, die zum Teil recht spektakulär gewesen sein müssen. Mit der Gründung der ersten deutschen Jiu-Jitsu-Clubs durch Alfred Rhode, einen Schüler Rahns, gelang dann der eigentliche Durchbruch. Nach einigen Vergleichs-

Abb. 19: Uchi-mata, einer der beliebtesten Judo-Kampfwürfe, in Vollendung. *(Foto: Klaus Küchler)*

kämpfen mit englischen Sportlern, die bereits »reines« Judo
betrieben, paßte man sich an, indem man zugunsten von
Wurftechniken auf Schläge und Tritte verzichtete. Aus dem
1933 gegründeten »Deutschen Judo-Ring« wurde schließlich 1953 der »Deutsche Judo-Bund (DJB)«, der heute auch
Sektionen in Karate, Taekwondo, Ju-Jutsu, Kendo, Aikido,
Hapkido, Kyudo und Kung-Fu umfaßt. Die Zahl der Mitglieder lag 1982 bei ca. 170 000.

Das heutige Judo besteht aus 40 Grundwürfen (linksseiti-
ge Würfe, Kombinationswürfe und Konterwürfe nicht einge-
rechnet), 20 Haltegriffen, 30 Würgegriffen und 25 Hebelgrif-
fen. Mit diesen Techniken soll der Gegner im Wettkampf
oder im Training auf den Boden geworfen, auf dem Boden in
der Rückenlage festgehalten oder durch Hebel- oder Wür-
gegriff zur Aufgabe bewegt werden.

Der Bewegungsablauf wird bei allen Techniken in drei
Phasen eingeteilt.

1. Gleichgewicht des Partners brechen *(Kuzushi)*
2. Ansatz der Technik *(Tsukuri)*
3. Durchführung *(Kake)*

Das folgende Schema soll alle Technikgruppen verdeutlichen:

Würfe aus dem Stand (Tachi-waza)	*Würfe durch eigene Bodenlage* (Sutemi-waza)
a) Schulter- und Armwürfe (Te-waza)	a) Würfe durch Rückenlage (Ma-sutemi-waza)
b) Hüftwürfe (Koshi-waza)	b) Würfe durch Seitenlage (Yoko-sutemi-waza)
c) Fuß- und Beinwürfe (Ashi-waza)	

Bodentechniken
(Katame-waza)

Haltegriffe (Osaekomi-waza)	Würgegriffe (Shime-waza)	Hebel (Kansetsu-waza)

Schlagtechniken
(Atemi-waza)

| Armtechniken | Beintechniken |
| (Ude-ate-waza) | (Ashi-ate-waza) |

Wiederbelebung
(Kuatsu)

Die Wurf- und Bodentechniken werden im Wettkampf benutzt, während die Schlagtechniken noch ein Erbe des Ju-Jutsu sind und ebenso wie die Wiederbelebung nur bei den Prüfungen zu hohen Meistergraden gezeigt werden müssen. In reinen Ju-Jutsu-Vereinen kann man diese Techniken schon früher üben, aber sie sind nur für die Selbstverteidigung geeignet und können folglich wegen ihrer Verletzungsgefahr im Sportbereich nicht angewandt werden.

Die Dauer eines Judo-Kampfes auf Wettkampfebene richtet sich nach der Art der Meisterschaft und nach dem Alter der Kämpfer. Während Kinder und Jugendliche drei Minuten kämpfen, liegt die Kampfzeit der Senioren zwischen fünf und acht Minuten. Europa- oder Weltmeisterschaftskämpfe können zwanzig Minuten dauern! Ein Kampf ist dann zu Ende, wenn ein voller Punkt *(Ippon)* erreicht ist oder die Kampfzeit abgelaufen ist. Punkte, halbe Punkte und Vorteile werden von insgesamt drei Schiedsrichtern vergeben. Schon für eine erfolgreiche Aktion kann ein Kämpfer einen vollen Punkt bekommen und als Sieger von der Matte gehen. Der eleganteste Sieg kann unter Umständen schon nach Sekunden durch einen Wurf erreicht werden, bei dem der Gegner auf dem Rücken landen muß (Abb. 19, S. 167). Außerdem können Kämpfe beendet werden durch Würgen oder Hebeln des Gegners, bis dieser seine Aufgabe durch ein Klopfzeichen auf der Matte deutlich macht, oder durch dreißigsekündiges Festhalten des Gegners in der Boden-Rücken-Lage durch einen vorgeschriebenen Haltegriff.

Auf Wettbewerben wird in unterschiedlichen Gewichtsklassen gekämpft. Man mag sich fragen, wieso dies denn auch im Judo, wo es doch nicht um Kraft gehe, nötig ist. Jemand, der eine mehrjährige Judo-Ausbildung hinter sich hat, kann mit Sicherheit einen ungeübten, weitaus schwereren Mann zu Fall bringen. Das »Sich-Verlassen« auf Kraft und Gewicht verleitet den Laien sehr schnell zu Fehlern, die der *Judoka* für sich ausnutzen kann. Stehen sich jedoch zwei Kämpfer von annähernd gleichem technischen Niveau gegenüber, die beide um potentielle Fehler wissen, spielen Kraft und Gewicht wieder eine entscheidende Rolle.

Weil das Regelwerk in den modernen Kampfsportarten, wie heute bei allen anderen Wettkampfsportarten auch, ausgreifend und kompliziert ist und dessen detaillierte Darstellung nicht Sinn dieses Buches sein kann, möchte ich Ihnen, und dies gilt auch für die noch folgenden Kampfsportarten, nur die wichtigsten Grundregeln nennen. Wie ein Kampf entschieden werden kann, ist bereits gesagt worden. Das »Ansetzen« unerlaubter Techniken kann je nach Schwere des Verstoßes mit einer Verwarnung, Punktvorteil für den Gegner oder im schlimmsten Fall mit einer Disqualifikation geahndet werden. Ebenfalls kann »fortgesetzte Passivität« zur Disqualifikation führen. Vor Beginn eines Kampfes werden die Kämpfer auf vorschriftsmäßige Kleidung untersucht. (Zu kurze Ärmel einer Jacke können das »Fassen« erschweren, und Löcher in der Hose zu bösen Finger- oder Zehverletzungen führen.) Sobald die Kämpfer die Matte betreten haben, ist das Sprechen untersagt. Ein Judo-Training beginnt im allgemeinen mit einer Gymnastik, die alle Muskelpartien beansprucht und aufwärmt. Man sollte dieses Aufwärmen durchaus ernst nehmen, da es die Verletzungsgefahr ganz entscheidend reduziert. Nach dieser ca. dreißig Minuten dauernden Gymnastik kann auf sehr unterschiedliche Art und Weise geübt werden. Während sich die Anfänger in den ersten drei Monaten mit der Fallschule *(Ukemi)* plagen müssen, können die Fortgeschrittenen bekannte Techniken wiederholen und einüben. Dieses Wiederholen von Techniken *(Uchi-komi)* spielt im Kampfsport eine große Rolle, da nur die automatisierte Technik im Kampf blitzschnell aus dem Gedächtnis abgerufen werden kann. In Japan üben Kämpfer ein und denselben Wurf in einem Training bis zu tausendmal.

Eine kampfmäßige Übungsform ist das *Randori* mit wechselnden Partnern. Hier sollen alle bekannten Techniken aus der Bewegung angesetzt werden. Beim Randori, das es sowohl im Stand als auch »im Boden« gibt, soll locker und nicht mit letztem Einsatz gekämpft werden.

Als Vorbereitung auf eine Meisterprüfung muß eine *Kata* eingeübt werden. Das Wort »Kata« bedeutet wörtlich übersetzt nichts anderes als »Form«. Die verschiedenen Katas sind ein System abgesprochener Angriffe und Verteidigungen zwischen zwei Partnern. In der Kata soll die absolute Beherrschung der Technik, des Körpers und des Geistes zum Ausdruck kommen. Hektische Bewegungen, Disharmonie der Partner, mangelnde Konzentration oder Ausstrahlung können jede Kata zerstören. (Diese Definition von »Kata« gilt eigentlich für alle Kampfsportarten.) Im Judo gibt es sieben Hauptkatas, die sowohl im Stand als auch am Boden ausgeführt werden können.

Die meist eineinhalb- bis zweistündige Übungszeit kann durch eine Ruhe- oder Meditationsphase mit anschließender gegenseitiger Massage sinnvoll abgeschlossen werden. Leider wird diese Praxis nur noch in wenigen guten Vereinen geübt.

Die Judo-Kleidung namens *Judogi* besteht aus starkem Baumwollstoff, wobei die Jacke dicker ist als die Hose. Diese Kleidung ist der traditionellen japanischen Kleidung sehr ähnlich. (Ein Anschaffungspreis von ca. DM 80,– scheint mir im Vergleich zur Kleidung anderer Sportarten erschwinglich.) Die Jacke wird von einem farbigen Gürtel zusammengehalten, der den technischen Leistungsstand des Kämpfers symbolisiert. Nach sechs Schülergraden, genannt *Kyu* (weiß, gelb, orange, grün, blau, braun), folgen die schwarzen *Dan*- oder Meistergrade. Die höchste Auszeichnung wäre der 12. Dan, den aber noch niemand erreicht hat. Höchste Graduierungen außerhalb Japans liegen beim 5. bis 8. Dan, in-

ternationale Spitzenkämpfer haben in der Regel den 3. bis
5. Dan.

Während bis zum 5. Dan noch eine Prüfung abgelegt werden muß, werden darüber hinausgehende Dan-Grade nur
für besondere Verdienste um den Judo-Sport verliehen. Die
einzelnen Gurte werden jeweils nach Prüfungen vergeben,
in denen der Prüfling ein sich steigerndes Repertoire an
Techniken vorführen muß. Bei den Schülergraden liegt zwischen den Prüfungen meistens ein halbes Jahr, während
zwischen den Dan-Prüfungen bis zu drei Jahren oder mehr
liegen können. Das Graduierungssystem ist in allen Kampfsportarten in etwa gleich und spiegelt die asiatische Grundhaltung wider, in der Begriffe wie Achtung vor dem Ranghöheren und Respekt vor dem Älteren eine wichtige Rolle spielen. Der unerreichte 12. Dan ist bezeichnend für die Auffassung des »Nie-Auslernens«. Daß dieser Dan, wenn er einmal
verliehen werden sollte, wieder die weiße Farbe besäße, die
sonst nur der Anfängergurt besitzt, steht im Zusammenhang
mit den chinesischen Lehren der ständigen Erneuerung und
des ewigen Wechsels (Yin/Yang).

Geübt und gekämpft wird im *Dojo.* Dieser Name für die
Übungsstätte ist ursprünglich die buddhistische Bezeichung
für »Ort der Erleuchtung«. Bei kleineren Vereinen, die sich
eventuell eine Turnhalle mit anderen Sportvereinen teilen
müssen, muß die aus Einzelstücken bestehende Matte *(Tata-
mi)* vor jedem Training neu aufgebaut werden. Eine nicht
immer beliebte Tätigkeit! Die Größe der Gesamtmatte variiert zwischen 6 x 6 m und 10 x 10 m. Sie ist wesentlich dünner und härter als die uns bekannten Schulturnmatten, damit ein Kämpfer bei schnellen Drehungen nicht »einsinkt«,
was zu bösen Verletzungen führen könnte. In Verbindung
mit einem Hallen-Schwingboden ergibt die Matte allerdings
eine relativ gute Falldämpfung.

Bei dieser Gelegenheit muß darauf hingewiesen werden,
daß Sie im Judo – genauso wie in jeder anderen Sportart –
vor Verletzungen nicht sicher sind. Wenn Sie eine Kampfsportart betreiben wollen, müssen Sie das Risiko einer Ver-

letzung eingehen. Eine Garantie, daß Sie sich nicht verletzen, kann Ihnen kein Trainer der Welt geben.

Der weitverbreiteten Meinung, daß Judo noch eine »sanfte« Kampfsportart sei, möchte ich energisch widersprechen! Von den hier besprochenen Kampfsportarten halte ich Judo für die absolut härteste und verletzungsintensivste. Ich will Ihnen kurz begründen warum:

Während es im traditionellen Karate zum Beispiel überhaupt nicht zum Körperkontakt kommen sollte, ist dieser im Judo sehr eng. (Falls Sie schon einmal einen Judo-Kampf, insbesondere einen auf dem Boden ausgetragenen, gesehen haben, wissen Sie, daß man oft nur schwer erkennen kann, welcher Arm oder welches Bein zu welchem Kämpfer gehört.) Die Gefahr von Gelenkverdrehungen, wenn sich zum Beispiel eine Hand in der weiten Kleidung verfängt, ist sehr groß. Während eines Wettkampfes kann man davon ausgehen, daß sowohl Würgegriffe als auch Hebelgriffe, die ja zur Überstreckung eines Gelenkes führen, nicht langsam angesetzt werden, sondern in der Regel »gerissen« werden, was eine Dosierung der aufgewandten Kraft kaum möglich macht.

Auch beim Kampf im Stand treten Gefahren auf. Man erlernt zwar das Fallen, es ergeben sich aber im Kampf oft Situationen, die ein schulmäßiges Abrollen nicht mehr gestatten. Erschwerend kommt hinzu, daß man im Wettkampf ja gerade nicht auf den Rücken fallen will, sondern versucht, sich in irgendeiner Form abzudrehen oder abzustützen, was sehr schnell zu Verletzungen führen kann.

Zu diesen speziellen Judo-Gefahren kommen natürlich noch alle anderen Risikofaktoren, die bei Sportarten auftreten, die wettbewerbsmäßig betrieben werden. Hier wären hauptsächlich die Nervosität der Sportler, mögliche Überanstrengungen und nicht zuletzt der Siegeswillen zu nennen. Während sich ein Läufer aus Ehrgeiz höchstens selbst quält, kann der übersteigerte Sieges-Wille eines Kampfsportlers für sein Gegenüber durchaus gefährlich werden. Natürlich

kann man ohne den Willen zum Sieg keinen Wettkampfsport ausüben, und gerade die Kampfsportarten zielen ja auf
eine Ausbildung der Willenskraft ab, dies darf jedoch nicht
zur Gewissenlosigkeit führen. Im Laufe einer Kampfsport-
ausbildung sollte man ein Gespür für die Verhältnismäßigkeit der Mittel entwickeln.

Zu Ihrer Beruhigung darf ich darauf hinweisen, daß sich
all dies vorwiegend auf den Wettkampf bezieht. Sollten Sie
sich dafür entscheiden, Judo nur trainingsmäßig zu üben,
was durchaus auch sinnvoll ist, reduzieren sich die Gefahren
gewaltig.

Judo als Freizeitsport hat eine ganze Menge zu bieten. Mir
selbst sind Leute bekannt, die vorwiegend wegen der sehr
umfassenden Aufwärmgymnastik einem Judo-Verein beige-
treten sind. (Die Aufwärmgymnastik ist allerdings bei allen
Kampfsportarten ungewöhnlich gut und vielseitig.)

Judo kann für Menschen jeden Alters, vorausgesetzt, sie
sind gesund, eine gute sportliche Betätigung sein, da es mit
seinen Ganz-Körper-Bewegungen sowohl Anforderungen
an die Muskulatur als auch an das Herz-Kreislauf-System
stellt. Gewichtsreduzierungen von 2 bis 4 kg, die aufgrund
von Wasserverlusten während eines Trainingsabends möglich sind, zeigen, wie intensiv ein Judo-Training sein kann.

Für Kinder würde ich Judo erst ab etwa zehn Jahren empfehlen, da die sehr komplexen Judo-Übungen dem früh-
kindlichen Koordinationsvermögen oft Grenzen setzen.

Der Wert des Judo als Selbstverteidigung für Mann und
Frau ist recht schwer zu beurteilen. Während man zum Beispiel im Karate oder Taekwondo einen Gegner auf Distanz
halten kann, muß man im Judo den Nahkampf suchen, man
muß also einen weitaus engeren Körperkontakt herstellen,
um den Gegner überhaupt besiegen zu können. Ist die Distanz einmal überwunden, haben »Judo-Mann« und »Judo-
Frau« sicherlich eine gute Chance.

Hier muß jeder für sich die Prioritäten setzen. Ich kann
Ihnen keine »überlegenen Kampfsysteme« empfehlen, und
ich hoffe, die *Judokas,* zu denen auch ich gehöre, werden es

mir verzeihen, aber wenn es Ihnen vorwiegend um Ihren Selbstschutz geht, sind Sie mit ziemlicher Wahrscheinlichkeit mit Karate, Taekwondo oder gewissen Kung-Fu-Richtungen besser beraten als mit Judo.

Ein neues amerikanisches Experiment scheint in diesem Zusammenhang sehr interessant zu sein. Der an verschiedenen Colleges bereits praktizierte »Dreikampf« aus Judo, Taekwondo und Ringen verbindet in idealer Weise Sport und Ernstfalltraining. Gekämpft wird in drei Runden à drei Minuten in der obenerwähnten Reihenfolge.

15 Kyudo: Einswerden mit dem Ziel

Nachdem das Bogenschießen durch die Einführung von
Feuerwaffen an militärischer Bedeutung verloren hatte, geriet es später mit dem Verschwinden der Samurai während
der Meiji-Restauration völlig in Vergessenheit. Doch schon
1896 wurde es erstmals wieder von alten Kriegern in Kioto
demonstriert, um zu Beginn des 20. Jahrhunderts als sportliche Möglichkeit zur Erhaltung und Verbesserung der Gesundheit und Konzentrationsfähigkeit wiederaufzuleben.

Aus der Vielzahl der Schulen zur Tokugawa-Zeit überleb-
ten bis heute neben einigen kleinen die »Heki«-Schule, die
»Ogasawara«-Schule, der 50 Prozent aller Bogenschützen
angehören, und die »Honda«-Schule. Die Mitglieder dieser
Schulen bilden den Alljapanischen Kyudo-Verband namens
»Nihon-Kyudo-Renmei«. Zwar wechseln auch heute noch
die Regeln, nach denen Bogenschießen in Japan betrieben
wird, je nach Ort, Art der Veranstaltung oder Schule, aber es
gibt eine Standardmethode, die vom »Nihon-Kyudo-Renmei« definiert worden ist. Der japanische Kyudo-Verband
betreut heute etwa eine halbe Million Mitglieder.

In Deutschland ist das Kyudo bekannt geworden durch
den Philosophieprofessor Eugen Herrigel, der von 1923 bis
1929 bei den japanischen Großmeistern Awa und Anzawa[60]
Unterricht nahm.

Nachdem sich Herrigel über drei Jahre mit dem Zen-Buddhismus beschäftigt hatte, war er bei einem zufälligen Tref-

fen mit Meister Awa so von dessen Persönlichkeit beeindruckt, daß er ihn bat, ihn selbst im Kyudo zu unterrichten. Als Herrigel es selbst zur Meisterschaft gebracht hatte, faßte er seine Erkenntnisse und Erfahrungen 1930 in seinem Buch *Zen in der Kunst des Bogenschießens* (siehe Literaturverzeichnis) zusammen, ein Buch, welches noch heute zu den Klassikern unter den Zen-Büchern gehört. Leider verhalf dieses sehr bekannte und vielgelesene Buch dem Kyudo in Deutschland noch zu keiner Anhängerschaft. Obwohl also schon seit dieser Zeit bei uns bekannt, wird es erst seit 1969 systematisch betrieben.

Bei einem Besuch Professor Inagakis, eines Vertreters der »Heki-Kyudo-Ryu«, in einem Hamburger Bogenschützen-Club wurde der Grundstein gelegt. Nach mehreren Lehrgängen durch Inagaki stieg die Zahl der Kyudo-Anhänger schnell, so daß das Kyudo 1974 in den Deutschen Judo-Bund aufgenommen werden konnte. Dem ersten europäischen Kyudo-Turnier folgte 1978 in Hamburg die erste Deutsche Meisterschaft, an der acht Mannschaften teilnahmen.

Der Veranstaltung wohnte auch Professor Inagaki bei, der am Tage vorher noch einen Lehrgang abgehalten hatte. Auf die Frage, warum er trotz seines hohen Alters noch so große Anstrengungen auf sich nehme, antwortete er: »Es ist ein Grundsatz der ›Heki-Kyudo‹-Schule, daß derjenige, der durch dieses Kyudo etwas Gutes für sich erfahren hat, es seinerseits weitergeben und so am Leben erhalten soll.«[61]

Welche Ausrüstung braucht man, um Kyudo zu betreiben? Wenn man einmal von der traditionell-japanischen Bekleidung, die ja in fast allen Kampfsportarten annähernd gleich ist, absieht, kommt dem Bogen die meiste Bedeutung zu. Er ist über 2 m lang und besteht aus geleimten Bambusstücken. Die einzelnen Stücke sind mit einer Wicklung versehen, die die Spannkraft des Bogens erhöht. Je nach Können und Kraft des Schützen sollte der Bogen eine Spannkraft von ca. 20 kg haben. Meisterbögen können eine Spannkraft von 40 kg erfordern.

Ungewöhnlich für westliche Schützen sind der Griff des

Bogens und das Abschießen des Pfeils von der rechten Seite
des Bogens. Im Gegensatz zu den uns bekannten Bögen
wird der asymmetrische japanische Bogen im unteren Drittel
gefaßt, was wahrscheinlich ein Relikt aus der Kavalleriezeit
ist. (Eine ähnliche Faßart gab es nur noch bei den frühen
Bögen der Assyrer.) Die ca. 1 m langen Bambuspfeile gleichen heute den europäischen Pfeilen, während es in früheren Zeiten eine Unzahl verschiedener Kriegsspitzen gab.
Wichtig zu erwähnen ist noch der lederne Handschuh, der
am Daumen besonders verstärkt ist, weil die Sehne des japanischen Bogens nicht wie bei uns mit den Fingern, sondern
mit dem Daumen gezogen wird.

Während Sie in Japan fast immer ein *Dojo* finden, das an
der Abschußseite offen ist, so daß der Pfeil über offenes Gelände fliegt, bevor er das Ziel erreicht, müssen Sie sich in
Deutschland in der Regel mit der Turnhalle begnügen. Auch
im Kyudo gibt es eine genaue Dojo-Etikette und ein Graduierungssystem wie in den anderen Budo-Sportarten. Der
technische Stand eines Schützen wird allerdings nicht durch
einen Farbgurt angezeigt.

Der gesamte Bewegungsablauf eines Bogenschusses im
Kyudo läßt sich in acht Hauptphasen einteilen:

1. *Ashibumi* (Ausgangsstellung oder Stand)
   Hier handelt es sich um den breitbeinigen Stand, bei dem
   der linke Fuß der zielnahe ist. Beide Füße sollen so stehen, daß die Gerade zwischen ihnen der Zielmitte entspricht.
2. *Dozukuri* (Gleichgewicht)
   In dieser Stellung wird der Bogen auf dem linken Knie
   abgesetzt. Der Körper soll sich in völliger Ruhe befinden.
3. *Yugamae* (das Vorbereitetsein)
   Durch die rechte Hand wird der Pfeil an der Sehne gehalten. Die Bogenhand wählt ihre genaue Griffstelle und der
   Bogen wird leicht gespannt.
4. *Uchiokoshi* (das Emporheben des Bogens)
   Aus der Yugamae-Stellung wird der Bogen so weit ange-

hoben, daß sich der Pfeil eine Handbreit über dem Kopf befindet. Das Anheben darf nur durch die Arme, nicht durch die Schultern geschehen.

5. *Sanbun-no-ni* (Spannen des Bogens)
Durch gleichzeitiges Drücken der linken und Ziehen der rechten Hand wird der Bogen gespannt, bis das Pfeilende sich auf der Höhe der rechten Wange befindet.

6. *Tsumeai* und *Nobiai* (Ausziehen bis zum Maximum)
Das Pfeilende wird weiter, bis fast hinter den Kopf, gezogen. Während sich die Schultern nach außen strecken, sollte die Sehne die Brust des Schützen berühren *(Abb. 20)*.

7. Hanare (das Auslösen)
Nachdem der Bogen voll gespannt ist, wird der Pfeil losgelassen, begleitet durch ein letztes minimales Drücken der Bogenhand.

8. *Zanshin* (das Nachhalten)
In der Körperstellung, die er nach dem Auslösen hat, verharrt der *Kyudoka* und blickt zum Ziel.

Daß der Schußvorgang als Ganzes sehr viel Konzentration, eine ruhige und gleichmäßige Atmung und Ruhe in der Umgebung erfordert, liegt auf der Hand. An den meisten Orten, wo Kyudo von mehreren Menschen ausgeübt wird, fühlt man sich tatsächlich an Laotses Satz »Die größte Offenbarung ist die Stille« erinnert. Doch bis man diese Stille wirklich genießen kann, liegt ein weiter Weg vor einem.

Um die Grundlagen des Kyudo kennenzulernen, übt der Anfänger zu Beginn mit einem Ziehgummi anstelle des echten Bogens. Sobald eine gewisse Grobform erreicht ist, tauscht er das Gummiband gegen Pfeil und Bogen ein, um dann ca. zwei Jahre lang auf eine Strohtonne *(Makiwara)* zu schießen. Um Unfälle zu vermeiden, tut er dies aus einer Distanz von 3 bis 5 m. Nachdem der Schüler dies gelernt hat, kann er damit beginnen, auf die 28 m entfernte Scheibe *(Mato)* zu schießen.

Ein Mannschaftskampf im Kyudo kann zum Beispiel so

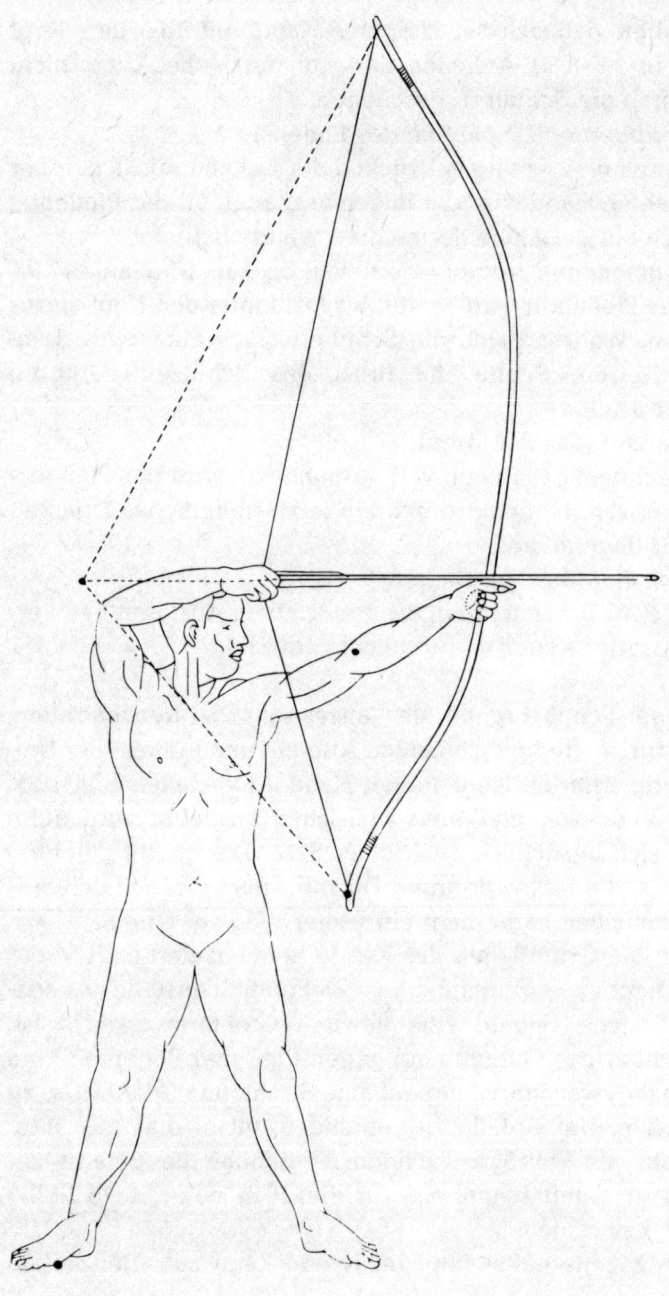

aussehen: Je zwei gegnerische Schützen stehen nebeneinander auf der Abschußlinie und versuchen, abwechselnd mit
je vier Schüssen das 28 m entfernte und 36 cm breite Ziel zu
treffen.

Vielleicht wird die kleine Zahl der Kyudo-Anhänger, die
einer halben Million in Japan gegenübersteht, dadurch größer, daß heute auch im Kyudo auf nationaler und internatio-
naler Ebene Wettkämpfe durchgeführt werden. Auf die Gefahren, die ich allerdings in einer zu starken »Versportung«
von Budo-Disziplinen sehe, werde ich noch zu sprechen
kommen (vgl. Seite 248).

Geeignet ist Kyudo eigentlich für alle Altersschichten,
wenn man einmal davon absieht, daß es dem natürlichen
Bewegungsdrang von Kindern vielleicht nicht gerecht wird,
da es die geistige Ausbildung doch recht stark betont. Für
ältere Menschen halte ich Kyudo für eine ideale Freizeitbe-
schäftigung, da es weniger bewegungsintensiv ist als andere
Kampfsportarten und damit die Verletzungsgefahr weitaus
geringer ist. Und schließlich können vielleicht auch einige
aus der großen Zahl der Menschen mittleren Lebensalters,
denen Ruhe und Entspannung abhanden gekommen sind,
diese im Kyudo wiederfinden.

Entsprechend dem japanischen Sprichwort »Es ist besser,
etwas nur einmal zu sehen, als hundertmal davon zu hören«,
kann ich Ihnen nur empfehlen, sich Kyudo einmal anzusehen. Da dies bisher noch schwieriger ist, als etwa beim Judo
oder Karate zuzusehen, finden Sie im Anhang dieses Buches
Kontaktadressen für Kyudo, bei denen Sie sicherlich erfahren können, wo in Ihrer Gegend Kyudo betrieben wird.

Abb. 20: Tsumeai, die 6. Phase beim Kyudo. Wenn die Sehne ihre höchste
Spannung erreicht, sollte der Geist des Bogenschützen mit dem
Ziel einswerden. *(Archiv des Autors)*

16 Kendo: Fechten im Rock

Während der Meiji-Epoche reisten einzelne Meister durch das Land und hielten gegen Geld Schwertvorführungen ab, wodurch das Kendo nicht völlig in Vergessenheit geriet. Das Umherziehen großer Meister der Kampfkünste hatte schon eine lange Tradition. Sobald jemand Meister einer Schule geworden war, zog er durchs Land, um andere Schulen kennenzulernen und sich dabei selbst zu vervollkommnen. *Mushashugyo*, das Wandern der Ritter, ist ein bekannter japanischer Begriff.

Als sich einige Zeit später der alte Traditionssinn wieder durchsetzte, wurde Kendo sogar in das Schulprogramm aufgenommen. Über das genaue Datum existieren unterschiedliche Meinungen.

Während westliche Experten glauben, daß das Kendo 1890 zusammen mit dem Judo infolge eines kaiserlichen Reskripts über die Erziehung in den Lehrplan aufgenommen wurde, nennen die Japaner das Datum 1871 (Gründung des Erziehungsministeriums).

Mir scheint das spätere Datum wahrscheinlicher, denn es entspricht nicht dem Zeitgeist der beginnenden Meiji-Epoche, der geprägt war durch den großen Umbruch und mangelndes Nationalbewußtsein, das Schwertfechten in ein Schulprogramm aufzunehmen. Weiterhin spricht für das spätere Datum das 1876 erlassene Verbot, Schwerter zu tragen. Die Vermutung liegt nahe, daß die Japaner, denen dieser Zeitraum ihrer Geschichte nicht sehr angenehm ist, das Datum etwas »vorverlegt« haben.

Während des Krieges zwischen Rußland und Japan gingen bereits viele der höheren Offiziere wieder dazu über, ihre westlichen Degen und Säbel gegen das traditionelle *Katana* einzutauschen.[62] 1909 wurde der erste Universitäts-Kendo-Verband gegründet. Diesem Datum folgte 1911 die Aufnahme des Kendo als Pflichtfach an Mittelschulen und 1928 die Gründung des allgemeinen japanischen Kendo-Verbandes.

Als die Amerikaner das Nachkriegsverbot, Kampfsysteme auszuüben, wieder aufhoben, wurden Kendo und Judo erneut in das Leibeserziehungsprogramm aufgenommen, diesmal allerdings nur als Wahlfach. Aber auch schon mit drei oder vier Jahren können Kinder in Japan Kendo erlernen *(Abb. 21)*. 1955 kämpften erstmals eine japanische und eine amerikanische Mannschaft gegeneinander. Die erste Weltmeisterschaft fand 1970 in Tokio statt.

Abb. 21: Japanische Kinder beim Kendo-Üben. *(Foto: S. Gragnato)*

Inzwischen gibt es sowohl eine europäische Kendo-Föderation als auch eine internationale, zwanzig Länder umfassende Föderation, Japan eingeschlossen. In Japan wird Kendo heute von über zwei Millionen Anhängern betrieben. Interessant an der jüngeren Geschichte des Kendo ist, daß es keine überragende Wegbereiterfigur besitzt wie Judo, Karate oder Aikido.[63]

Daß Kendo auch den Weg nach Deutschland fand, ist ein Verdienst des in mehreren Kampfsportarten hochgraduierten Gerd Wischnewski, der nach langem Japanaufenthalt 1966 nach Wiesbaden zurückkehrte. Seit dieser Zeit wird Kendo im Deutschen Judo-Bund betrieben. Vor allen Dingen durch die Arbeit des 1973 verpflichteten Bundestrainers Yasumasa Kaneda wurden die deutschen *Kendoka* international konkurrenzfähig, so daß sie 1977 auf den Europameisterschaften in Brüssel schon einen Titel erringen konnten.

Verständlicherweise kommt der Ausrüstung im Kendo große und wichtigere Bedeutung zu als in anderen Kampfsportarten. Ein kurzer Rückblick auf die Entwicklung der Rüstung sei erlaubt. Die alten und schweren Kriegsrüstungen *(Yoroi)* wogen 20 bis 30 Pfund, womit sie natürlich noch weitaus leichter waren als die europäischen Rüstungen dieser Zeit. Dieser Umstand veranlaßte die Samurai sogar, das Schwimmen mit voller Rüstung zu üben. Die Rüstung wurde vor jedem Gefecht im Knien angelegt, während ein zweiter Mann half, die zahlreichen Einzelteile durch Seidenbänder zu verbinden. Zu dieser Zeit bestand eine Rüstung aus mindestens 23 Einzelteilen. Durch diese bunten Seidenschnüre erlangte die japanische Rüstung eine einmalige Flexibilität und bot trotzdem ausreichend Schutz.

Das größte zusammenhängende Teil war die aus Eisen getriebene Brustplatte. Auffälligste Details 'der Rüstungen waren die furchteinflößenden Halbmasken *(Ho-ate)* zum Schutz der unteren Gesichtshälfte und der gewaltige Helm *(Kabuto)*.

Seit der Tokugawa-Periode läuft die Entwicklung der Rüstung zweigleisig. Die Kriegsrüstungen wurden durch die

Abb. 22: Thomas Preston (links), 5. Dan Kendo, mit der Schlagtechnik Hi-
dari-men. *(Archiv A. Trevisan)*

Verwendung kleiner, durch Ringe verbundener Metall- oder
Holzplättchen noch leichter. In Rüstungen, die wohl schon
ausschließlich der Sportausübung dienten, wurden diese
Plättchen bereits durch Leder- oder Bambusteile ersetzt.

Nachdem sich Kendo immer mehr zu seiner heutigen
Form entwickelte, paßte man auch die Rüstung dieser neuen
Form an. So war es nicht mehr nötig, wie auf dem Schlacht-
feld den Rücken und die Beine zu schützen, da man in der
Sportausführung nicht mehr auf diese Stellung schlug oder
etwa schoß. Auch der prachtvolle Helm, Schmuck und Sta-

Abb. 23: (links): Kriegsrü-
stung (Toshi-Gu-
soku) des
16. Jahrhunderts.
*(Archiv des
Autors)*

Abb. 24: (rechts): Moderne
Kendo-Rüstung
(Bogu) und
Übungsschwert
(Shinai). *(Archiv
des Autors)*

tussymbol seines Trägers, konnte einer einfacheren, leichteren Variante weichen. Gegen Ende des 19. Jahrhunderts finden wir schließlich schon eine Kendo-Rüstung, die sich von der heutigen kaum unterscheidet.

Zur modernen Rüstung *(Bogu)* gehört eine Baumwolljacke *(Keikogi)*, die bei den Schülern weiß und bei den Meistern schwarz ist. Einzelne Schülergrade sind, obwohl existent, nicht kenntlich gemacht. Die weite, rockähnliche schwarze Hose heißt *Hakama*.

All dies wird zusammen mit einem Kopftuch *(Tenugui)*, welches als zusätzliche Polsterung und »Schweißbremse« dient, unter der eigentlichen Rüstung getragen. Diese besteht im einzelnen aus: dem hängenden Bauch- und Hüftschutz *(Tare)*, der aus sehr dicker Baumwolle besteht, dem Brustpanzer *(Do)*, der aus einer Bambus-Leder-Verbindung besteht und schwarz lackiert ist, der Gesichtsmaske, die Helm und Halbmaske ersetzt hat und mit ihrem von innen gepolsterten Eisengitter einen guten Schutz darstellt. Seitlich von dieser Maske schützen Platten gegen Schulterschläge. Eine kleine Platte *(Tsuki)* schützt gesondert den Kehlkopf. Die schweren gepolsterten Lederhandschuhe *(Kote)* stellen die letzten Rüstungsteile dar. Sie bedecken Hände, Handgelenke und Unterarme. Daß diese Rüstung auch heute noch im Knien und nach genau vorgeschriebenen Regeln angelegt wird, ist teils Traditionssinn, teils Sicherheitsvorkehrung. Eine in Eile und Hektik angelegte Kendo-Rüstung kann sich im Kampf lösen und bietet somit keinen optimalen Schutz. Gefährlich ist Kendo eigentlich nicht, obwohl die Schläge mit voller Wucht ausgeführt werden. Ich selbst habe schon gesehen, daß *Kendoka* im Verlauf eines Gefechtes von der Wucht eines Schlages umgefallen sind. Die anfängliche Angst, wirklich hart getroffen zu werden, läßt nach, wenn man erst einmal Vertrauen zu der Rüstung gefaßt hat. Dazu kommt noch, daß man mit wachsendem technischem Können Treffer immer besser abwehren kann.

Zu der Rüstung muß man sich natürlich noch das Übungsschwert *(Shinai)* anschaffen. Die normalen Schwerter beste-

hen aus 32 Bambusstreifen in vier Schichten, wiegen etwa
500 g und sind 96 cm bis 1,10 m lang. Diese Streifen werden
durch wachsgetränkte Bänder zusammengehalten. Als
Handschutz dient eine 8 cm breite Scheibe *(Tsuba)* aus Pla-
stik oder Leder. Bei den alten Schwertern waren diese Schei-
ben aus Metall und beliebtes Objekt künstlerischer Verzie-
rungen. Daß ein Shinai nicht ewig hält, ist angesichts seines
Verwendungszweckes klar.

Die Anschaffung eines hölzernen Schwertes *(Bokuto)* oder
gar eines scharfen Metallschwertes ist für den Anfänger
nicht vonnöten. Für die komplette Rüstung müssen Sie mit
einem Anschaffungspreis von ca. 700 DM rechnen. Ein Shinai kostet etwa 60 DM. Da die Kosten einer neuen Rüstung
doch relativ hoch sind, sollte man sich in dem Verein seiner
Wahl für die ersten Probestunden vielleicht erst einmal eine
passende Rüstung leihen oder sich umhören, ob nicht eine
gebrauchte günstig zu erwerben ist.

Ziel des Kendo-Kampfes ist es, den Gegner mit dem Bam-
busschwert an bestimmten Stellen zu treffen oder seinem
Angriff auszuweichen. Aus dem frühen kriegsmäßigen
Schwertfechten, bei dem es eine Unzahl von Schlägen und
Varianten gab, sind heute noch sieben Schläge und ein Stoß
übriggeblieben:

1 *Shomen:*	ein Schlag auf die Mitte der Maske
2 *Hidari-men:*	ein schräger Schlag gegen die linke Seite der Maske;
3 *Migi-men:*	ein schräger Schlag gegen die rechte Seite der Maske;
4 *Migi-do:*	ein von oben geführter Schlag rechts gegen den Brustpanzer;
5 *Gyako-do:*	ein von oben geführter Schlag links gegen den Brustpanzer;
6 *Kote:*	ein Schlag auf das rechte Handgelenk oder den rechten Unterarm;
7 *Hidari-kote:*	ein Schlag auf das linke Handgelenk oder den linken Unterarm;

8 *Tsuki:*   ein Stoß gegen den eigens gepolsterten Kehlkopf oder Hals des Gegners.

Normalerweise werden die Schläge beidhändig ausgeführt, einhändiges Schlagen ist aber erlaubt. Die meisten dieser Schläge resultieren noch aus der Bauweise der alten Rüstungen. Der Schlag auf die Mitte des Helms war früher ausgesprochen gefährlich, da die alten Helme aus zwei Teilen bestanden und in der Mitte zusammengesetzt waren. Alle schrägen aufwärts oder abwärts gerichteten Schwerthiebe zielten damals auf die Schwachstellen der Rüstungen, die in den Verbindungs- und Nahtstellen bestanden.

Zu den genannten Angriffsmöglichkeiten gibt es rein defensive Abwehrblocktechniken, häufiger aber werden Abwehrmaßnahmen direkt mit neuen Angriffen kombiniert. Dieses Vorgehen, *Oji-waza* genannt, wird nach vier Ausführungsarten unterschieden:

1 *Nuki-waza:*   Man weicht dem Schlag des Gegners durch eine Körperdrehung aus und greift an.

2 *Suriage-waza:*   Der gegnerische Schlag wird nach oben abgelenkt und mit einem nach unten geführten Folgeschlag beantwortet.

3 *Kaeshi-waza:*   Der Schlag wird nicht abgelenkt, sondern blockiert. Aus der Blocksituation erfolgt der Gegenschlag.

4 *Uchiotoshi-waza:* Der Angriff des Kontrahenten wird nach unten abgelenkt und mit einem Aufwärtsschlag beantwortet.

Auch beim Kendo-Training wird die allen Kampfsportarten gemeinsame Gymnastik betrieben. Danach werden meistens verschiedene Schlag- und Blocktechniken ohne Rüstung und ohne Gegner ausprobiert. Im Mittelabschnitt eines Trainings legen die Kendoka ihre Rüstung an, um nach der zeremoniellen Verbeugung gegenüber dem Meister und Gegner *Kiri-kaeshi* zu üben. Kiri-kaeshi ist eine Folge von Schlag- und Abwehrtechniken, bei denen ein Partner nur angreift oder nur abwehrt. Bei diesem wechselseitigen Training können die typischen Kendo-Bewegungen, nämlich der schnelle »Vorwärts-Schrittsprung« zum Angriff und das verteidigende »Rückwärtsgehen«, gut geübt werden. Den Abschluß eines Trainings bildet der freie Kampf *Keiko,* der dieselbe Funktion wie das *Judo-Randori* hat (vgl. Seite 171). Natürlich gibt es auch im Kendo eine ganze Reihe von *Katas,* die der Kendoka anfänglich mit dem hölzernen Übungsschwert und später mit dem scharfen Schwert ausüben kann.

Ein Kendo-Wettkampf beginnt mit dem Ruf »*Hajime*«, was soviel heißt wie »Kämpft!« Auf einer 9 x 11 m großen Kampffläche wird normalerweise fünf Minuten gekämpft. Sobald einer der Kämpfer jedoch zwei volle Punkte erreicht hat, wird der Kampf mit dem Kommando »*Yame*« beendet. Ein Hauptkampfrichter und zwei Hilfskampfrichter haben über gültige oder ungültige Punkte zu entscheiden. Steht es nach Ablauf der Kampfzeit unentschieden, wird der Kampf um drei Minuten verlängert. Sollten die Kampfrichter jedoch der Meinung sein, daß die Kontrahenten gleich gut sind, können sie es auch bei dem Unentschieden belassen. Die den westlichen Zuschauer oft irritierenden Schreie des jeweilig Angreifenden haben zwei Funktionen. Die Schreie sind die Namen der Flächen an der Rüstung, die getroffen werden sollen. Nur mit der Nennung dieser Fläche, dem präzisen Schlag dorthin und der vorschriftsmäßigen Haltung kann ein Punkt gemacht werden. Zum anderen stellen diese Schreie, *Kiai* genannt, den Versuch dar, sich selbst Mut zu machen und den Gegner zu erschrecken.

Vielen Lesern wird der Kiai vielleicht eher aus dem Karate bekannt sein. Soll hier nach einer Konzentrationsphase, zum Beispiel vor einem Bruchtest, eine Aktion folgen, die die ganze zur Verfügung stehende Kraft verlangt, wird der Atem im Augenblick der Aktion in Form eines explosiven

Schreis ausgestoßen. Der Kiai sollte aus dem Bauch kommen, wo nach asiatischer Meinung die Energie ihren Sitz hat. Ein Kampfschrei, der aus der Kehle kommt, erfüllt nur zum geringen Teil seine Funktion, die darin besteht, mentale, physische und psychische Energie zu vereinigen. Ein wirklicher Kiai entspricht der schon so oft angesprochenen Körper-Geist-Harmonie. In den »äußeren« Kampfsystemen versucht man meistens, starke Angriffe während des eigenen Ausatmens in Form von Kiai vorzutragen. Optimal ist es, wenn dieser eigene Angriff in der Einatmungsphase des Gegners geschieht. Durch eine einzige Aktion kann ein Kampf entschieden werden. Dieses sogenannte »Durchbringen« einer starken, entscheidenden Technik ist in fast allen Kampfsystemen zu finden.

Wichtig ist hier allerdings, noch einmal darauf hinzuweisen, daß der Kiai weitaus öfter in »äußeren« Systemen als in »inneren« zu finden ist (vgl. Seite 60 f.). Viele »innere« Systeme (zum Beispiel T'ai Chi Chuan) fordern von ihren Schülern eine möglichst gleichmäßige Ein- und Ausatmung durch die Nase, damit der Übende während des gesamten Kampfgeschehens ruhig und ausgeglichen bleibt. Den bewußten Bruch des Atmungsrhythmus durch Kiai hält man hier nicht für vorteilhaft.

Doch zurück zum Kendo. Wenn Sie wirklich eine anregende Form körperlicher Bewegung suchen, kann ich Ihnen Kendo nur empfehlen, denn es verlangt außer einer großen Geschicklichkeit und Geschmeidigkeit auch die Fähigkeit, sich sehr schnell wechselnden Situationen anzupassen, was wiederum das Konzentrationsvermögen und die geistige Flexibilität fördert.

Offizielle japanische Definitionen von Kendo, seien sie nun vom japanischen Kendo-Verband oder vom Erziehungsministerium, betonen immer wieder, daß es Hauptziel des Kendo sei, den menschlichen Geist mit Hilfe der Schwertprinzipien zu schulen und die Ausbildung eines starken Charakters zu erzielen. Wer Kendo übt, lernt zugleich mit seinen Mitmenschen höflich, aber auch aufrichtig zu verkehren, und ist sich darüber bewußt, daß das »persönliche Lernen« nie ein Ende hat.

Einen direkten Wert für Ihre persönliche Selbstverteidigung sehe ich im Kendo-Training nicht, wenn man einmal davon absieht, daß es natürlich Schnelligkeit, Ausdauer und Gewandtheit fördert, Eigenschaften, die im Ernstfall immer von großem Nutzen sein können. Im allgemeinen aber sind die Kendo-Techniken für die Verteidigung auf der Straße nicht geeignet, da sie an die Waffe gebunden sind. Einen Stockschirm oder gar einen Besenstiel pflegen wir ja normalerweise nicht ständig bei uns zu tragen.

17 Aikido: die Primaballerina der Kampfkünste

In der zweiten Hälfte des 19. Jahrhunderts eröffnete Sogaku Takeda, der 32. in der Linie der Takeda-Familie (vgl. Seite 147), nachdem er sich entschlossen hatte, dieses Familien-kampfsystem wieder neu erstehen zu lassen, in Hokkaido seine Schule, die »Daito-Ryu«. Diese Schule besuchte Morihei Uyeshiba. Der 1883 geborene Uyeshiba besaß schon Erfahrungen mit anderen Kampfsystemen. Bereits im Alter von dreizehn Jahren erlernte er das Ju-Jutsu der »Kito-Ryu« und beschäftigte sich intensiv mit dem Speer- und Schwert-fechten. Aber aufgrund seiner eher schwächlichen Konstitu-tion erschienen ihm all diese Systeme zu hart und kraftbe-tont.

1919 schloß er diese Schule ab in dem Bewußtsein, ein System erlernt zu haben, welches zwar »weicher« war als die ihm bereits bekannten, seinen Vorstellungen aber den-noch nicht voll und ganz entsprach.

Uyeshiba verließ Hokkaido und traf in Ayabe, einem Be-zirk Kiotos, den Priester Deguchi, der Oberhaupt einer Sekte namens »Omoto-Kyu« war. Diese Sekte hatte shintoistische und taoistische Ansichten, weniger zen-buddhistische, zu ihrem Glaubensbekenntnis gemacht.

Durch diese Begegnung wurde Uyeshiba klar, was er in allen Kampfsystemen seit Jahren vermißt hatte. Das philoso-phisch-pädagogische Element schien ihm nicht deutlich ge-nug hervorzutreten. Die Hauptbegriffe der »Omoto-Kyu«, die uns schon in den Kapiteln über Taoismus und Shintoismus begegnet sind, wie Einheit von Körper und Geist, Lebensenergie und kosmische Vitalität, übten auf Uyeshiba großen Einfluß aus. Uyeshiba ließ sich in Ayabe nieder, um Kontakt zum Priester Deguchi zu behalten. Nach Jahren der Gespräche, der Meditation und der Besinnung soll Uyeshiba eine Erleuchtung erlebt haben. Ob damit so etwas wie *Satori* gemeint ist oder eine Form von Selbsterkenntnis, wie wir sie von vielen christlichen Mystikern kennen, wird nicht berichtet. Die gesamte Persönlichkeit Uyeshibas macht es allerdings wahrscheinlich, daß dieses Erlebnis ihn zutiefst berührt und beeinflußt hat. Wenn Uyeshiba selbst davon sprach, sagte er immer, daß dieser Vorgang ihm eine umfassende Einsicht in die kosmischen Zusammenhänge und den Willen Gottes gegeben habe.

Von Stunde an übertrug er diese Erkenntnis auf seine Vorstellung von Kampfsystemen – der Begriff »Kampf« ist seit diesem Zeitpunkt schon nicht mehr treffend – und erhöhte dadurch das *Aiki-Jutsu* zum *Aikido*, dem Weg der Harmonie.

Im Alter von 41 Jahren verließ er den Kreis um Deguchi in Ayabe, um nach Tokio zu gehen, wo er 1927 seine eigene Schule »Kobukan« eröffnete. Durch diesen Schritt sollte Uyeshiba für das Aikido eine ähnliche Bedeutung erlangen wie Kano für das Judo. In dieser frühen Phase lief die Entwicklung von Judo und Aikido sowieso Hand in Hand, denn die Schüler von Uyeshibas Schule waren in erster Linie Judo-Meister, die vom neuen System Uyeshibas, welches, wie er sagte, nur aus seiner Überlegung und der Ruhe des Geistes entstanden war, begeistert waren.

Wie ernst es Uyeshiba mit seinen Ideen von Harmonie und Frieden meinte, erkennt man unter anderem daran, daß er sich einem idealistischen Unternehmen anschloß, das allerdings von vornherein kaum Aussicht auf Erfolg hatte:

Zusammen mit einigen Männern wollten er und Deguchi 1934 versuchen, den Konflikt und den sich schon abzeichnenden Krieg zwischen der japanischen und chinesischen

Armee in der Mongolei zu beenden. Sie wollten eine japa-
nisch-chinesische Vereinigung bewirken, um auf dem Gebiet der Mongolei einen Staat im Sinne ihres Glaubens zu
gründen. Die Delegation wurde gefangengenommen und
konnte nur nach sehr feinfühliger japanischer Intervention
nach Japan zurückkehren.

Noch vor dem Zweiten Weltkrieg gründete der Meister
eine neue, größere Schule in Iwama bei Tokio, wo er nach
der Zwangspause durch den Krieg und nach Aufhebung des
Kampfsportverbots der Amerikaner bis zu seinem Tod 1969
lehrte. Sein Sohn Kisshomaru trat in die Fußstapfen des
86jährigen und leitet das »Kobukan-Dojo« bis zum heutigen
Tag. 1948 wurde der japanische Aikido-Verband (»Aikikai«)
gegründet. Noch auf Anweisung Uyeshibas verbreiteten
mehrere seiner Meisterschüler Aikido in Amerika und dann
auch in Europa. Außerhalb Japans wurde Aikido erstmals in
Hawaii durch den Träger des 8. Dan im Aikido, Koichi Tohei,
vorgestellt.

Sehr wichtig für die Verbreitung des Aikido in Deutschland ab 1955 war und ist der in Düsseldorf unterrichtende
Meister Katsuaki Asai, 7. Dan Aikido. In den Anfängen der
sechziger Jahre wurde Aikido auch durch den schon genannten Gert Wischnewski publik gemacht, zu dessen Lehrern neben anderen Meister Uyeshiba selbst gehörte. Nebenbei sei bemerkt, daß Wischnewski mit dem 2. Dan Kendo, 1. Dan Karate, 2. Dan Judo und 3. Dan Aikido wohl zu
den vielseitigsten deutschen Budo-Sportlern zu rechnen ist.
Die Aufnahme des Aikido als eigenständige Sektion innerhalb des Deutschen Judo-Bundes geschah 1966.

Die Technik des Aikido sieht sehr leicht aus, ist aber sehr
schwer zu erlernen. Meistens werden die Gegner durch
einen Hebelgriff am Handgelenk in Kreis- oder Drehbewegungen gezogen. Die in diesen spiralenförmigen Bewegungen entstehenden Zentrifugal- und Zentripetalkräfte bringen den Angreifer aus dem Gleichgewicht. Mit Hilfe eines
weiteren Hebels, der oft auch plötzlich entgegengesetzt zur
Bewegungsrichtung angesetzt wird, oder durch einen Wurf

wird der Gegner zu Boden gezwungen, wo er mit einem
Arm- oder Handgelenkhebel kontrolliert wird. Wie Sie
schon aus dieser Kurzbeschreibung ersehen können, ist im
Aikido die Bewegung ausschlaggebend, während die Kraft
eine sehr untergeordnete Rolle spielt. Tritte oder Schläge
werden im modernen Aikido nicht angewandt, ein Hauptun-
terschied zum koreanischen Hapkido, mit dem es sonst viele
Techniken gemein hat.

Die wichtigsten Grundtechniken im System von Uyeshiba
teilt man in vier Wurfgruppen und in vier Halte-Hebel-
Gruppen ein.

1. *Shiho-nage* (Vier-Richtungs-Würfe)
   Nach einer ganzen Drehung kann der Angreifer in vier
   mögliche Richtungen geworfen werden.
2. *Irimi-nage* (Eingangs- oder Eindrehwürfe)
   Einem seitlichen Ausweichen folgt das »Einwickeln« des
   Gegners in die eigene Drehbewegung. Die dann folgende
   plötzliche Bewegung in Gegenrichtung bringt den Gegner zu Fall.
3. *Kaiten-nage* (Schleuderwürfe)
   Ein Schlag des Angreifers wird nach unten weitergelenkt,
   und der Gegner wird durch zusätzliches Verdrehen des
   Handgelenks zum Überschlag nach vorn gezwungen.
4. *Kote-gaeshi* (Handgelenkaußendreh-Würfe)
   Der Gegner wird durch Verdrehen des Handgelenks gegen seine eigentliche Bewegungsrichtung geworfen. Insbesondere bei dieser letzten Gruppe von Würfen wird
   deutlich, daß der Angreifer fast mitspringen muß, um sich
   dem Bruch seines Handgelenkes zu entziehen.

Zu den Bodentechniken zählen:

1. *Ude-osae* (Armstreckhebel)
   Diese Hebel zielen bei einer Überstreckung des gesamten
   Arms auf das Ellenbogengelenk ab.
2. *Kote-mawashi* (Armdrehhebel)

Arm und Handgelenk werden durch Drehung und Beu-
gung fixiert.
3. *Kote-hineri* (Handdrehhebel)
Der Gegner wird durch Verdrehung der Hand kontrolliert.
4. *Tekubi-osae* (Drehhebel)
Der Arm des Angreifers wird gebeugt und auf den Rük-
ken gedreht, wobei ein Druck auf das Schultergelenk entsteht. (Eine Variante dieses Hebels ist der allen bekannte
»Polizeigriff«.)

Zu diesen Grundtechniken gibt es natürlich wie in den anderen Kampfsportarten eine große Zahl von Variationen.

Aus der geschilderten Technik des Aikido mögen Sie erkennen, daß beim Aikido-Kampf die Situation vor dem Zu-
griff des Gegners die wichtigste ist. (Während ja zum Beispiel beim Judo zuerst beide Kämpfer zufassen müssen, bevor sie mit einer Aktion beginnen können.) Im Aikido-Trai-
ning werden deshalb *Kamae,* die Stellung zum Gegner,
Ma-ai, die Entfernung zum Gegner, *Irimi,* das »Hineinge-
hen« in den Angriff, und *Sabaki,* die kreisende Bewegung,
besonders geübt.

Weiterhin wird die aikido-spezifische Fallschule geübt,
die im Gegensatz zu den im Judo dominierenden »harten«
Fallübungen, die durch seitliches Aufprallen und Aufschla-
gen mit dem gesamten Arm die Wucht des Falles »verteilen«
wollen, rollende Bewegungen bevorzugt. Dojo, Matten, Gra-
duierung und Ausrüstung gleichen dem Judo, einziger äu-
ßerlicher Unterschied ist, daß die Meister den schwarzen
Hosenrock *(Hakama)* tragen.

Im traditionellen Uyeshiba-Aikido gibt es keine öffentlichen Wettkämpfe, da Uyeshiba der Meinung war, Begriffe
wie »Sieg« oder »Niederlage« seien in seinem System über-

Abb. 25: Meister Asai, 7. Dan Aikido, bei der Vorführung von Kote-gaeshi.
(Archiv Katsuaki Asai)

Abb. 26: Demonstration einer Aikido-Wurftechnik. *(Archiv A. Trevisan)*

wunden. Inzwischen hat sich jedoch mit dem Tomiki-Aikido
eine Richtung herausgebildet, die dem Wettkampf nicht
mehr ablehnend gegenübersteht. Kenji Tomiki war Professor für Turnunterricht an der Waseda-Universität und stu-
dierte 1930 Aikido unter Meister Uyeshiba, nachdem er unter Jigoro Kano den 5. Dan im Judo erreicht hatte.
Im Tomiki-Aikido gibt es vier unterschiedliche Ausführungsarten.

1. *Tanto-Randori.* Ein Angreifer ist mit einem Gummimesser
   bewaffnet und muß vom Verteidiger abgewehrt werden.
   Der Verteidiger erhält Punkte für seine Abwehrmanöver,
   der Angreifer für Treffer mit dem Messer.
2. Den *Kata*-Wettkampf, bei dem bewertet wird, wer die Bewegungen am genauesten und harmonischsten aus-
   führt.
3. Das *Nino-Dori,* in dem sich ein Kämpfer über drei Minuten lang gegen zwei Angreifer verteidigen muß. Die Richter bewerten sowohl den Verteidiger als auch die Angreifer.
4. Im *Kyoki-Randori* schließlich treten zwei unbewaffnete
   Gegner gegeneinander an und müssen zwei Punkte erreichen, die für die perfekte Anwendung der Techniken vergeben werden können. Gewonnen hat der, der zuerst
   zwei Punkte erreicht oder nach drei Minuten vorne liegt.
   Bei einem Gleichstand endet der Kampf unentschieden.

Sogenanntes »hartes« Aikido, wenn es das überhaupt gibt,
ist das 1955 von Gozo Shiodo gegründete *Yoshinkai.*
Während in Japan schon seit längerem verschiedene Formen des Aikido nebeneinander existieren, wird in Deutschland vorwiegend das traditionelle Uyeshiba-System gelehrt.
Wahrscheinlich würde das Aikido ähnlich wie das Bogenschießen (Kyudo) populärer, wenn es wettkampfmäßig betrieben würde. Auf der anderen Seite passen Begriffe wie
Tabellen, Punkte und Meisterschaften eigentlich nicht zu
einem System, welches ich eher als eine Art »Lebensphiloso-

phie« mit fast psychotherapeutischem Charakter sehe, das sich mit seiner Tendenz zur Harmonie und Ruhe eigentlich besser in die Nähe von autogenem Training rücken ließe als in die der Kampfsportarten.

Ähnlich wie beim chinesischen T'ai Chi kann man die gute Aikido-Vorführung fast als Tanz bezeichnen. Eine Schulung im Aikido vermittelt ein ausgezeichnetes Körper- und Bewegungsgefühl. (Mir sind einige Schauspieler bekannt, die sich aus diesem Grund intensiv mit dem Aikido beschäftigt haben.) Und hier sind wir eigentlich beim wichtigsten Aspekt des Aikido, nämlich bei dem Versuch, die Diskrepanz zwischen Körper und Geist aufzuheben, um dadurch die Einbettung in Natur und Welt zu erfahren. Das Ausführen der Aikido-Techniken sollte nur Hilfsmittel sein: ein Hilfsmittel, die zu erlernende Harmonie der Körperbewegung in eine geistige Ausgeglichenheit zu verwandeln, aus der Aggressions- und Angstlosigkeit resultieren können. Meiner Meinung nach hat es Uyeshiba auf faszinierende Weise geschafft, seine ursprünglichen Motive und Zielvorstellungen im Aikido zu verwirklichen. Ich glaube, daß im Aikido die Entsprechung von Theorie und Praxis am überzeugendsten ist. Die Aikido-Techniken sind so ausgelegt, daß sie sehr dosiert eingesetzt werden können. Es geht dem Aikido-Kämpfer nicht darum, einen Angriff möglichst hart und kompromißlos zu beantworten, denn er sieht in einem Gewaltakt eine Perversion natürlichen Verhaltens, die wiederum Folge irgendeiner Form von Disharmonie ist. Nach Uyeshibas Forderungen sollte der *Aikidoka* einem Menschen, der sich solchermaßen disharmonisch verhält, eher helfen, als ihn noch weiter zu schädigen. Uyeshiba war allerdings realitätsbezogen genug, um zu wissen, daß ein »totaler Pazifismus« dem natürlichen Instinkt des Menschen, sich selbst zu verteidigen, widerspricht. Insofern sind die Aikido-Techniken darauf eingerichtet, dem Gegner nur so weit Schmerzen zuzufügen, wie es erforderlich ist, um sich selbst zu verteidigen und den Angreifer unter Kontrolle zu behalten.

So stellt Aikido neben seinen schon genannten Vorzügen
eine humane und trotzdem effektive Form der Selbstverteidigung dar. Alle Aikido-Griffe lassen sich zum Beispiel auch
gegen bewaffnete Angreifer anwenden. Man muß jedoch
darauf hinweisen, daß es leichter zu erlernende Selbstvertei-
digungssysteme gibt, die man im Ernstfall vielleicht schon
nach ein oder zwei Jahren Training mit Erfolg einsetzen
kann. Mit ein oder zwei Jahren ist es im Aikido jedoch nicht
getan. In der Notsituation verlangen die komplizierten
Kreisbewegungen sehr viel Erfahrung und Geschick. Das
»weiche« Auffangen eines Angriffs und die Umsetzung in
eine Drehbewegung verlangen ein großes und ausgeprägtes
Einfühlungsvermögen, welches man nur nach mehreren
Jahren der Übung erlangen kann. Einmal erlernt, stellt Aikido, da der Kraftaufwand minimal ist, auch für Frauen eine
praktikable Verteidigung dar.[64]

Die im Kampfsport bekannten Sätze »In der Kunst des
Kämpfens handelt es sich nicht um Sieg oder Niederlage«
und »Die Niederlage ist ein Sieg« sind im Aikido auf vorbild-
liche Weise verwirklicht.

18 Karate: die Kraft der leeren Hand

Daß das heute auch im Westen so populäre Karate als letzte der Kampfsportarten behandelt wird, liegt daran, daß es unter diesem Namen nicht zu den Kampfkünsten der Samurai zählte und seine moderne Geschichte noch nicht sehr weit zurückreicht. Seine Urformen liegen im Shaolin Kung-Fu und im *Tang-Te* der Okinawa-Inseln.

1917 erhielt einer der wichtigsten Wegbereiter des modernen Karate, Gichin Funakoshi, ein Einwohner Okinawas, vom japanischen Erziehungsministerium eine Einladung, seine Kunst in Japan vorzuführen. Einige Fachleute behaupten allerdings, daß tödliche Nahkampftechniken schon 1916 in Kioto unter dem Namen *To-de* demonstriert wurden. Funakoshi jedenfalls, der schon in Okinawa eine Tang-Te-Schule geleitet hatte, hatte mit seinen Vorführungen so viel Erfolg, daß er sich 1922 in Japan niederließ. Aus dem Ju-Jutsu waren den Japanern neben den Würfen zwar auch Tritte und Schläge bekannt, aber ein System, was ausschließlich aus diesen Techniken bestand, war auch für sie ziemlich neu und ungewohnt. Acht Jahre später gab es mehrere Meister aus Okinawa, die in Japan unterrichteten.

1936 gründete Funakoshi eine eigene Schule in Tokio, der er den Namen »Shotokan« gab. Über diesen Namen wird viel gerätselt. Einmal behauptet man, »Shoto« wäre der Spitzname Funakoshis gewesen, während »Kan« eine der vielen Bezeichnungen für Schule oder System wäre. Da Fu-

nakoshi aber selbst immer darauf verwies, es gäbe »nur«
Karate und keine variierenden Systeme oder Richtungen,
könnte man den Namen »Shotokan« auch nach seinen Silben aufteilen: »Sho« = Kiefer, »To« = Welle, »Kan« = Haus.
Vielleicht bezog sich diese Namensgebung auf den Standort
seines Hauses. Ich halte dies für wahrscheinlicher, denn
ebenfalls 1936 änderte Funakoshi den Namen *Tang-Te* in
Karate bzw. *Karate-Do* um. (Wer heute von Karate spricht,
meint in der Regel ja »Karate-Do«.)

Die Namensänderung dürfte zweierlei Gründe gehabt haben. Da das Tang-Te in Okinawa nie sehr mit Philosophie
verbunden war, wollte Funakoshi mit der Namensänderung
wohl auf den neuen Zusammenhang hinweisen, in dem sein
System von nun an zu sehen war. Darauf weist sowohl die
bekannte Endsilbe »Do« (der Weg) hin als auch der Begriff
»Kara«, der einmal »leer« heißt, im philosophischen Verständnis aber auch »Leere«, im Sinn von »frei von störenden
Faktoren«, bedeuten kann.

Der zweite Grund dürfte der erwachende Nationalismus
Japans mit seiner Chinafeindlichkeit gewesen sein, der ja
ein Jahr später zum Krieg führen sollte. Diese Einstellung
wird sich auf Funakoshi übertragen und ihn veranlaßt haben, das chinesische »Tang« durch das japanische »Kara«
zu ersetzen. Das *Shotokan-Karate* wird heute im allgemeinen als traditionelles japanisches Karate bezeichnet, obwohl es erst zu einem sehr späten Zeitpunkt nach Japan
gelangte und erst durch Funakoshi eigentlich japanisch
wurde. Karate ist ursprünglich nicht in Verbindung mit dem
Zen-Buddhismus oder den Samurai zu sehen, weil es als System zu jung ist. Den Japanern ist es allerdings sehr schnell
gelungen, diesen zeitlichen und ideologischen Unterschied
auszugleichen und die Ideen des Zen auch für das Karate
verbindlich zu machen.

Nach dem Zweiten Weltkrieg eröffnete Funakoshi 1947
seine Schule erneut und lehrte dort bis zu seinem Tode 1960.
Gichin Funakoshi folgten mehrere Meister, die maßgeblich
an der Entwicklung des Karate in Japan beteiligt waren.

1948 wurde die japanische Karate-Vereinigung gegründet.
Heute ist Karate, was seine internationale Organisation be-
trifft, eine der unübersichtlichsten Kampfsportarten der
Welt.
Diese Unübersichtlichkeit ist Folge der zahlreichen Stilrichtungen, die es im Karate gibt. Um einen ungefähren
Überblick zu ermöglichen, kann man vielleicht aufteilen in
die Richtungen, die mehr auf Okinawa beschränkt blieben
und zu deren Hauptvertretern die »Isshin-Ryu«, »Shorin-
Ryu«, »Uechi-Ryu«, »Kobayashi-Ryu« und »Matsubayashi-
Ryu« gehören, und die bei uns bekannteren japanischen Varianten. Zu diesen gehören »Shotokan«, das in erster Linie
für kräftige, muskulöse Männer geeignet ist, denn durch die
starken Abwehrblockbewegungen und die oft niedrige Ab-
wehrstellung wird viel Kraft und physische Kondition benö-
tigt. Im »Wado-Ryu« ist Kraft auch von Vorteil, sollte aber
mit Flexibilität gepaart sein, da das »Wado-Ryu« weniger
statisch ist als das »Shotokan«. Unter anderem wird dies
auch durch die Atemweise deutlich. Während eine starke
rhythmische Atmung (Kiai) die Shotokan-Techniken begleiten sollte, wird im »Wado-Ryu« gleichmäßiger und leiser geatmet.
Das »Shukokai-Karate« ist auch für Frauen und Kinder
sehr gut geeignet, da es vorwiegend Techniken aufweist, die
große Geschicklichkeit und Dehnbarkeit verlangen. »San-
kukai« ist wohl die Methode im Karate, die am wenigsten
Kraft erfordert, und daher ebenfalls für das weibliche Ge-
schlecht sehr geeignet. Tiefe Abwehrstellungen, die die
Beinmuskulatur stark belasten, werden hier ebenso wie starke Blocktechniken vermieden. In der Trainingsarbeit werden hohe und natürliche Positionen eingenommen, vermehrt
hohe Beintritte angewandt und die Blocktechniken weitestgehend durch Ausweichübungen ersetzt.
Die Stilrichtung, in der statische und flexible Elemente am
besten gemischt sind, ist das »Goju-Ryu«. In die Praxis um-
gesetzt heißt das, einer harten Technik wird eine weiche
Abwehr entgegengesetzt, ein weicher Angriff wird hart ge-

kontert. Sie merken schon, daß chinesische Einflüsse (Yin/ Yang) in dieser Karateart dominieren. Der 1909 geborene Gründer des »Goju-Ryu-Karate«, Gogen Yamaguchi, hat sich nach eigenen Aussagen sowohl vom Zen und Yoga als auch vom Taoismus und Shinto beeinflussen lassen. Heute unterrichten seine drei Söhne diese Richtung in Amerika, aber auch bei uns ist »Goju-Ryu« relativ verbreitet. Yamaguchi, der den Spitznamen »die Katze« trägt, was einiges von seinen Fähigkeiten ahnen läßt, hat sich inzwischen vom öffentlichen Leben zurückgezogen, um sich mehr der Meditation widmen zu können.

Eine der härtesten Arten des klassischen Karate stellt das »Kyokushinkai« dar. In einem Wettkampf ist eine Vielzahl von Körpertreffern erlaubt, was zum Beispiel im »Shotokan« nicht der Fall ist. Außerdem gehört der Bruchtest *(Tameshiwari)* zum Wettbewerbsprogramm. Das Zerschlagen von Holz oder Steinen nimmt bei den verschiedenen Richtungen einen unterschiedlichen Stellenwert ein. Bei einigen Stilen gehört es zum Prüfungsstoff, bei anderen wird es selten oder gar nicht praktiziert.

Zu diesen anderen Richtungen zählt auch das »Shotokai«, dessen bekanntester Vertreter Meister Egani war, der seinen Schülern immer wieder erklärte, daß man schließlich nicht gegen Bäume oder Steine kämpfe, sondern gegen Menschen. An der richtigen Stelle plaziert, braucht ein Schlag gar nicht die Wucht zu haben, die nötig ist, um Holz oder gar Steine zu brechen.[65] Das »Shotokai« trägt dieser Erkenntnis Rechnung, indem es seine Schüler anleitet, bei den meisten Faustschlägen das mittlere Glied des Zeigefingers herausstehen zu lassen, wodurch sich die Aufschlagwucht, ähnlich wie bei einer Pistolenkugel, auf eine sehr kleine Fläche konzentriert. Dasselbe gilt für Fingerstiche.

Nachdem Sie nun einen kleinen Eindruck von der Vielfalt des Karate bekommen haben, möchte ich Ihnen eine etwas genauere Beschreibung der Karate-Technik geben, und zwar anhand des »Shotokan«-Stils, da er in Deutschland nach wie vor der verbreitetste ist.

Im *Shotokan* werden präzise Schläge, Stöße und Tritte ausgeführt, die sowohl im Training als auch im Kampf Zentimeter vor dem Ziel gestoppt werden müssen, was eine große Selbstdisziplin und extreme Körperbeherrschung verlangt. Obwohl Karate zu Recht als das härteste Selbstverteidigungssystem gilt, ist es, wenn es traditionell im sportlichen Wettkampf ausgeführt wird, nicht so verletzungsintensiv wie zum Beispiel Judo oder Ringen, da es ja zu keinem Körperkontakt kommen soll (vgl. Seite 173).

Die meisten einzelnen Aktionen des Karate sind in ihrem koordinativen und motorischen Ablauf nicht sehr kompliziert, müssen aber ähnlich wie bei anderen Kampfsportarten ständig neu geübt werden, damit sie zu angelernten Reflexbewegungen oder sogenannten »Automatismen« werden. Es handelt sich hierbei um Verhaltensmuster, die, einmal antrainiert, in so kurzer Zeit vom Gehirn abgerufen werden können, daß sie Reflexe zu sein scheinen, was sie natürlich nicht sind. (Sportreporter, die begeistert von einer »Reflexbewegung« sprechen, sollten sich die sportmedizinischen Zusammenhänge einmal klarmachen. Ein echter Reflex stellt sich zum Beispiel ein, wenn Ihnen der Arzt mit einem Gummihämmerchen vors Knie schlägt.)

Es gibt im Karate ca. 25 Hand- und 10 Fußtechniken, für die es jeweils auch die passende Abwehr gibt. Die Handangriffstechniken unterscheiden sich in: Handkantenschlag *(Shuto)*, Fauststöße *(Tsuki)*, Fingerstöße *(Nukite)*, Handballenstöße *(Shotei)*, Ellbogenstöße *(Empi)*, Rückhandschläge *(Uraken)*, Knöchelstöße *(Seiken)*.

Handabwehren dazu sind fast immer Blöcke mit der Innen- oder Außenseite des Unterarms. Zu den wichtigsten Fußtechniken gehören der Vorwärtstritt mit dem Fußballen *(Mae-geri)*, Tritt mit dem Spann *(Kin-geri)*, der Rückwärtstritt mit der Ferse *(Ushiro-geri, Abb. 27)*, der Fußaußenkantentritt *(Yoko-geri)*. Mit ähnlichen Tritten wird bei der Abwehr versucht, das Bein des Angreifers zur Seite zu »fegen«, bevor es trifft. Kreisförmige Bewegungen sind sehr selten, die Techniken des Karate, insbesondere des Shotokan, sind

sehr linear und direkt. Im Gegensatz zum Boxen hat Karate
den Vorteil, daß es weitaus mehr Körperteile zum Schlagen
und Treten einsetzt. Ein Nachteil ist natürlich, daß es keine
Techniken kennt, mit denen man einen einmal abgewehrten
Angreifer kontrollieren kann. Kritiker des Karate behaupten,
daß der *Karateka* sich deshalb von vornherein so verteidigt,
daß eine anschließende Kontrolle nicht mehr nötig ist! Hier-
vor ist zu warnen! Mir persönlich ist ein Fall bekannt, in dem
ein hochgraduierter Karateka den Angriff mit einer Fahrrad-
kette durch einen Handkantenschlag abstoppte, der beim
Angreifer einen Schädelbruch zur Folge hatte.

Abb. 27: Hans Wecks, 4. Dan Shotokan-Karate, zeigt einen Rückwärtstritt
mit der Ferse. *(Foto: Bilderwerkstatt Oberhausen)*

In der folgenden Gerichtsverhandlung attestierte man dem Karateka zwar, daß er sich in einer Notwehrsituation befunden hätte, warf ihm aber gleichzeitig vor, den Notwehrparagraphen falsch ausgelegt zu haben. Ein Sportler mit seiner Ausbildung müsse in der Lage sein, einen Angriff so abzuwehren, daß die Verhältnismäßigkeit der Mittel gewahrt bleibe. Von einem nicht im Karate ausgebildeten Mann sei dies nicht zu verlangen, da er die Wirkung seiner Verteidigung nicht einschätzen könne. Karate stellt somit eine ausgesprochen effektive Form der Selbstverteidigung dar, beinhaltet aber mehr als andere Kampfsportarten das Problem der rechten Dosierung der angewandten Mittel.

Extrem wichtig für alle Karate-Stile ist die Stellung der Beine. Stile mit vorwiegend engerer Beinstellung betonen den Beineinsatz, während man bei breiter Beinstellung auf vorwiegenden Armeinsatz schließen kann. Nur die breite Beinstellung ermöglichst es, eine Armtechnik mit Hüftrotation zu schlagen. Das biomechanische Prinzip der »Koordination von Teilimpulsen« kommt hier voll zur Geltung. Durch die Hüftrotation wird jeder Schlag mit dem ganzen Körper ausgeführt und nicht nur mit der Armmuskulatur.

Da es für den Karate-Sportler sehr wichtig ist, seine Schläge schnell und präzise auszuführen, werden diese im Training sehr oft wiederholt, was man als *Kihon* bezeichnet. Kihon kann ohne Partner geübt werden oder am *Makiwara*, einem gepolsterten Holzpfahl.

Weiterhin besteht das Training aus dem uns schon bekannten *Randori*, dem Nachahmen einzelner Techniken und Kombinationen, die der Lehrer demonstriert, und dem Üben der *Katas*, die neben den Einzeltechniken auch zum Prüfungsprogramm gehören. Im Gegensatz zu anderen Kampfsportarten gibt es im Karate aber auch den reinen Kata-Wettkampf. Hierbei führen alle Teilnehmer nacheinander oder paarweise in direktem Vergleich ihre Kata gegen einen imaginären Gegner vor. Fünf oder sieben Kampfrichter, je nach Art des Wettbewerbes, bewerten die Vorführungen nach folgenden Kriterien:

1. Ablauf der Kata,
2. Kontrolle der Kraft und Spannung,
3. Rhythmus und Geschwindigkeit,
4. Exakte Blick- und Bewegungsrichtung,
5. Ausdruck der besonderen Teile der Kata,
6. Stärke der Techniken,
7. Verständnis der Techniken,
8. Haltung und Kampfgeist.

Trotz dieser Kriterien geht in die Bewertung natürlich auch, ähnlich wie beim Eiskunstlauf, der subjektive Eindruck eines jeden Kampfrichters ein, wobei es allerdings zu bemerkenswerten Übereinstimmungen kommt. Leider erfreuen sich Kata-Wettbewerbe nicht so großer Beliebtheit wie der Freikampf.[66]

Die Technik selbst ist in der Kata allerdings viel sauberer und deutlicher zu sehen als im Zweikampf, da sie dort aufgrund zahlreicher Faktoren schnell unsauber oder überhastet ausgeführt wird. Der freie Kampf im Karate ist noch nicht sehr alt. Vor ca. 50 Jahren führte der schon erwähnte Gogen Yamaguchi das sogenannte »Abstoppen vor dem Ziel« ein und ermöglichte so das Kämpfen ohne zu große Verletzungsgefahr. Vor dieser Zeit hatte man nur Kata geübt oder einen formalisierten, abgesprochenen Kampf.

Der heutige Kampf *(Kumite)* wird auf einer 8 bis 10 m^2 großen Fläche ausgeführt, die nicht mit Matten ausgelegt ist, da Würfe außer gelegentlichen »Fußfegern« nicht vorkommen. Beurteilt wird der Kampf von einem Hauptkampfrichter und vier Eckenrichtern. Die große Zahl von Kampfrichtern ist wegen der enormen Geschwindigkeit der Aktionen nötig.

Ziel des zweiminütigen Kampfes (in Ausnahmen auch drei bis fünf Minuten) ist es, einen Punkt *(Ippon)* zu erzielen, worauf der Kampf sofort beendet ist, was auch nach zwei halben Punkten *(Waza-ari)* der Fall ist. Während sich diese Wettkampfform »Shobu-ippon« nennt, gibt es eine zweite, »Shobu-sanbon«, bei der zwei Punkte oder vier halbe Punkte erreicht werden müssen.

Steht der Kampf nach Ablauf der Zeit unentschieden, wird er in den meisten Fällen verlängert, es kann jedoch auch einer der beiden Kontrahenten durch Schiedsrichterurteil zum Sieger erklärt werden. Da alle Aktionen nur angedeutet werden, erfordert ein schneller Kampf von den Schiedsrichtern große Sachkenntnis. Punkte oder halbe Punkte werden vergeben, wenn die Schiedsrichter der Meinung sind, daß eine Aktion perfekt ausgeführt wurde, was im einzelnen bedeutet, daß sie technisch einwandfrei, kräftig und im richtigen Moment getätigt werden muß. Im Ernstfall würde das bedeuten, daß sie nicht mehr hätte abgewehrt werden können. Die Zahl der erlaubten Tritte und Schläge variiert je nach Stilrichtung sehr stark, lediglich Fingerangriffe gegen die Augen oder Tritte gegen den Unterleib des Gegners sind allgemein verboten.

Trifft ein Kämpfer seinen Gegner, weil er seine Technik nicht mehr stoppen konnte, wird er disqualifiziert. Diese harte Strafe ist angemessen, da die mit voller Wucht und Geschwindigkeit ausgeführten Tritte und Schläge zu schwersten Verletzungen führen können. In Japan dürfen aus diesem Grund nur Inhaber des höchsten Schülergurts und Schwarzgurtträger an Wettkämpfen teilnehmen, während in Europa auch Kämpfer mit niedrigerem technischen Niveau antreten können.

Nachdem Karate um 1950 durch heimkehrende Soldaten aus Okinawa und Japan nach Amerika kam und dort sehr schnell in das Ausbildungsprogramm militärischer Elitetruppen übernommen wurde, kam es Ende der fünfziger Jahre über Frankreich auch nach Deutschland, wo 1961 der Deutsche Karate-Bund (DKB) gegründet wurde. 1965 nahm der Deutsche Judo-Bund (DJB) Karate als Abteilung auf. In den folgenden Jahren bildeten sich durch zahlreiche Streitereien und Rivalitäten neue Vereine, Bünde, Dachverbände und Zusammenschlüsse, die einzeln aufzuführen hier nicht möglich ist. Größte deutsche Verbände sind heute der DKB und die Deutsche Karate-Union (DKU). Die völlig zerstrittene offizielle Repräsentation des Karate trifft jedoch nicht nur für die Bundesrepublik zu. Die augenblickliche Situation des Weltkarate ist in organisatorischer Hinsicht ebenso konfus und verwirrend wie bei uns und wird ausschließlich durch materielle und finanzielle Überlegungen bestimmt.

All diese Verbände haben ihre eigenen Meister- und Weltmeisterschaften. Die vielen Privatschulen, die verbandsfrei oder unter »Tarnverbänden« arbeiten, sind nicht mehr zu zählen. Dieser weltweite Wirrwar von Verbänden und Zuständigkeiten tut dem Karate einen großen Abbruch.

In Japan konkurrieren vier Verbände miteinander, in Deutschland mindestens drei, man kann allerdings nicht wissen, ob es morgen schon vier oder fünf sind, und aus Amerika kommen immer neue Verbände und leider auch neue Ausführungsarten des klassischen Karate dazu. »Kickboxen«, »Soft-Style«, »Hand-Style«, »Leichtkontakt«, »Vollkontakt« sind nur eine kleine Auswahl der neuen Trends. Meiner Meinung nach liegen die Ursachen für diese Entwicklung zum größten Teil in der Kommerzialisierung der Kampfsportarten.

Obwohl die asiatischen Kampfsportarten im Vergleich zu den populären Sportarten immer noch stark im Rückstand sind, haben gerade Karate und Kung-Fu aus den verschiedensten Gründen, die wir später noch etwas genauer betrachten wollen, einen relativ großen Aufschwung erlebt. Frühzeitig erkannte man jedoch, daß Karate für viele Zuschauer deshalb uninteressant ist, weil sie die Techniken, die zu Punkten führen, nicht erkennen können und deren Auswirkungen ja auch nicht sichtbar werden wie zum Beispiel beim Boxen. Hier täte Aufklärung darüber not, wieviel schwerer es ist, Schläge im Eifer eines Kampfes zu stoppen, und welche psychische Ausgeglichenheit und physische Kraft dazu gehören.

Ein völlig falscher Weg, Karate populär zu machen, sind die in erster Linie aus Amerika importierten Halb- und Vollkontaktsysteme, bei denen die »erzieherischen« Vorteile des klassischen Karate gänzlich wegfallen. Zusätzlich ist zu bemerken, daß es trotz leichter Panzerung der Kämpfer häufig zu schweren Verletzungen kommt. Diese Art und Weise, Karate zu praktizieren, ist eine schlechte Konzession an die Zuschauer, die dem seriösen Karate nicht dienlich ist und außerdem den Ausübenden dazu verleitet, sowohl sein Temperament als auch seinen Körper nicht zu beherrschen. Leider sind die geschilderten Tendenzen auch in Japan spürbar, wenngleich auch nicht so stark wie im Westen.

Vorurteile wie »Schlägersport« oder »Schule der Brutalität« können in bezug auf Karate nur abgebaut werden, wenn man aufhört, »überlegene« Systeme anzupreisen, und bereit ist, auf wachsende Zuschauerzahlen zu verzichten, wenn diese nur durch »Blut« zu erreichen sind. Leider, glaube ich, ist der Karatesport in seiner Gesamtheit, die positiven Ausnahmen einmal ausgenommen, heute von dem, was er leisten könnte, und von dem, was seine ursprüngliche Intention seit der Zeit Funakoshis war, weit entfernt.

Aber auch hier kann ich Ihnen nur raten, für sich selbst zu entscheiden, was Sie durch die Ausübungen einer Sportart erreichen wollen. Schließlich sollte man sich vom oberflächlichen Bild, in dem sich eine Sportart repräsentiert, nicht täuschen lassen. Man kann auch im Karate all das finden und erfahren, was in anderen asiatischen Kampfsportarten steckt. Bei der Auswahl Ihres Lehrers oder Ihrer Schule sollten Sie dennoch vorsichtig sein und verschiedene Angebote testen, bevor Sie sich endgültig entscheiden.

IV. Teil:

Die Niederlage ist ein Sieg

19 Etikette im Kampfsport –
Fessel oder Befreiung?

Bei aller Unterschiedlichkeit in der technischen Ausführung
der einzelnen japanischen Kampfsportarten haben sie doch
einiges gemeinsam, was sie als Gruppe deutlich von anderen Sportarten absetzt. Neben den sofort auffallenden ver-
bindenden Faktoren wie *Dojo*, Kleidung, Graduierungssystem usw. sind dies auch gemeinsame Züge in philosophischer, psychologischer und pädagogischer Hinsicht. Letztlich kann uns nur eine differenzierte Klärung dieser Zusammenhänge tieferen Einblick in die Kampfsportarten als Ganzes geben. Ich will versuchen, die oftgestellte Frage »Was ist
denn nun eigentlich anders am Karate als am Fußball?« im
letzten Teil dieses Buches klar und allgemeinverständlich zu
beantworten.

»Wer die Formen nicht achtet, wird niemals vollendet werden.« Dieser uralte Satz des Konfuzius ist kennzeichnend für
die japanische Grundhaltung zur Welt. Die japanische Kultur ist kaum zu begreifen ohne ein Verständnis der konfuzianischen Etikette, dieses Kodexes der Höflichkeit, den Inatzo
Nitobe[67] als eine Tugend der Samurai bezeichnete.

Wir müssen uns allerdings davor hüten, asiatische Etikette
mit bloßen Manieren zu verwechseln. Insbesondere in Japan
ist Etikette weitaus mehr, wenn nicht sogar eine Ethik in sich

selbst. Zahlreiche japanische Bücher über Etikette sind Abhandlungen über praktische Tugenden des täglichen Lebens. Etikette wird hier nicht verstanden als Verhaltensweise einer bestimmten Schicht oder als festliche Vorschrift bei bestimmten Anlässen, sondern als würdiges und angemessenes Verhalten eines jeden Menschen in jeder denkbaren Situation, die das Leben bereithält. Ob es die Aufforderung ist, jederzeit ruhig und höflich zu sein, jeden mit Respekt zu betrachten, sorgfältig zu sein im Sehen, Hören, Sagen und Handeln, immer ist es nicht die Formalität selbst, um die es geht, sondern der Geist, der aus ihr zurückwirkt. Insofern ist es nicht unangebracht, die Etikette in Japan als eine geistige Kraft zu bezeichnen.

Nitobe weist der Etikette in der Kultur einen Platz zwischen Moral und Kunst zu. Im alten Japan der Samurai kam der Etikette fast kultische Bedeutung zu, was nirgendwo so deutlich wird wie in der *Cha-no-yu* genannten Teezeremonie. Wer hier Feierliches oder Offizielles erwartet, wie wir es meist tun, wenn von Etikette die Rede ist, wird enttäuscht sein. Von der Einrichtung des Teehauses bis zu den benutzten Gerätschaften ist alles einfach und schlicht. Die Etikette und das Erhabene dieser Atmosphäre liegen in der harmonischen Ruhe, die der Teemeister oder die Teemeisterin verbreitet. Jede Geste von der Zubereitung bis zur Darreichung der Teeschalen ist vorgeschrieben und tausendmal geübt. Japaner behaupten, daß sie erkennen können, ob sich der Teemeister mit Herz und Geist in vollendeter Harmonie mit der Realität befindet, was nötig ist, um die Zeremonie perfekt ausführen zu können. Die für westliche Augen so streng reglementierte Abfolge der Handlungen bewirkt bei der Teezeremonie nicht Zwang oder Steifheit, sondern eine mäßigende, besinnliche Ruhe. Nicht zuletzt deshalb ist diese aus dem Bereich der zen-buddhistischen Klöster stammende Zeremonie bei den kriegerischen Samurai so beliebt gewesen. Wie beim *Zazen* wird durch den zeitlich begrenzten Rückzug aus der Realität der Blick für die Realität geschärft.

Wenn das Leben einer ganzen Nation durch den Begriff »Etikette« geprägt wird, spielt dieser Begriff natürlich auch für die Sportarten eines Volkes eine wichtige Rolle. Sogar auf die aus dem Westen eingeführten Sportarten haben die Japaner Teile ihres Etikettebegriffs und ihrer Übungsmentalität übertragen, wie bei internationalen Wettkämpfen (zum Beispiel im Geräteturnen) zu sehen ist. Auf den Bahnhöfen Tokios kann man beobachten, wie Japaner die Zeit nutzen, indem sie Golfschläge ohne Schläger üben.

Da die japanischen Kampfsportarten als ehemalige Kriegstechniken aus dem Bereich des Militärwesens stammen, unterlagen sie natürlich zwangsläufig einer »Zwecketikettierung«. Dies gilt für die chinesischen Kampfsportarten, die nie so eindeutig mit dem Militär verbunden waren, nicht in so starkem Maße. Aufgrund der historischen Entwicklung Japans verschwand diese Art der Etikette fast gänzlich und wurde durch die beschriebene ethische Form von Etikette überdeckt. Heute liegt die Daseinsberechtigung der Etikette – dies gilt für chinesische wie für japanische Kampfsportarten – in ihrem psychologisch-pädagogischen Wert.

Die alten, Asien bis heute prägenden konfuzianischen Anstands- und Höflichkeitsformen spiegeln sich in zahlreichen Verhaltensregeln innerhalb der Kampfsportarten wider.

Schon die asiatischen *Dojos*, nach den ästhetischen Idealen der Zen-Architektur einfach, schlicht und zweckmäßig eingerichtet, vermitteln den Eindruck von Ruhe und Zurückhaltung. (Bei deutschen Dojos hat man allerdings oft den Eindruck, in ein Kitschmuseum geraten zu sein. Poster von ominösen Leinwandhelden hängen neben Plastikwaffen und Lampions, und Meister von eigenen Gnaden bereichern den Übungsraum in Kostümen, die aus dem Fundus der Madame Butterfly stammen könnten.)

Normalerweise gibt es in jedem Dojo eine Ehrenseite *(Yoseki)*, auf der der Lehrer sitzt, und gegenüberliegend *Shimoseki*, die Seite der Schüler. In Japan ist zusätzlich eine Seite den Göttern geweiht. Beim Betreten des Dojos wird eine

Verbeugung zu Ehren dieser Götter gemacht. Bevor man ein Dojo jedoch betritt, sollte man sich, wenn nötig, gewaschen haben aus Rücksicht auf den Partner, mit dem man ja sehr eng in Kontakt kommt. Ebenfalls sollte man darauf achten, sich Fingernägel und Fußnägel zu schneiden, um den Gegner nicht zu verletzen. All diese Vorbereitungen sollten in Ruhe vor dem Training getroffen werden. In Japan schreiten Karate- oder Judo-Trainer die Reihen ihrer Schüler ab und weisen diejenigen hinaus, deren Fingernägel zu lang oder deren Füße ungewaschen sind.

Nachdem der Trainer zur Begrüßung aufgefordert hat, setzen sich die Schüler im typischen Fersensitz ihm gegenüber auf den Boden. Der ranghöchste Schüler sitzt vom Trainer aus gesehen links. Die Begrüßung erfolgt nach einer kurzen Zeit völliger Ruhe und Konzentration. Bei der Verbeugung nach dem Training verfährt man ähnlich. Während des Übungsbetriebes sollte man überflüssiges Reden vermeiden. Vor einem Kampf, ob im Training oder im Wettbewerb, wird der Gegner generell zum Zeichen der Achtung durch eine Verbeugung gegrüßt. Diese ritterliche Geste ist nicht reine Formsache, sondern Ausdruck einer geistigen Einstellung, in der auch der Gegner als zu Ehrender angesehen wird. Leistet sich ein Kämpfer während des Kampfes einen Regelverstoß, muß er den Kampfrichterentscheid kniend entgegennehmen.

Sinn all dieser Regeln und Formen ist es sicherlich auch, den zum Kampfsport nötigen Siegeswillen, der in diesen Sportarten gefährlicher werden kann als in anderen, etwas zu dämpfen und in sichere Bahnen zu lenken. Gleichzeitig dient der festgefügte äußere Ablauf eines Trainings dazu, insbesondere Jugendliche zur Ruhe und Ausgeglichenheit zu bringen. Mit der Zeit wird der Schüler merken, daß er sich nicht mehr zu diesen Förmlichkeiten zwingen muß, sondern daß sie ihn harmonisch stimmen und in gewisser Weise von sich selbst befreien.

Darüber hinaus dient die Etikette auch praktischen und sicherheitstechnischen Anforderungen. Wir haben schon gesehen, daß das rituell anmutende Anlegen der Kendo-Rüstung zum Beispiel bezweckt, daß die Rüstung ohne Hast und Eile angelegt wird, damit sie ordnungsgemäß sitzt und tatsächlich vor Verletzungen schützt. Auch die Bitte, unnötige Gespräche zu unterlassen, dient letztlich der eigenen Sicherheit: Anordnungen und Anweisungen des Trainers müssen verstanden und befolgt werden, denn bei einer Gruppe von dreißig wild durcheinander kämpfenden Schülern wäre die Verletzungsgefahr sonst zu groß.

Die Etikette ist also durch eine ganze Reihe von Gründen legitimierbar. Die Tatsache, daß in vielen Schulen und Vereinen Teile der Etikette zur Pflichtübung werden, ohne daß man weiß, worin sie begründet liegen, sollte nicht zu der Folgerung verleiten, die man in Kampfsportkreisen oft hören kann: »Wenn wir schon nicht mehr wissen, warum, dann sollten wir es auch sein lassen.« Ich halte es vielmehr für notwendig, die zur Äußerlichkeit erstarrte Etikette durch Information mit neuem Sinngehalt zu füllen, indem man darauf hinweist, welchen praktischen und symbolischen Sinn sie hat. Die Abschaffung der Etikette würde die Kampfsportarten eines wesentlichen geistigen Inhalts berauben, der in den Sportarten westlicher Länder, obwohl ehemals sicherlich auch vorhanden, schon weitgehend verlorengegangen ist.

Daß die Etikette natürlich in China und Japan auch sozialhistorische Hintergründe hat, liegt auf der Hand. Die Wohnsituation in diesen Ländern war und ist im allgemeinen nur dadurch erträglich, daß man gewisse gesellschaftliche Formen einhält und große Rücksicht auf den anderen nimmt. (Das Zusammenleben von drei Generationen auf kleinstem Raum, getrennt nur durch Papierwände, wäre sonst kaum denkbar.)

Obwohl die asiatische Etikette sicherlich in Teilbereichen des gesellschaftlichen Lebens zu streng und antiquiert ist, ist es dennoch Zeichen für den hohen Stand einer Kultur, wenn Menschen gelernt haben, auf die Rechte und Gefühle anderer Rücksicht zu nehmen. Je länger man sich mit Japan be-

schäftigt, desto mehr gewinnt man die Überzeugung, daß
Rücksichtnahme und Etikette dort nicht nur eine Fassade
darstellen, hinter der man eigene Gedanken und Motive ka-
schiert, sondern eine hochkultivierte Charaktereigenschaft,
welche verdient, auch in Zukunft bewahrt zu werden.

20 Der Meister – autoritär oder Autorität?

Nur auf dem Hintergrund des gesamten asiatischen Wertsystems kann man das japanische Tun und Handeln begreifen, kann man die von westlichen Vorstellungen so sehr abweichenden und unterschiedlichen sozialen Verhältnisse und zwischenmenschlichen Beziehungen verstehen.

Die Achtung vor dem anderen innerhalb aller sozialen Zusammenhänge wird in Japan mit dem Begriff »Giri« umschrieben. Eine Form von *Giri* ist die kindliche Ehrfurcht dem Erwachsenen gegenüber, eine andere Form ist der Respekt vor dem Meister. Die Achtung vor dem andern geht jedoch nie zu Lasten einer Seite; sie setzt vielmehr ein auf Gegenseitigkeit basierendes Vertrauensverhältnis voraus, zum Beispiel zwischen alt und jung oder zwischen Meister und Schüler. Die äußerliche, strikte Trennung zwischen Lernenden und Lehrenden darf nicht verstanden werden als eine unveränderbare Situation, in der der eine konstant versucht, dem anderen seine Überlegenheit zu beweisen. Anweisungen, die der *Sifu* oder *Sensei* (chinesisch bzw. japanisch für Meister) erteilt, werden in der festen Überzeugung gegeben und empfangen, daß sie zum Besten des Schülers seien. Der Informations- und Erfahrungsvorsprung, den jeder Lehrer, ob in Asien oder in Europa, dem Schüler gegenüber hat, wird nicht – wie in der westlichen Pädagogik bevorzugt – vom Schüler mit einer selbstgewählten Methode eingeholt, sondern durch die uralten Methoden des Vorma-

chens, Nachmachens und Wiederholens dem Schüler ein-
sichtig gemacht.

Doch die Beziehung zwischen Meister und Schüler geht in
Asien über die Unterweisung in irgendeiner Technik hinaus:
Der Lehrer ist Vorbild in allen Lebenssituationen, und im
Idealfall endet die Partnerschaft erst mit dem Tode des Meisters. Voraussetzung für diese Art von Wissensvermittlung
ist die dem Japaner eigene Verinnerlichung konfuzianisti-
schen und zen-buddhistischen Gedankenguts. Der konfuzianische Glaube an die positive Macht des Vorbilds manifestiert sich in der Person des Meisters. Man geht davon aus,
daß sich gute und hervorstechende Eigenschaften des Lehrers im Laufe der Zeit auf den Schüler übertragen, solange
dieser sich bemüht, mit Eifer dem Meister zu folgen. Dieser
Eifer *(Nesshin)* ist in Japan nicht nur eine Eigenschaft, die
irgendein Mensch hat, sondern ein moralisches Gebot, welches es gilt, unter allen Umständen und in allen Bereichen
anzustreben.

Das Lernen durch das Vorbild läßt sich, wie in Japan üb-
lich, sehr gut mit dem Prozeß der Selbstaneignung *(Jitoku)*
verbinden, der tief in der zen-buddhistischen Tradition fußt.
Der Meister lehrt also nicht durch Analysen, wissenschaftliche Erklärungen oder biomechanische Erläuterungen, wie
sie ein westlicher Trainer vielleicht zu Hilfe nehmen würde,
sondern durch Vormachen der Übung, wobei er voraussetzt,
daß sich der Schüler eifrig bemüht, ihn nachzuahmen. Die
Wahrheit dessen, was der Meister praktiziert, soll sich dem
Schüler irgendwann einmal von selbst offenbaren. Er soll sie
persönlich und intuitiv erfahren ohne ständige genaue, detaillierte Begründung des Meisters. Wir sehen hier deutlich,
wie weit Prinzipien des Zen auch in diesem Bereich in Japan
relevant sind. Die Skepsis gegenüber der Sprache und der
Glaube an die Kraft der Intuition sind zwei Hauptelemente
der zen-buddhistischen Geisteswelt.

Von einem schönen Beispiel für das japanische Lehrer-
Schüler-Verhältnis berichtet Prof. Suzuki in seinem Buch
Zen in der Kultur Japans:

Als einst ein Schüler zu einem Meister kam, um die Fechtkunst zu erlernen, erklärte sich der Meister, der sich in eine Hütte in den Bergen zurückgezogen hatte, bereit, ihn zu lehren. Er hielt den Schüler dazu an, Reisig zu sammeln, Wasser aus der Quelle zu holen, Holz zu spalten, Feuer zu machen, Reis zu kochen, die Stube und den Garten zu kehren und überhaupt für den ganzen Haushalt zu sorgen. In der Fechtkunst gab er ihm keinerlei rechte Unterweisung. Nach einiger Zeit wurde der junge Mensch unzufrieden, denn er war nicht gekommen, um dem alten Herrn als Knecht zu dienen, sondern um die Kunst des Schwertes zu erlernen. So trat er eines Tages zu seinem Meister und bat ihn um Unterricht. Dem war es recht. In der Folge aber konnte der junge Mann keine Arbeit mehr in Ruhe verrichten. Denn wenn er früh am Morgen den Reis zu kochen anfing, erschien der Meister und schlug ihn von hinten mit dem Stock. Wenn er mitten im Kehren war, spürte er plötzlich wieder einen Hieb von irgendwoher aus unbekannter Richtung. Er hatte keinen Frieden mehr, hatte fortwährend sich in acht zu nehmen. Ein paar Jahre vergingen, bis er mit Erfolg einem Hieb ausweichen konnte, von wo immer er kommen mochte. Aber der Meister war noch immer nicht recht mit ihm zufrieden. Eines Tages war der Meister dabei, sein eigenes Gemüse am Feuer zu kochen. Der Schüler dachte, nun wolle er auch einmal die Gelegenheit nutzen. Er griff nach seinem großen Stock und schlug ihn dem Meister, der sich gerade über den Kochtopf beugte, um den Inhalt umzurühren, über den Kopf. Doch der Meister parierte den Stock mit dem Topfdeckel. Nun ging dem Schüler das Geheimnis der Kunst auf, das ihm bisher fremd geblieben war. Jetzt zum erstenmal erkannte er, wie klug und freundlich der Meister sich gegen ihn bezeigte.[68]

Durch dieses dem *Satori* ähnliche Erkennen ist der Schüler in unserem Beispiel nach japanischem Verständnis in den letzten Abschnitt seiner Schülerschaft übergegangen, in dem er allmählich dem Meister gleich wird und vielleicht einmal dessen Nachfolge antreten kann.

Lassen Sie mich in diesem Zusammenhang noch einmal auf das in vielen Kampfsportarten ähnliche Graduierungssystem zurückkommen, von dem oft behauptet wird, es mache das »Repressive« dieser Sportarten sogar noch optisch sichtbar. Es ist uns heute völlig unbekannt, ob es diese Stufen und Einteilungen in den Kampfsystemen auch früher schon gab oder ob sie erst in späteren Zeiten aufgekommen sind. Bekannt ist uns lediglich, daß es schon seit Urzeiten in Japan Sitte war, besondere Fähigkeiten eines Menschen durch Examen zu prüfen und ihm dann auch zu gestatten, sein Können durch bestimmte Varianten in seiner Kleidung anzuzeigen. Der traditionelle, lange, kunstvoll zu bindende japanische Gürtel *(Obi)* war zu diesem Zweck besonders gut geeignet.[69] Sollten die Japaner diese Vorliebe für Prüfungen oder Examen wie so vieles auch aus China übernommen haben? Denkbar wäre es, denn in China existierte ja seit Konfuzius ein ausgeklügeltes Examenssystem, welches jedem Begabten eine Chance geben sollte.

Ebenso wie dieses Examenssystem für das frühe China ein durchaus demokratisches Instrument war, ist auch das Graduierungssystem in den Kampfsportarten aus japanischer Sicht nicht autoritär oder repressiv. Jeder kann durch entsprechendes Verhalten und Üben zur Meisterschaft gelangen. Es ist für jeden Japaner selbstverständlich, daß er als Anfänger in irgendeiner »Kunst« nicht dieselben Ansprüche haben darf wie ein Fortgeschrittener. Er befindet sich in einem völlig normalen Zustand, der ihn als Mensch nicht abqualifiziert. Aber genau dies befürchten viele Anfänger in den Kampfsportarten, wenn sie zum ersten Trainingsabend kommen.

Neben dieser psychologischen Befürchtung steht oft auch die Angst, daß man schon in der ersten Stunde an einen

Braun- oder Schwarzgurt gerät, der einem furchtbar mit-
spielt. Hier kann ich Sie beruhigen: Von wenigen Ausnahmen abgesehen, werden sich gerade die Fortgeschrittenen
gerne um Sie kümmern und Sie behutsam behandeln, da sie
auf einem technischen Niveau sind, auf dem es keinen An-
reiz mehr gibt, sich möglichst vor Anfängern zu profilieren.
In Vereinen, wo die Ausbildung in einer Kampfsportart seri-
ös betrieben wird, sollte auch der geistige Stand der Fortgeschrittenen solche »Kraftakte« ausschließen.

Richtig allerdings ist es, daß Sie sich, wenn Sie eine
Kampfsportart betreiben wollen, in bezug auf die Trainings-
atmosphäre umstellen müssen. Besonders eklatant wird der
Unterschied, wenn Sie vorher schon das Training in anderen, westlichen Sportarten kennengelernt haben.

Das Training wird in den meisten *Budo*-Vereinen konsequent durch die Direktiven des Trainers bestimmt. Eine Mit-
bestimmung bei der Planung des Trainings existiert nicht.
Geübt wird meist auf Anweisung des Trainers und unter
dessen ständiger Aufsicht. Wie gut die Ausführung einer
Technik oder die Leistung ist, entscheiden nicht Sie, sondern
der Trainer! Auf die Probleme, die sich speziell aus diesem
Umstand und allgemein aus der Übertragung der Kampfsportarten auf den Westen ergeben, werde ich in Kapitel 23
noch einmal zu sprechen kommen.

21 Aggression und Kampfsport

»Aggression ist Motivation zum Sport.« – »Sport verstärkt
die Aggression.« – »Sport baut Aggressionen ab.« – »Ohne
Aggression keine Leistung im Sport.« – Man könnte die Reihe dieser Thesen beliebig verlängern, denn der vom lateini-
schen Wort »aggredi« (auf etwas zugehen) abgeleitete Begriff »Aggression« stellt heute immerhin einen eigenen wis-
senschaftlichen Forschungsbereich dar. Die große und komplexe Bedeutung, die dieser Begriff für alle Bereiche gesellschaftlichen Lebens hat, macht es uns schwer, konkrete
Feststellungen über seine Rolle im Kampfsport zu treffen.

Als abgesichert darf man ansehen, daß unsere Gesellschaft selbst strukturell so angelegt ist, daß sie die Entstehung von Aggressionen begünstigt. Der in allen Bereichen
spürbare Leistungsdruck zum einen und die sozialen Sank-
tionen bei Nichterfüllung der erwarteten Leistung zum anderen führen heute im verstärkten Maße zu Emotionen wie
Angst oder Wut, deren Verarbeitung in Form von ausgeüb-
ter Aggression stattfindet. Sport als Teil gesellschaftlicher
Realität ist aus diesem Bezugsrahmen nicht auszuklammern.[70] Die enge Beziehung zwischen Sport und Aggression
wird jedes Wochenende von einem Millionenpublikum bewußt oder unbewußt erlebt.

Obwohl gerade das Gruppenerlebnis des Zuschauers im
Fußballstadion, die Identifikation, das Mitleiden mit den
»Helden« unten auf dem Rasen, lange Zeit als Möglichkeit

des Aggressionsabbaus gesehen wurde, zeigt doch die heutige Entwicklung eher, daß die Stadien zu einer Aggressionsquelle ersten Ranges werden können. Wichtiger als das Auftreten von »Gruppenaggressionen« beim passiven Sportzuschauer sind allerdings in unserem Zusammenhang die Aggressionen des einzelnen aktiven Sportlers.

Aggressives Verhalten wird in unterschiedlichen Sportarten unterschiedlich bewertet. Während eine harte Attacke im Eishockey durchaus erlaubt ist, stellt sie zum Beispiel beim Basketball einen schwerwiegenden Regelverstoß dar. Im Eishockey kann der harte oder überharte körperliche Einsatz durchaus ein taktisch geplanter Schachzug sein, der dem Einzelspieler oder seiner Mannschaft Vorteile bringt. Bei dem vom Reglement als »körperlos« (das heißt ohne Körperkontakt) definierten Baketballspiel ist das Gegenteil der Fall. An diesem Beispiel wird deutlich, daß es Sportarten gibt, in denen aggressive Vorgehensweise zum Sieg oder Vorteil führen kann.

Wirkt sich die aggressive Einstellung eines Sportlers nun auch auf andere gesellschaftliche Bereiche aus? Einige Sportwissenschaftler halten das für durchaus möglich. Sie gehen davon aus, daß einmal erlernte und eingeschliffene Verhaltensweisen nicht so schnell abgelegt werden, und sehen für den betreffenden Sportler sehr schnell die Gefahr, daß er versucht, auch Probleme nichtsportlicher Natur durch ein Verhalten zu lösen, welches er im Sport als effektiv kennengelernt hat. (Natürlich ist nicht jeder Eishockeyspieler brutal und aggressiv, es geht hier nur um potentielle und latente Verhaltensweisen, die durch spezifische Erfordernisse einer Sportart begünstigt werden können.)

Da die Meinung, daß Kampfsportarten von Natur aus aggressiv sind, recht weit verbreitet ist, höre ich Sie nun sagen: Wie gefährlich kann dann diese Aggressionsübertragung erst werden, wenn es sich zum Beispiel um einen *Karateka* handelt, der vielleicht in der Lage ist, zehn aufeinandergestapelte Dachpfannen mit der Handkante zu zertrümmern! Aber gerade bei den Kampfsportarten besteht diese Gefahr, obwohl es paradox erscheinen mag, nicht so stark. Sowohl im Judo und Karate als auch im Kendo, Aikido oder in irgendeiner Kung-Fu-Richtung ist aggressives Agieren das sicherste Mittel, um einen Kampf zu verlieren.

Gerade Ruhe und Ausgeglichenheit, ja sogar Distanz zur eigenen Psyche sind die großen Pluspunkte eines Kämpfers, der einen blindwütig kämpfenden Gegner hat. Wie wichtig deshalb eine zusätzliche Zen-Schulung für einen Kampfsportler sein kann, ist leicht einzusehen. In der Kampfsituation tauchen so viele Probleme motorischer, koordinativer und psychischer Art auf, daß nur der in der Lage ist, das Richtige und Notwendige zu tun, dessen Geist »leer«, also von Aggressionen frei und somit voll konzentrationsfähig ist. Die emotionsgeladene Psyche seines Kontrahenten hindert diesen daran, überhaupt zu erkennen, was in einem bestimmten Augenblick erfolgversprechend ist oder nicht. Je mehr er seine Kontrolle über sich verliert, desto leichter ist er zu kontrollieren.

Einem erfahrenen Kämpfer ist mit Sicherheit ein aggressiv kämpfender Gegner lieber als ein Mann, der ebenfalls abwartend und ruhig vorgeht. Ruhig vorgehen heißt nicht, ohne Siegeswillen zu kämpfen, sondern so lange Ruhe zu bewahren, bis der Moment günstig ist, um dann eine Aktion mit vollem Einsatz zu starten. Diese Taktik des langen Wartens und Abwägens und der dann folgenden kurzen und entscheidenden Aktion ist für asiatische Kampfsportarten typisch, wenn nicht sogar darüber hinaus für die ostasiatische Mentalität generell.

Der asiatische Kampfsport bietet eine Reihe von Möglichkeiten, Aggressionen abzubauen, ohne dabei das gesellschaftliche Normen- und Wertsystem zu verletzen, wie es häufig bei anderen Formen des »Abreagierens« geschieht (Schlägereien, Vandalismus usw.). Der hohe Grad körperlicher Erschöpfung, der bei den meisten Kampfsportarten sowohl im Training als auch im Wettkampf auftritt, setzt die aggressive Reizbarkeit auf natürliche Weise herab. Dies trifft zwar, je nach Intensität der Ausübung, auch auf andere

Sportarten zu. Was aber hilft es, im Sinne einer menschlichen Weiterentwicklung, wenn eine allgemein aggressive Tendenz nur durch eine momentane Erschöpfung unterbunden wird? Ein solcher Frieden kann nicht von langer Dauer sein.

Die asiatischen Kampfsportarten wollen in stärkerem Maße als andere Sportarten einen langfristigen Erziehungsprozeß in Gang setzen, dessen Ziel die Erkenntnis ist, daß Aggression grundsätzlich ungeeignet ist, um Konflikte zu lösen. Diese in Training und Kampf immer wieder erlebte Erfahrung kann eine geistige Einsicht zur Folge haben, die lebenslang vorhält und die den Anhänger asiatischer Kampfsportarten von vielen anderen Sportlern unterscheidet. Wir können die tiefere Qualität dieser Sportarten nicht begreifen, wenn wir im Karate, Judo oder Kung-Fu nur Körperaktionen sehen wie Treten, Schlagen oder Werfen, die wir normalerweise sofort mit Aggression verbinden. Es erfordert sicherlich ein starkes Nach- und Umdenken, wenn man solche Kampfkunstmaximen hört wie »Durch Schlagen zum Frieden« oder »Die Niederlage ist ein Sieg«.

22 Der Begriff »Do« als Schlüssel zur japanischen Seele

Die Wahrheit haben ist des Himmels Weg,
die Wahrheit suchen ist der Menschen Weg.

Konfuzius

Um wirklich anschaulich zu machen, was die Essenz der Kampfsportarten ist, die ja wie kaum eine andere Sportart auf engste mit den soziokulturellen Eigenheiten des Fernen Ostens verbunden sind, ist es unerläßlich, die fernöstliche Weltsicht mit unserer abendländischen zu vergleichen.

Der Durchbruch der westlichen analytisch-naturwissenschaftlichen Denkweise ließ diese über einen sehr langen historischen Zeitraum der östlichen überlegen scheinen. Von der griechischen Antike mit ihrer Liebe zu Wissenschaft und Logik angefangen, war dieser geistesgeschichtliche Werdegang des Abendlandes eigentlich vorgezeichnet. Die damit verbundene Sicht des Weltenzusammenhangs brachte zwangsläufig starke Polaritäten mit sich: Mensch versus Natur, Körper contra Geist, Individuum gegen Allgemeinheit.

Nachdem sich diese Polaritäten im Laufe der Zeit weiter verfestigten, nicht zuletzt durch den Einfluß der mittelalterlichen Scholastik und des Christentums, können wir feststellen, daß sich zumindest die »Leibfeindlichkeit« wieder etwas verringert. Der Körper wird rehabilitiert, wenn auch nicht bis zur Gleichberechtigung mit dem Geist. Worin nun sieht der östliche Mensch die Sinngebung seiner Existenz?

Nicht die Eroberung der Natur durch den Menschen, sondern das möglichst harmonische Einfühlen in die Natur wird in Asien als erstrebenswert angesehen. Wir müssen uns allerdings darüber im klaren sein, daß dies nur eine vereinfachende und idealisierende Schilderung asiatischer Weltsicht sein kann. Heute wird auch der asiatische Mensch durch Sachzwänge und weltweite Notwendigkeiten gezwungen, mit sehr großen Gegensätzen zwischen seiner geistesgeschichtlichen Tradition und der ihn umgebenden Realität zu leben. Für die Darstellung des generellen Unterschieds zwischen zum Beispiel den Japanern und uns ist dieser Umstand allerdings nur von sekundärer Bedeutung.

Die Auffassung vom pantheistischen Weltzusammenhang aller Dinge verbietet es dem Japaner, seine Stellung im All als einmalig oder überlegen zu werten. Man muß sogar so weit gehen zu sagen, daß er auch den Tod als natürliche und vollkommenste Einbettung in den großen Kreislauf aller Dinge betrachtet, während der Tod nach christlichem Glauben eine so abrupte Unterbrechung des »Seins« darstellt, daß man versucht, ihm seinen Schrecken durch ein angenommenes Weiterleben des Geistes zu nehmen. Ich nehme an, daß durch diesen Glauben des Japaners seine innerweltliche Orientierung weitaus stärker ist als seine Gedanken ans Jenseits.

Da jede Erscheinung des Seins, ob gut oder böse, als »natürlich« akzeptiert wird – was nicht gleichbedeutend mit »legitim« ist – und nicht sofort in dogmatischer Art und Weise in Kategorien eingeteilt wird, die der westliche Mensch zu seiner Absicherung gegenüber einer feindlichen Umwelt erfunden hat, ist es dem Asiaten möglich, sich mit vielem zu identifizieren. Im Laufe eines Lebens kann dadurch eine ruhige, selbstkritische, verständnisvolle und abwägende Persönlichkeit reifen, deren Charakter uns oft unheimlich und verborgen ist, da wir die gewohnte, klare Stellungnahme zu einer Sache vermissen. Speziell für Japan gilt, daß die Menschen dadurch nicht handlungsunfähig werden, nur abwartender. Ist der Zeitpunkt zum Handeln gekommen, ge-

schieht dies oft schnell und unerwartet. (Westliche Manager
und Industrielle wissen von diesem Sachverhalt ein Lied zu
singen.)

Es wird oft gesagt, der westliche Mensch sei aufgrund seiner Weltanschauung aktiver und weniger fatalistisch, als der
Asiate. Aber ist denn ein Ostasiate passiv und schicksalser-
geben? Gerade für China und Japan muß man dies angesichts des Konfuzianismus und der Zen-Lehre entschieden
ablehnen, während der Hinduismus Indiens allerdings die
Gefahr beinhaltet, schicksalsgläubige und leidenswillige
Menschen zu erziehen.

Man darf nicht alles, was aus dem Osten kommt, in einen
Topf werfen! Mancher hat versucht, japanischen Zen oder
die chinesisch/japanischen Kampfsportarten mit dem indischen Yoga zu vergleichen, wobei der Zusammenhang häufig nicht sehr klar wurde. Das kann er auch nicht, denn er
existiert nicht!

Japanische Meditationstechniken nach der Lehre des Zen
oder Kampfsportarten, die Zen mitberücksichtigen, streben
zwar auch wie Yoga nach der Leere des Geistes, aber aus
völlig unterschiedlichen Intentionen. Yoga ist in Indien eine
Form äußerster Askese, mit der man versucht, den Geist zu
läutern und höherzuentwickeln, um *Samadhi*, die Erleuchtung, zu erlangen. Dafür muß das menschliche Verlangen
abgetötet werden. Es gilt, den Körper und seine Empfindun-
gen, ob Schmerz oder Lust, auszuschalten und die dann üb-
rigbleibende Geistigkeit mit dem Göttlichen zu vereinen.
Yoga verachtet die Welt des Körperlichen und die Welt des
Alltags als Schein, Trug und Illusion.

Der hinduistische Weise, *Sadhu* genannt, was soviel wie
»Heiliger Mann« heißt, zeichnet sich durch eine völlige Ver-
geistigung aus, die ihn der Umwelt stark entfremdet. Yoga
will nicht ein begrenztes Abschalten von der Realität, um sie
im Anschluß daran besser meistern zu können, sondern
mündet häufig in eine generelle Weltflucht.

Den Japaner hingegen haben Zen und Konfuzianismus so
stark geprägt, daß ihm der Versuch, der Welt zu »entkom-

men«, völlig fremd ist. Kein Japaner, der Zen betreibt oder irgendeinen *Do* übt, wird dabei Ziele des Yoga im Auge haben. Die reife und tiefe Lebenskenntnis japanischer Meister ist nicht mit den mystizistischen Trancezuständen indischer Yogis und Sadhus zu vergleichen, denn sie äußert sich in einer außerordentlichen Erkenntnisfähigkeit der Realität und im starken Willen, diese aktiv zu bewältigen.

Dogen, der Gründer der Soto-Sekte des Zen, hatte zu Lebzeiten häufig darauf hingewiesen, daß Zen nichts Mystisches enthalte und daß es nicht Sinn der Zen-Meditation sei, übernatürliche Kräfte zu wecken, sondern daß es ausreiche, wenn der Mensch lerne, all die ihm von Natur aus innewohnenden Kräfte zu mobilisieren.

Um den Yoga-Anhängern nicht Unrecht zu tun, muß man allerdings darauf hinweisen, daß es neben dem beschriebenen »strengen« Yoga *(Raja-Yoga)* eine Reihe von Varianten gibt, darunter den im Westen beliebten *Hatha-Yoga*, der viele gymnastische Elemente enthält. Hier kommt auch das Körperliche zu seinem Recht, so daß dieser Yoga auf seine Weise durchaus als realitätsnah und »praxis-relevant« zu bezeichnen ist.

Doch nach diesem kleinen Exkurs zurück zu den Meistern Japans. Wie sie zu dieser umfassenden Harmonie gekommen sind, soll die nächste Frage sein, mit der wir uns beschäftigen wollen, denn allein die Geburt als Japaner machte diese Menschen ja noch nicht zu Meistern. Es muß folglich Methoden, Mittel und Übungen geben, die einen zur Erlangung der »Erfahrenheit« oder »Eindeutigkeit« führen können. Wie wir gesehen haben, ist Zazen eine Möglichkeit, die Meisterschaft im Zen zu erreichen. Gleichzeitig liefert der Zen-Buddhismus aber auch das methodische Gerüst für andere gangbare Wege der Selbstfindung und Einbindung.

Daß es sich bei dem Begriff *Do*, der im allgemeinen mit »Weg« übersetzt wird, nicht um einen schlichten Gebirgspfad handelt, werden Sie inzwischen wahrscheinlich ahnen! Der von der Bezeichnung her simpel erscheinende Begriff

Abb. 28: *Do*, der Weg.

Do (Abb. 28) ist von seiner inhaltlichen Bedeutung her zu den komplexesten und wichtigsten Begriffen japanischen Denkens zu rechnen. Etymologisch gesehen enthält »Do« drei Zeichen. Das aus zwei langen und drei kurzen Strichen zusammengesetzte Zeichen unten und links bedeutet »gehen« und drückt den Schwung der Gehbewegung aus. Das rechteckige Zeichen in der Mitte ist Sinnbild für »Auge«, »Gesicht«. Das obere Zeichen macht daraus »Kopf«, »Haupt«, »Führer«. In Verbindung mit »Gehen« wird daraus der »Führer beim Gehen«: der Weg.

Bei dem Versuch, diesen abstrakten und philosophischen Begriff inhaltlich zu füllen und dadurch transparent zu machen, müssen wir uns kurz an das Ideal des Zen erinnern.

Ideales Ziel einer Zen-Schulung ist der von *Satori* erfaßte Mensch, der über die Entleerung seines Geistes die Einsicht in den Zusammenhang der Dinge erfahren hat und die Realität zu meistern imstande ist. Die Übung in den verschiedenen, schon genannten Künsten, zu denen auch die Kampfkünste gehören, ist neben der Übung im Zen ein weiteres

Mittel, ein weiterer »Weg«, das obengenannte Ziel anzustreben. Auf diesem Weg hat der Japaner aber nicht primär das Endziel vor Augen, und dies ist ein sehr gewichtiger Unterschied zu unserer Mentalität, sondern das konstante und kontinuierliche Festhalten an dem vielleicht lebenslangen Weg dorthin.

Nur so ist in bezug auf die Kampfsportarten das teilweise sehr harte Training zu erklären, dem sich einige Sportler freiwillig unterziehen, obwohl sie nie die Chance haben und dies auch wissen, zur Sportelite ihres Landes zu gehören. Im westlichen Raum muß sogar die kleine Anzahl unserer Spitzensportler mit massiven materiellen Anreizen motiviert werden, ein ähnlich hartes Trainingspensum zu absolvieren. Allein die Anstrengung, die unternommen wird, um etwas Bestimmtes zu erreichen, der Eifer, der dabei entwickelt wird, wird in Japan sehr hoch geschätzt.

Karlfried Graf von Dürckheim, einer der profundesten deutschen Kenner japanischer Mentalität, formulierte diesen Zusammenhang wie folgt:

> Die Tatsache, daß im Kulturwillen des Japaners die Bezogenheit auf den »Weg« stärker ist als die auf das »Werk«, kommt auch in seinem Begriff der »Übung« zum Ausdruck. Wir denken bei »Übung« vornehmlich an die Ausbildung eines bestimmten Könnens, einer Fertigkeit, einer Technik zu einer bestimmten Leistung und erst in zweiter Linie an »Exercitium«. Für den Japaner bedeutet »Üben«, auch wo es um das Erzielen einer bestimmten Leistung erfolgt, immer auch Weg des inneren Reifens. Das geht so weit, daß, wo ihm ein Mensch von Reife begegnet, er sogleich fragt, was wohl seine Übung gewesen sein möge oder auch noch sei. Der Sinn alles Sich-Übens liegt für uns vorwiegend auf »Leistung«, für den Japaner auf »Reife«.[71]

Nach japanischer Sicht macht dieses intensive Üben einer Kunst das eigentliche Menschsein aus, ja es führt sogar zur Erhöhung der menschlichen Natur. Wenn die Vollendung in der Kunst durch das Üben erreicht wird, ist dies gut, aber nicht entscheidend. Entscheidend ist vielmehr, daß das Üben dem Schüler die Möglichkeit gegeben hat, seelisch zu reifen und möglicherweise eine Stufe menschlichen Seins zu erklimmen, die ihm den Blick auf Zusammenhänge ermöglicht, die er vorher nie wahrgenommen hat. Dadurch werden Ausbildung und Übung in einer Kunst oder Technik in Japan zur Selbstschulung des Übenden.

So ist es im Grunde genommen egal, ob man sich mit dem Blumenstecken (Ikebana), dem Kendo, dem Kyudo oder dem Teetrinken *(Chanoyu)* beschäftigt.[72] Die Kampfsportarten oder Kampfkünste nehmen in dieser Hinsicht in Japan und in annähernd ähnlicher Weise auch in China keine vorrangige Stellung gegenüber den anderen möglichen »Wegen« ein.

Doch der Weg zur Meisterschaft ist lang und schwer, und während des Übens und Trainierens muß der Schüler verschiedene Schwierigkeiten körperlicher und geistiger Natur aus dem Weg räumen.

Wie wir wissen, ist das Besondere aller japanischen Übungen nicht das Werk, sondern die Auseinandersetzung mit dem Ich. Geht man aus dieser als Sieger hervor, muß man sich nicht mehr bemühen, keine Fehler zu machen oder an jede Einzelheit der Technik zu denken, sondern der Grad der Vollendung ist so hoch geworden, daß gänzlich natürliche und harmonische Bewegungen wie von selbst gelingen.

Doch was hindert den normalen Menschen, sei er Japaner oder Europäer, daran, dies zu erreichen? In Japan hält der Zen-Buddhismus dafür eine Antwort bereit. Das Ich bzw. der sogenannte »Ich-Wahn« stehen der höchstmöglichen Vollkommenheit in irgendeinem Lebensbereich entgegen.

Man geht davon aus, daß unmittelbar mit dem Erwachen des Bewußtseins im Menschen eine Zweiteilung stattfindet.

Konflikte zwischen dem »beobachtenden Ich« und dem »handelnden Ich« werden dadurch unvermeidlich, daß das beobachtende Ich das handelnde konstant einschränkt. So gilt es also nach japanischer Auffassung, das beobachtende Ich, den »Ich-Wahn« zu eliminieren. Die Bedeutung des Ich ist im Fernen Osten und Europa oder Amerika völlig unterschiedlich. Während die lebensnotwendigen Fixpunkte des westlichen Menschen alle im Bereich des Individuellen liegen, fühlt der Asiate sich nur dann »sicher«, wenn er nicht durch zuviel Individualität die Harmonie mit sich selbst, seiner Umwelt oder dem Kosmos verhindert. So wird verständlich, daß die Ausbildung eines zu starken individuellen Bewußtseins den Ostasiaten von seinem Ziel eher entfernt.

Diese Sicht der Zusammenhänge beunruhigt uns normalerweise etwas. Wo bleibt das Ich? Wie kann ich meine Identität bei dieser Lebenseinstellung retten? Der Japaner würde antworten, daß man gerade, wenn man diesen Zustand der Ichlosigkeit herbeiführen kann und sich dadurch im Einklang mit der Natur der Dinge fühlt, ein neues, befreites Ich-Gefühl erlebt, weil man nicht mehr isoliert vom großen Ganzen ist.

Lernt man Japaner kennen – seien es nun Trainer, Meister oder Geschäftsleute – so scheinen sie ein lebender Beweis für diese Aussage zu sein. Die weniger starke Konzentration auf die eigene Persönlichkeit scheint aus ihnen nicht labile, rückgratlose Jasager gemacht zu haben, sondern eher Menschen, die eine oft starke persönliche Ausstrahlung besitzen, um die wir sie manchmal und in bestimmten Situationen sicherlich beneiden können.

Mit Hilfe der Übung bzw. des Do soll der Mensch den Zustand der »Erfahrenheit« (Muga) erreichen. Das sich immer wiederholende Üben einer Technik bindet Körper, Geist, Gedanken und Technik so eng aneinander, daß die einzelnen Komponenten völlig ineinander übergehen. Kein störendes Ich, das wie ein Gitter die Gedanken von der Tat ablenkt, stört mehr die Ausführung.

Erst wenn alle Gedanken und Gefühle abgelegt worden

sind, kann das Nichts oder die Leere die Diskrepanz einerseits im Subjekt selbst, andererseits zwischen Subjekt und Objekt beseitigen. So steht die japanische Idee des Nichts der westlichen Vorstellung des Seins gegenüber, wobei durch die Erfahrung des Nichts die Qualität des zeitlich begrenzten Seins, sprich Lebens, aufgewertet wird.

Wie nun stellen sich diese Begriffe und Zusammenhänge in bezug auf die uns interessierenden Kampfsportarten dar?

In dem Bewußtsein, das Ziel nicht schnell und unter allen Umständen erreichen zu müssen, sollte der *Budoka,* so die Bezeichnung für alle Kampfsporttreibenden, seinen speziellen *Do* beständig gehen und dabei versuchen, innere Ruhe und Ausgeglichenheit *(Wa)* zu erlangen und zu bewahren. Den Begriff *Mushin,* Absichtslosigkeit, sollte er dabei nie vergessen. Durch die immer wiederkehrenden Übungen in der Technik hat er im Laufe der Zeit nicht mehr den Eindruck, daß er selbst handelt, sondern »es« steuert den Körper, ein »Es«, das identisch ist mit der geistigen Weltordnung. Die Spannung, die man bei ungeübtem Handeln empfindet, weil zu viele störende Faktoren, zu denen in den Kampfsportarten auch Gefühle wie Angst und Wut gehören, die Ausführung beeinflussen, verschwindet, so daß die Handlung immer spielerischer erscheint und der Akteur sich ihrer kaum noch bewußt wird. Sein Handeln ist so mühelos und eindeutig, daß er selbst nicht mehr glaubt, zu handeln. Das geistige Erbe Chinas wird hier, wenn wir an den Begriff *Wu-Wei* (Nicht-Handeln) denken, wieder sehr deutlich (vgl. auch S. 27).

Im Kyudo schießt nicht der Meister, sondern »es«. Nicht Schütze, Bogen und Scheibe sind wichtig, sondern die Einheit dieser drei. Die Einheit mit der Umgebung, die Auflösung der Ich-Gegenstand-Spannung, ist das wichtigste Element der Budo-Sportarten. So heißt es im *Tengu-gei-jutsuron,* einer alten Anleitung zum Schwertfechten:

> Der Schwertkünstler hat ohne jede Irritierung durch
> Gefühle oder Absichten spontan der jeweiligen Si-
> tuation zu entsprechen... Vollendete Schwertkunst
> besteht aus zwei Komponenten: technischer Sicher-
> heit und geistiger Erkenntnis. Beide müssen eine
> Einheit bilden, sie sind unabdingbar voneinan-
> der.[73]

Kann ein Kämpfer im Judo oder im Karate diesen Zustand
verwirklichen, kann er die Kampfsituation, die sich ja mit
jeder Sekunde ändert, ohne Einschränkung wahrnehmen
und entsprechend handeln. Gerade in Sportarten, in denen
sich die Situation dauernd verändert, ist das blitzartige Erkennen des Erforderlichen Grundvoraussetzung für eine
sinnvolle Ausübung. In Sportarten wie Radfahren oder
Schwimmen spielt diese Fähigkeit eine untergeordnete Rolle. Alle körpereigenen Möglichkeiten können aber nur dann
optimal eingesetzt werden, wenn die Widerstandskraft gegen andere Gedankenströme oder Emotionen sehr gut aus-
gebildet ist.

Das uns besser bekannte Phänomen der Geistesgegen-
wart beinhaltet im Grunde nichts anderes und kann mit Sicherheit durch Zen geschult oder verbessert werden. Auf
poetische Weise wird dies beschrieben durch den japanischen Satz: »Nicht die Breite eines Haares soll Erkenntnis,
Reaktion und Handlung trennen.« Er drückt in etwa dasselbe aus, was der deutsche Sportwissenschaftler Tiwald mit
»Schulung der Wahrnehmungspräzision« bezeichnet.

Der Besitz dieser Fähigkeiten verleiht einem keine über-
weltliche Größe oder Macht, sondern eine klare, ungestörte
Wahrnehmung und damit die Voraussetzung, die Mittel dem
Zweck anzupassen, so daß sie genau das richtige Maß an
Anstrengung darstellen, um das Gewollte zu erreichen.
Nicht mehr, aber auch nicht weniger!

Die Kunst, den eigenen Geist so zu lenken, daß weder
physische Gefahr von außen, noch Gefühlsausbrüche von innen ihn aus der Bahn werfen können, war für Krieger ebenso

wertvoll, wie sie es heute für Staatsmänner, Sportler oder
»Normalbürger« ist.

Die durch einen *Do* erworbenen charakterlichen Eigenschaften sind durchaus auf das Privatleben des Ausübenden
zu übertragen. Der tiefere Sinn des *Do* liegt ja gerade in dieser Übertragung und nicht etwa im Aspekt der Selbstverteidigung oder der Erlangung körperlicher Fitneß. Bei einem
rechten Verständnis der asiatischen Kampfsportarten sind
diese Ziele untergeordneter Natur. Die allgemeine Gültigkeit der Werte und Inhalte, die zum Beispiel durch das
Schwertfechten vermittelt werden, auch für andere Lebens-
bereiche wird im erwähnten *Tengu-gei-jutsu-ron* ausdrück-
lich betont:

> Vollendete Schwertkunst durch technische Sicher-
> heit und geistige Vollendung im beschriebenen
> Sinn ist jedoch kein Wert in sich. Sie muß im Ein-
> klang mit den im Universum verankerten ethischen
> Grundprinzipien der Menschlichkeit, Sittlichkeit
> und Loyalität ausgeübt werden. Nur im Hinblick auf
> den Nutzen für Gesellschaft und Staat ist sie ein
> Wert.[74]

Auch Takuan, der berühmte Zen-Priester, wies häufig auf
die Vorteile des Kendo für die Bewältigung des Alltags hin
und vertrat die Meinung, daß der, der meine, der Sinn des
Kendo wäre das Schlagen, nichts vom Kendo verstanden
habe.

Von da aus können wir auch begreifen, warum in Japan
sogar das Fechten mit dem Schwert oder das Schießen mit
dem Bogen sowohl künstlerische als auch pädagogische Bedeutung hat. Mit anderen Worten, der *Do* gibt den kriegerischen Künsten eine humanistische Bedeutung. Der geistige
Gebrauch, der von der Waffe gemacht wird, ist wichtiger als
die Waffe selbst. So wird durch die Übung in den Kampfkünsten auch eine weitere Forderung des Zen realisiert, die be-
sagt, daß die einmal erlangte Erfahrung sich auch im alltäg-

lichen Leben des Erfahrenen zeigen muß. Das kosmische
Bewußtsein muß durch den Menschen selbst und seine Taten deutlich werden.

Ist dies der Fall, und haben die vielfältigen Formen der
Übungen die geistige Entwicklung eines Menschen geprägt,
dann drückt sich diese Entwicklung wiederum in der Form
selbst, aber auch in der Fähigkeit der Lebensbewältigung
aus. Die Auseinandersetzung mit dem Selbst ist über das
Innere hinausgegangen und wirkt fort in der Auseinandersetzung mit der Umwelt.

23 Jede Gesellschaft hat den Sport, den sie verdient

Die im Titel anklingende These einiger Sportsoziologen will besagen, daß der Sport im allgemeinen ein Spiegelbild der Gesellschaft ist, in der er betrieben wird. Dem widerspricht eine andere wissenschaftliche Schule, die den Sport als einen autonomen Kulturbereich betrachtet, der seinen eigenen Gesetzen folgt.[75]

Will man versuchen, das Phänomen »Sport« und seine Funktion zu verstehen, muß man sich mit diesen beiden Positionen auseinandersetzen und sich fragen: Ist Sport nun Abbild der Gesellschaft oder neutraler und geschützter Bereich, in dem Menschen in paradiesischer Unschuld ihrem Bewegungstrieb nachgehen? Da sich Sport uns heute in den verschiedensten Erscheinungsweisen (Leistungssport, Breitensport, Berufssport, Freizeitsport usw.) präsentiert, ist es sehr schwierig, eine allgemeingültige Definition dessen zu geben, was Sport ist und was er bewirken soll. Unterschiedliche Ausgangspunkte in politischer, sozialer und weltanschaulicher Hinsicht erschweren eine Bestimmung zusätzlich.

Gerade in unserer Zeit spricht vieles dafür, Sport als Abbild gesellschaftlicher Verhältnisse zu sehen. Sehr eng mit dem Sport verwandt sind heute Dinge wie Show, Geld, Geschäft, Höchstleistung, Sensation und Rekord, Begriffe also, die auch gesamtgesellschaftliche Gültigkeit besitzen.[76]

Sport, ausgeübt auf einem Niveau, auf dem die genannten

Begleiterscheinungen keine Rolle spielen, interessiert normalerweise nicht. Auch durch die »Alibizahl« von 36 Millionen deutschen Freizeitsportlern sollten wir uns nicht täuschen lassen. Großangelegte statistische Untersuchungen haben ergeben, daß es sich bei diesen sportlichen Betätigungen der Bundesbürger vorwiegend um Schwimmen (Baden), Wandern und Spazierengehen handelt, Tätigkeiten also, die wenig Intensität und Geschicklichkeit erfordern. Die Zahl derer, die sich vereinsmäßig auch anstrengenderen oder komplizierteren Sportarten widmen, ist wesentlich kleiner. Die vielzitierte Breitensportbewegung ist längst nicht so breit, wie sie sein sollte und könnte.

Ganz anders steht es natürlich mit dem »Sportkonsum«. Den Sport, den man selbst nicht treibt, sieht man sich im Stadion oder auf dem Fernsehschirm an. Leistungs- und Profisport wird als Ware begeistert konsumiert, je spektakulärer, desto besser.

Wie kommt es nun aber angesichts dieser Rahmenbedingungen zu einem so großen Aufschwung von Sportarten, die durch die Begriffe Ruhe und Besinnung, allerdings auch durch Härte und Ausdauer zu charakterisieren sind? Welchen Preis mußten die asiatischen Kampfsportarten der Popularität zollen? Daß sich bei der Übernahme von Sportarten, die einen so fremden kulturellen Hintergrund haben, automatisch Probleme ergeben, liegt auf der Hand.

Nachdem die japanischen Kampfsportarten einen eher ruhigen Start hatten, folgten die chinesischen, beide inzwischen auch propagiert durch eine wachsende Medienindustrie. Diese Industrie hat es verstanden, die asiatischen Kampfsportarten dem Erwartungshorizont der »Westler« anzupassen.

Am Mythos vom unschlagbaren Superhelden, der meist gern und schnell bereit ist, seine Fähigkeiten unter Beweis zu stellen, wurde sorgsam gestrickt. Daß dies dem Verhalten eines wirklichen Meisters nicht entspricht, spielt keine Rolle, da der Zuschauer normalerweise nicht weiß, wie dieses Verhalten aussähe. So werden diejenigen zu Meistern gemacht,

die nicht den Kampf vermeiden, sondern siegreich aus ihm
hervorgehen.

Reduziert auf rein technisches Können, wurde die asiatische Kampfkunst dargestellt als Mittel, um alle anfallenden
Konflikte zu meistern. Nicht mehr Besinnung, sondern Gewalt wurde und wird dadurch propagiert. Die komplizierten,
geistigen Inhalte der Kampfsportarten wurden ausgeklammert zugunsten einer falschen und oberflächlichen Sichtweise.

Nur dadurch, daß das Ruhige und Stille dem Spektakulären und Sensationellen geopfert wurde, konnte man zum
Beispiel große Scharen dazu bewegen, sich einen Kung-Fu-
Film anzusehen. Das Interesse stieg, die Marktlücke war
entdeckt, der Kampfsport wurde Ware! Seines humanisti-
schen Anspruchs entledigt, ist er nun auf dem besten Wege,
zum »panem et circenses« unserer Zeit zu werden.

Die Einführung von sogenannten »Vollkontaktsystemen«
entspricht genau diesem Zeitgeist. Gerade die Gefährlichkeit des traditionellen Karate förderte die Fairneß, Selbstdisziplin und Körperbeherrschung der Kämpfer. Aber das symbolische Besiegen des Gegners mußte einem auch optisch
greifbaren Sieg weichen, um die Massenwirksamkeit dieser
Sportarten zu beschleunigen. Dieser negative Trend ist auf
vielen Veranstaltungen und auch in deren Umfeld zu bemerken. Zuschauer, Trainer und Aktive beschimpfen sich gegenseitig, und in den Hallen herrscht eine Festzeltatmo-
sphäre aus Lärm und brutalen Anfeuerungsrufen, wie man
sie vielleicht aus dem »Catchen« kennt.

Der größte Teil der Ausübenden erfährt nur selten etwas
über die geistigen Hintergründe der Budo-Sportarten. Ja,
gerade die Ausklammerung der ursprünglichen Intentionen
machte die Verbreitung so schnell möglich.

Stellen Sie sich bitte einmal folgende Werbung einer
Kampfschule vor: »Hier können Sie vielleicht in fünf bis
zehn Jahren bei intensivem Üben lernen, wie Sie mit sich
selbst und Ihrer Umwelt in Ruhe und Ausgeglichenheit leben können.« Ein solcher Werbetext dürfte dafür sorgen,

daß die Schule in kürzester Zeit an chronischem Geldmangel eingeht.

Slogans wie »Überlegen und unschlagbar durch unser System« sind da schon erfolgversprechender. In einem wechselseitigen Verhältnis beeinflussen sich so die Werbung für den Kampfsport und die Motive derer, die mit dem Kampfsport beginnen. Bei etwa 80 Prozent aller Anfänger steht der Aspekt der Selbstverteidigung im Vordergrund.

Natürlich ist das Bedürfnis nach eigener Sicherheit an sich nichts Verwerfliches. Paart es sich jedoch mit der oft vertretenen Ansicht, daß man Kampfsport auch ohne »Philosophie« ausüben könne und daß es nicht um die eigene Psyche gehe, beraubt man sich selbst der großen positiven Möglichkeiten, die der Budo-Sport bietet.

Viel gefährlicher noch kann es sein, wenn dieser Selbstverteidigungsaspekt nur vorgeschoben wird, um eigene Allmachtsträume zu kaschieren. Diese unerfreuliche Tendenz ist in vielen Gesprächen, insbesondere mit Jugendlichen, zu spüren. In vielen unseriösen und ausschließlich kommerziell orientierten Kampfschulen wird den Wünschen vieler Anfänger, nämlich möglichst schon in den ersten Stunden tödliche Schläge, Tritte oder Würfe zu erlernen, nur allzugern Rechnung getragen, denn dies ist spektakulärer und damit werbeträchtiger als jahrelanges Üben und Aufklären über den Geist und Sinn des Übens. Trotzdem ist gerade in diesen Schulen die Absprungziffer sehr hoch. Der lange Spannungs- und Motivationsbogen, der nötig ist, um auf ein hohes Niveau geistiger und technischer Natur in den Kampfkünsten zu kommen, kann nur aufrechterhalten werden, wenn die Schüler über den intellektuellen Hintergrund dessen, was sie tun, informiert werden. Da dies leider meist nicht der Fall ist und der Reiz des Neuen nicht ewig hält, haben nur wenige die Ausdauer, eine Kampfsportart jahrelang weiterzuüben.

Hier liegt eine große Gefahr: Wenn ein Jugendlicher eine Kampfsportart noch nicht einmal lange genug ausübt, um zu erleben oder zu erfahren, daß Aggression im Kampfsport nur hinderlich ist, kann auch die geschilderte Übertragung dieser Erkenntnis in den Alltag nicht stattfinden. In der Hoffnung, durch die wenigen erlernten Techniken nun wirklich unbesiegbar zu sein, geht der Schüler keiner Auseinandersetzung mehr aus dem Weg, provoziert im schlimmsten Fall vielleicht sogar selber welche. Angesichts eines ständig wachsenden Gewaltpotentials in unserer Gesellschaft ist dies eine höchst bedenkliche Entwicklung, der man so schnell wie möglich entgegentreten muß.[77]

Ein letzter Faktor, der die Entwicklung der Kampfsportarten in negativer Weise beeinflußt hat, soll genannt werden. Durch das sprunghaft gestiegene Interesse an diesen Sportarten und zugleich durch ihre schnelle industrielle Vermarktung entstand ein großes Trainer- und Ausbilderdefizit. Dies wiederum bot vielen unqualifizierten Trainern und selbsternannten Meistern eine Chance, wobei die Exotik und Unbekanntheit vieler Kampfsportarten asiatischer Prägung eine objektive Aussage über die Qualifikation eines »Meisters« zusätzlich erschwert. Dieser Vorwurf soll nicht nur an deutsche oder europäische Trainer gehen, auch viele Asiaten erkannten die günstige Gelegenheit und nutzten den Bonus, den sie als Asiaten automatisch hatten. Wer kann schon überprüfen, welche Ausbildung ein Lehrer zum Beispiel in Taiwan genossen hat und welche Gründe ihn bewogen haben, sich im Westen niederzulassen.

Durch den großen Bedarf an Lehrern ist an ein asiatisches Lehrer-Schüler-Verhältnis bei uns gar nicht zu denken. Da auch die Trainer bei uns Geld verdienen müssen, dies spricht ihnen keiner ab, ist das ideale Verhältnis von 1 : 1 oder 1 : 2 kaum realisierbar. Individuelles Eingehen auf einzelne Schüler wird dadurch natürlich erschwert, und ein enges, persönliches Verhältnis zwischen Lehrer und Schüler, welches auch über den Sport hinausgeht, existiert nur selten. Dadurch bekommt der Trainer oder Meister sehr häufig den Status eines reinen Experten. Meister, die auch menschliches Vorbild sein könnten, sind höchst selten anzutreffen, wodurch der Übertragungseffekt erneut behindert wird. Be-

sonders nachteilig ist es, daß eben auch bei vielen Trainern
eine gravierende Unkenntnis historisch-philosophischer Zusammenhänge vorliegt und von ihrer Seite keinerlei Reflexion stattfindet über das, was sie machen, wie sie es machen
und vor allen Dingen, warum sie es machen.

Die bisher in diesem Kapitel geschilderten Zusammenhänge sind zum großen Teil dafür verantwortlich, daß die
asiatischen Kampfkünste einerseits im Westen überhaupt so
starke Verbreitung finden konnten und andererseits aber
auch so falsch interpretiert werden. Häufig können sie dadurch ihrer ursprünglichen Zielsetzung nicht mehr gerecht
werden.

Ein anderer gewichtiger Grund für die Verwässerung oder
Verzerrung vieler asiatischer Kampfsportarten liegt darin,
daß wir nicht bemüht sind, ihre Inhalte zu übernehmen, sondern im Gegenteil versuchen, ihnen unser Sportverständnis
aufzuzwingen. Im allgemeinen scheint in unserer Wertskala
der Schwerpunkt darauf zu liegen, daß jemand »besser« ist
im Sinne einer meßbaren Leistung, während es im fernöstli-
chen Raum eher wichtig ist, ob er durch die Übung oder den
Sport ein besserer Mensch wird im Sinne seiner moralischen
Entwicklung.

Sicherlich muß der Wille zur Leistung existieren, und zwar
nicht nur im Sport, ebenso wichtig ist es aber auch, daß
genau derselbe Wille auch der »Versuchung« der Leistung
widersteht. Nur wenn auch ethische Prinzipien in den Sport
einfließen, kann er eine übergeordnete Aufgabe erfüllen.
Obwohl dies im Laufe der Geschichte des Sports auch im
außerasiatischen Raum oft betont wurde und wird, wird der
heutige Sport weithin vom Leistungsdenken beherrscht. Da
die asiatischen Kampfsportarten aber ihren Sinn verlieren
ohne die zugehörige geistig-seelische Ausbildung, mußte es
zwangsläufig zu Fehlentwicklungen kommen.

Es dürfte jedem klar sein, daß es unmöglich ist, ein System
von Körperübungen, welches so untrennbar mit einer fern-
östlichen Geisteshaltung verbunden ist, zu übernehmen,
ohne es unserem Kulturraum anzupassen. Es ist hier im We-

sten allerdings nicht bei einer Anpassung geblieben, sondern man hat das, was nicht »paßte«, gar nicht erst übernommen.

Die von vielen vorangetriebene »totale Versportung«, insbesondere im Judo und Karate, hat deutlich zur Brutalisierung innerhalb dieser Sportarten beigetragen. Es besteht die Gefahr, daß die bei uns bekannteren, wettkampfmäßig betriebenen Kampfsportarten wie Judo, Karate und Taekwondo durch das einseitige westliche Sportverständnis ähnlich inhaltslos werden wie andere Sportarten.

Sportliche Leistung und Zwang zum Erfolg haben sich verselbständigt. Sowohl auf seiten der Aktiven als auch bei den meisten Funktionären wird nicht erkannt, daß nicht die sportliche Leistung an sich wertvoll ist, sondern nur ihr Beitrag zur Selbstverwirklichung des Menschen und zur Sinngebung menschlichen Seins. Um dies zu erreichen, ist es nicht notwendig, einer absoluten Leistungsnorm zu entsprechen. Viel wichtiger scheint mir zu sein, den eigenen »Ist-Stand« zu akzeptieren und die optimale Entfaltung der persönlichen Möglichkeiten als Maßstab zu setzen. (Die Leistung eines behinderten Sportlers verdient auch dann Beifall, wenn sie von einer Weltrekordmarke weit entfernt ist.)

So gilt es, Selbstbewußtsein im positiven Sinne zu entwickeln, um damit eine gewisse Unabhängigkeit vom »Mediensport« zu erlangen. Gerade die Kampfsportarten, die ursprünglich all dies betonen, wären dazu gut geeignet.

Motivationsanreiz des Anfängers sollte nicht der bezahlte Bundesligakämpfer oder sogar der Weltmeister sein, da zu hoch gesteckte Ziele gerade in den motorisch komplizierten Kampfsportarten die Entwicklung des einzelnen eher behindern. Es bedarf vielmehr einer inneren Motivation, die zum Beispiel darin bestehen könnte, eine besonders komplexe Aikido-Bewegung zu erlernen. Jeder Psychologe und Pädagoge wird bestätigen, daß die innere Motivation »wertvoller« ist als eine von außen vorgegebene, da sie meist länger anhält und dem menschlichen Bedürfnis nach Selbstbestimmung entspricht.

Bitte ziehen Sie aus diesen Überlegungen jedoch nicht den Schluß, daß Sport und Kampfkunst etwas generell nicht Vereinbares seien und daß das Wettkampfelement deshalb völlig wegfallen müsse.

Individuelles Leistungsstreben, Wettbewerb und Leistungsvergleich haben, in vernünftigen Grenzen gehalten, sicherlich Positives an sich. Das Konkurrenzprinzip ist für die Natur des Menschen wahrscheinlich so bestimmend, daß es kaum möglich sein dürfte, diesen Trieb abzuerziehen. Wichtiges Ziel muß es vielmehr sein, dieses Prinzip zu humanisieren, wozu Kampfsport beitragen kann, wenn er seinen ideellen Werten entsprechend vermittelt und gelehrt wird.

Seit der Tokugawa-Zeit (vgl. Seite 152 ff.) waren der Vergleich und Wettkampf verschiedener Schulen und Systeme auch in Japan etwas ganz Normales, und heute gibt es in Asien ebenso viele Turniere und Wettbewerbe wie bei uns. Der Unterschied liegt nur darin, daß dort die beiden Bereiche Sport und Erziehung – wir könnten an deren Stelle auch unser altes Gegensatzpaar Körper und Geist setzen – lange nicht so strikt getrennt werden wie in Europa oder Amerika. Das wird illustriert durch einen schon länger zurückliegenden Fall, in dem ein westlicher Kämpfer einen Kampfrichter aufs übelste beleidigte, weil er glaubte, nicht richtig beurteilt worden zu sein, und nur von seinen Mannschaftskameraden davon abgehalten werden konnte, tätlich zu werden. Während der Vorfall hier ohne Konsequenzen blieb, hätte der Kämpfer in Japan sicher mit schwerwiegenden Folgen zu rechnen. Daß dieser Kämpfer auch noch im Besitz eines Meistergrads war, zeigt, daß bei uns die Reife weitaus geringer bewertet wird als die technisch-sportliche Leistung.

Trotzdem wird auch in den Kampfkünsten immer ein Platz für den sportlichen Vergleich sein, wenn man sich gleichzeitig ernsthaft um eine Bewahrung der geistigen Grundlagen bemüht, bevor diese auch in den Kampfsportarten völlig verschwinden.

24 Vom Kampfsport zum Frieden

> Die Seele des Menschen kommt im Leib und in des-
> sen Bewegungen zum Ausdruck.
>
> *Karl Jaspers*

Unser vom Westen als dem Nabel der Welt ausgehendes
Denken wird seit der immer intensiver werdenden Berüh-
rung mit Asien in seinen Grundfesten erschüttert. Es ist jedoch nicht mehr wie früher das Geheimnisvolle oder Exoti-
sche, was noch vor wenigen Jahren nur Intellektuelle und
Aussteiger faszinierte, sondern es sind weitaus handfestere
Tatsachen. Die Parallelität des unwahrscheinlichen indu-
striellen Aufschwungs in Japan (in Relation zur Größe und
den Problemen des Landes ist allerdings auch der Fortschritt
Chinas beachtlich) mit unserer Wirtschaftskrise läßt die Frage nach den Gründen aufkommen. Steht uns das Jahrhundert der Japaner bevor?

Wir wollen einmal die wirtschaftlichen Bedingungen Japans außer acht lassen und versuchen, auf den Gebieten der
Geschichte, der Philosophie und der Psychologie nach möglichen Gründen zu forschen.

Wie wir bereits wissen (vgl. Seite 159), überwanden die
Samurai ihren gesellschaftlichen Fall nach der Meiji-Restauration sehr schnell, indem sie sich weitgehend der neuen
Zeit anpaßten. Obwohl das Kriegertum als Zentrum der japanischen Gesellschaft ausgedient hatte, lebten seine ideel-

len Werte weiter. Der Geist des *Bushido*, ursprünglich nur für den Krieger verbindlich, wurde auch Leitlinie der Geschäftsleute und Businessmen. Durch die Übertragung des militärisch-feudalen Prinzips auf die moderne Industriegesellschaft orientierte sich der gesamte japanische Volkscharakter noch viel stärker am Bushido, als das in früheren Jahrhunderten der Fall war, in denen die Samurai ein von der übrigen Gesellschaft eher abgeschlossenes Leben geführt hatten. Somit wurde die Identifikation mit den Normen und Werten dieser alten Ideologie für alle sozialen Schichten möglich.

Daß zu diesen Werten Mut, Ausdauer und Willenskraft gehörten, begünstigte den Aufschwung Japans enorm. Um die Japaner besser zu verstehen, ist es für uns daher nötig, sie nicht weiter als geheimnisvolle und überlegene Wesen zu betrachten, sondern ihren kulturellen Kontext kennenzulernen, der uns die Japaner in einem klareren, realeren Licht zeigt.

Die Unterschiede im philosophischen Denken von West und Ost wurden bereits dargestellt (S. 230 ff.), weshalb sie hier nur noch einmal zusammenfassend erwähnt werden sollen. Aus dem Natur- und Weltverständnis des Ostasiaten (wir sprechen hier immer nur vom Idealtyp) ergibt sich, daß er sich nicht als Mittelpunkt der Welt oder als ein übergeordnetes Naturwesen sieht, sondern als eingebunden in den Wandel und das Schicksal der Welt. Die Abneigung der Asiaten, zu kategorisieren und zu analysieren, alles sofort und schnell verstandesmäßig zu erfassen und zu beurteilen, ist Folge dieser Weltsicht. Genau diese Verfahrensweisen wurden im Westen jedoch über Jahrhunderte hinweg bevorzugt. Man müßte allerdings die Augen vor der jetzigen gesellschaftlichen Realität des Westens verschließen, wenn man sagen wollte, dies hätte uns die Suche nach dem Lebenssinn und die Orientierung erleichtert. Das Gegenteil scheint der Fall zu sein!

Vereinsamung, Angst, Unsicherheit und Wertverfall sind neben wirtschaftlichen Gründen verantwortlich für unseren

Kultur- und Fortschrittspessimismus und die oft erfolglose
Suche nach einer personalen Mitte. Die Suche nach Alterna-
tiven, die persönliche Schwierigkeiten überwinden helfen
sollen und neue Sinngebung ermöglichen, ist daher ein Cha-
rakteristikum unserer Zeit.

Man versucht, den Problemen moderner Zivilisation ursprüngliche menschliche Eigenschaften wie Intuition und
Körperbewußtsein entgegenzusetzen. Lebenssinn und Harmonie werden durch eine über das analytische Begreifen
hinausgehende Körper-Geist-Erfahrung angestrebt. Und gerade auf dieser Suche, auf diesem Weg, können wir von den
Ostasiaten einiges lernen, denn trotz aller aktuellen Probleme, von denen auch der Ferne Osten nicht verschont
bleibt, haben sich die Menschen dort noch nicht so sehr wie
bei uns der Natur, der Umwelt und dem eigenen Ich entfremdet.

Aus der Sicht einiger Autoren stellt diese neue Orientierung nach Osten nur einen weiteren Fehlversuch dar, die
eigene, spürbare Irrationalität zu beherrschen. Sicher ist
richtig, daß bei dieser Suche vieles vermischt wird und sich
viele Menschen in ihrer Unsicherheit die unpassendsten
Kombinationen aussuchen.

Jemand, der gleichzeitig oder abwechselnd ein Anhänger
des Zen, des Yoga oder einer hinduistischen Sekte ist oder
einen okkulten Tantrismus[78] mit Psychoanalyse verbindet,
wird nicht viel im Sinne einer Selbstfindung erreichen. Eine
Verbindung, von der wir annehmen dürfen, daß sie wirklich
eine greifbare, positive Veränderung im Leben des einzelnen herbeiführen kann, ist asiatischer Kampfsport und Zen-
Meditation.

Die dem unvoreingenommenen Betrachter auf den ersten
Blick zweifelhaft erscheinende Affinität zwischen Kampfsport, Zen und innerem Frieden liegt darin begründet, daß
die Kampfsysteme in ihrer Entwicklung sowohl durch den
Bushido als auch durch den Zen-Buddhismus eine pädagogische Funktion angenommen haben.

Unter rein sportlichem Gesichtspunkt sind die Kampfkünste Asiens zwar zu den »schwereren« Sportarten zu rechnen, würden sich aber an sich nicht grundsätzlich von anderen Sportarten unterscheiden. Doch durch die starke Betonung ideeller und erzieherischer Werte, die sich aus der Geschichte und dem kulturellen Umfeld der Kampfkünste ergeben, beinhalten sie mehr als andere westliche Sportarten die Möglichkeit einer über den Sport hinausgehenden Selbsterfahrung und Erziehung, immer vorausgesetzt, diese Möglichkeit wird dem Übenden bewußt gemacht und im Training zum Ausdruck gebracht. So ausgeübt, kann Kampfsport ein hervorragendes Gegengewicht zu einer kopflastigen Zivilisation darstellen bzw. helfen, diese wieder ins Gleichgewicht zu bringen.

Der asiatische Sinnspruch »Begreife mit dem Körper« wird von einigen Kritikern fälschlicherweise als ein »sacrificium intellectus« interpretiert. Dem steht entgegen, daß der Versuch, über den Körper zu einer personalen Ganzheit zu kommen, bei uns im Westen lange Zeit vernachlässigt worden ist. Wenn die im Kampf oder in der Übung erfahrenen Werte als allgemeingültig für das Leben angesehen werden und Kampfsport und Leben nicht als zwei unverbundene Bereiche betrachtet werden, kann dieser Weg eine sinnvolle Lebenseinstellung bewirken.

Welche erstrebenswerten Eigenschaften können durch Kampfsport erlangt, verstärkt oder aktiviert werden?

Da es sich im Kampfsport in fast allen Fällen um Individualsportarten handelt, kann der Ausübende Sieg oder Niederlage immer sich selbst zuschreiben. Die Möglichkeit, sich hinter der schlechten Leistung einer ganzen Mannschaft zu verstecken, besteht nicht. Das ständige Risiko der Niederlage zwingt den *Budoka*, im Laufe der Zeit auch ein guter Verlierer zu werden, wenn wir es psychologisch ausdrücken wollen, seine Frustrationstoleranz zu erhöhen. Auf der anderen Seite kann er durch einen Sieg, den er sich ausschließlich selbst zuschreiben kann, zu neuem Selbstbewußtsein gelangen und ein Gefühl von Ich-Stärke erleben.

Sogar in Kampfsportarten wie dem Aikido oder Iaido, in

denen es keinen Wettkampf gibt, vermittelt schon das Gefühl, eine schwierige Übung zu beherrschen, ein gesteiger-
tes Selbstwertgefühl. Die positive Bestätigung, die man erfährt, wenn man kann, was man vorher nicht konnte, ist
schließlich auch ein Sieg, der gerade bei der oft sehr komplizierten Technik vieler Kampfkünste ohne Selbstbeherrschung und Selbstdisziplin nie möglich wird. So sind sowohl
Kampf als auch Übung Modellsituationen, in denen ein
künstliches Problem vorgegeben wird: etwa der gleichzeiti-
ge Umgang mit zwei Schwertern im Kendo oder eine sehr
lange und komplexe Übungsfolge im T'ai Chi Chuan. Die
Lösung dieser Probleme, die nur möglich ist durch das Zusammenspiel verschiedenster Fähigkeiten, ist nicht deshalb
wichtig, weil etwa das Problem selbst entscheidend wäre,
sondern weil der Lösungsprozeß den Menschen schult.

Insofern sind die immer wiederholbaren und fast unbe-
grenzt steigerbaren gespielten Probleme der Kampfkunst
eine Übung, die dazu dienen kann, auch die echten Probleme des Lebens besser anzugehen. In letzter Zeit scheinen
insbesondere höherqualifizierte Berufsschichten sich diesen
Zusammenhang bewußt gemacht zu haben. Während das
Ausüben einer Kampfkunst für japanische Minister,
Bankiers und Geschäftsleute eine selbstverständliche, tag-
tägliche Routine ist, erkennt man den Wert dieser Übungen
in Amerika und Europa erst seit kürzerer Zeit. Der in Japan
als »Heiliger des Schwertes« bekannte Miyamoto Musashi
hat auf der Grundlage der Schwertkunst nicht nur sein Leben gemeistert, sondern auch große Werke der Malerei,
Bildhauerei und Dichtkunst geschaffen. Als ein Mann, der
durch Zen und die Ausübung der Kampfkünste geistige
Macht gewonnen hatte, gelang es ihm, diese Kraft, besser
gesagt, geistige Potenz in den unterschiedlichsten Bereichen
zur Wirkung zu bringen.

Obwohl Kampfsport Willen, Mut und Durchsetzungsver-
mögen verlangt, kennt er nicht die Diskriminierung der
Schwäche. Dazu liegen Gewinnen und Verlieren zu dicht
beisammen – ein falscher Schritt, eine Zehntelsekunde der

Unachtsamkeit, und der Kampf ist entschieden. Nach fern-
östlichem Verständnis ist der Verlierer dadurch allerdings
nicht zum Versager abgestempelt. Deshalb ist es auch
falsch, wenn den asiatischen Kampfkünsten Inhumanität
oder Förderung des Konkurrenzverhaltens vorgeworfen
wird. Da das Streben nach Leistungsvergleich eine allgemein menschliche Eigenschaft zu sein scheint, wäre es unre-
alistisch oder sogar gefährlich, dieses Verlangen eliminieren
zu wollen. Wichtiges Ziel muß es vielmehr sein, dieses natürliche Konkurrenzstreben zu humanisieren, und dazu scheinen die Kampfkünste Asiens, bedingt durch ihr gesamtes
kulturelles Umfeld, besser geeignet zu sein als andere Sportarten.

Da der Kampf als typisches Beispiel einer Konfliktsituation
nur durch Konzentration und Willen gewonnen werden
kann, bietet die Zen-Schulung eine wertvolle Ergänzung für
den Kampfsportler. Die im Zen angestrebte Unabhängigkeit
von störenden Einflüssen und die damit verbundene Stabili-
tät des inneren Gleichgewichts sind gleichzeitig wichtiger
Garant für den Erfolg im Kampfsport wie im Leben. Wenn
zum Beispiel durch die Zen-Meditation die Furcht vor einer
Niederlage oder dem Mißerfolg ausgeschaltet oder reduziert
werden kann, erhöhen sich das Leistungspotential und der
Mut zum Handeln dadurch automatisch.[79] Vorstufe dazu ist
jedoch die Fähigkeit realer Selbsteinschätzung, denn nur
Selbsterkenntnis ermöglicht auch konkrete Wahrnehmung
der Umwelt. Gerade dies wird durch Zen sehr stark gefördert.

Somit trifft der Hauptvorwurf, der den sogenannten »östlichen Techniken des Glücks« gemacht wird, nämlich, daß sie
eine Mauer vor der Realität aufbauen, für Zen in keiner Weise zu, denn der Zen-Erfahrene taucht nicht ein in eine losge-
löste Scheinwelt, sondern nutzt die in der Meditation gesam-
melte Kraft zur Lösung der echten Probleme. Ruhe und Ausgeglichenheit im Zen dürfen nicht verwechselt werden mit
Ziellosigkeit oder Lethargie, sie dienen ganz im Gegenteil
dazu, das Angestrebte schneller, perfekter und aktiver zu

erreichen, auf den Kampfsport bezogen, spontan die kürzeste und effektivste Bewegung auszuführen.

Lassen Sie mich am Ende dieses Buches noch auf einen Vorwurf eingehen, den man den Kampfsportarten und dem Zen-Buddhismus häufig macht: Das Ausüben von Kampfsportarten oder der Zen-Meditation führe zu einem so starken Ich-Bewußtsein, daß der Betreffende nach Art eines Einzelkämpfers sich immer selbst und allein durchsetze und dabei mangelnde Kooperationsbereitschaft und wenig ausgeprägtes Sozialverhalten zeige.

Wie in vielen anderen Bereichen kommt es auch hier darauf an, wie der Mensch seine Fähigkeiten einsetzt. Wer einmal gelernt hat, sich zu konzentrieren und aktiv zu handeln, braucht dies deshalb noch lange nicht nur für sich selbst auszunutzen, sondern kann sein Leistungsvermögen auch in den Dienst des Friedens oder irgendeiner anderen sozialen Aufgabe stellen. Man kann sogar so weit gehen, zu sagen, daß jemand, der seine durch Kampfsport oder Zen erworbenen Fähigkeiten nicht in übergeordneten Bereichen einsetzt, Sinn, Möglichkeit und Anliegen der Übung nicht verstanden hat.

Obwohl man den Ostasiaten, insbesondere den Japanern, immer übertriebene Konformität nachsagt, zeichnen sich viele Japaner durch reife Identität und Individualität aus, aber sie sehen diese Eigenschaften und ihre Fähigkeiten auch im Hinblick auf ein größeres gesellschaftliches Ganzes. Diese wertvolle Verbindung aus Individuellem und Universalem sollten wir mehr als bisher anstreben. Bei diesem Bemühen kann der japanische *Do* (chin. *Tao*) eine sinnvolle Alternative oder Ergänzung unseres westlichen »Way of life« sein, den wir lange Zeit nur geradeausblickend gegangen sind.

In den asiatischen Künsten, Körper und Geist zu lenken, haben wir eine wertvolle Hilfe, das innere Gleichgewicht zu finden, welches uns heute verlorenzugehen droht. Schon zu Anfang des 19. Jahrhundert scheint ein deutscher Dichter dies verspürt zu haben:

Wer sich selbst und andre kennt,
Wird auch hier erkennen:
Orient und Okzident
Sind nicht mehr zu trennen.
Sinnig zwischen beiden Welten
Sich zu wiegen laß ich gelten;
Also zwischen Ost und Westen
Sich bewegen sei zum Besten.

Goethe, West-östlicher Divan

V. Teil:

Anhang

Tabellen

A. Auswahl-Chronologie zur Entwicklung der Kampfsportarten

300–400 v. Chr.	Wenig bekannte indische Systeme
600 n. Chr.	Bodhidharma (Shaolin Kung-Fu)
800 n. Chr.	In Japan als *Kumi-tachi* bekannte Schwertübungen
1100	Kyu-Jutsu
1100–1200	Aiki-Jutsu
1300	Chang San-Feng (T'ai Chi Chuan)
	Kyu-Jutsu Yabusame
1350	Ken-Jutsu
1500–1600	Iai-Jutsu
	Ju-Jutsu (Chin-Gen-Pin)
1600	Kobudo-Systeme
1623	Erstes offizielles Sumo-Turnier
1882	Judo (Jigoro Kano)
1901	Kampfsportvorführungen in London
1922	Karate (Gichin Funakoshi)
1934	Erste Judo-Europameisterschaft
1945	Hapkido (Yong Chul Choi)
1955	Taekwondo erhält seine heutige Form (Choi Hong Hi)
1956	Erste Judo-Weltmeisterschaft in Tokio
1964	Judo zum erstenmal olympische Disziplin
1970	Erste Karate-Weltmeisterschaft in Tokio
	Erste Kendo-Weltmeisterschaft in Tokio
1973	Erste Taekwondo-Weltmeisterschaft in Korea
1975	Erste Damen-Europameisterschaft im Judo in München
1977	Erstes Kyudo-Turnier in Europa

B. Überblick über die Kampfsportarten in Deutschland

1906	Erstmalige Vorführung von Judo/Ju-Jutsu durch japanische Marinesoldaten in Kiel und Engagement japanischer Lehrer.
	Gründung der ersten deutschen Ju-Jutsu-Schule unter Erich Rahn in Berlin.
1910	Die Berliner Kriminalpolizei läßt ihre Beamten durch Rahn ausbilden.
1914–1918	Während des Ersten Weltkrieges Stagnation der Entwicklung.
1922	Gründung des Deutschen Judo/Ju-Jutsu-Clubs durch Alfred Rhode (Schüler Rahns) in Frankfurt.
1926	Erste deutsche Judo-Einzelmeisterschaft in Köln.
1930	Drei Verbände für Judo/Ju-Jutsu:
	1. Reichsverband für Jiu-Jitsu.
	2. Deutscher Athletik-Sportverband.
	3. Arbeiter Sportkartell.
1933	Professor Jigoro Kano besucht Deutschland und leitet einige Lehrgänge.
1934	Erste Europameisterschaft im Judo in Dresden.
1945–1948	Verbot sämtlicher Kampfsportarten durch die alliierten Besatzungsmächte.
1952	Gründung des Deutschen Dan-Kollegiums.
1953	Gründung des Deutschen Judo-Bundes in Hamburg.
1955	Aikido in Deutschland (Katsuaki Asai)
1957	Über 10 000 Mitglieder im DJB.
1964	Einführung des Hapkido in Deutschland
1965	Gründung einer Karate-Sektion im DJB.
	Erste Taekwondo-Vorführung in Deutschland
	30 000 Mitglieder im DJB.
1966	Erste Deutsche Karatemeisterschaft.
	Gründung der Aikido-Sektion im DJB.
1967	Internationaler Kendo-Lehrgang in Wiesbaden.
	Erstmalig Vorführungen im Shaolin Kung-Fu.
	Deutsche Nationalmannschaft wird Judo-Europameister in Rom.
1968	Gründung der Taekwondo-Sektion im DJB und Erste Deutsche Meisterschaft im Taekwondo.
1969	Erster Kyudo-Lehrgang.
	Die Sektionen Ju-Jutsu und Kendo werden in den DJB aufgenommen.
1974	Aufnahme des Kyudo in den DJB innerhalb der Sektion Kendo.
1975	Aufnahme des Shaolin Kung-Fu in den nordrhein-westfälischen Judo-Verband.

1977	Gründung der Deutschen Karate-Union (DKU), in der auch Shaolin Kung-Fu enthalten ist.
1982	Etwa eine halbe Million Kampfsporttreibende in Deutschland, 170 000 Mitglieder im DJB.

Diese Tabelle beschränkt sich auf die wichtigsten Daten. Seit etwa 1975 gibt es in Deutschland eine große Zahl neuer Verbände.

C. Herkunft und gegenseitige Beeinflussung der Kampfsportarten

Das folgende Schaubild soll die gegenseitige Beeinflussung und Abhängigkeit der Kampfsysteme zeigen. Wie jede schematische Darstellung ist auch diese nur durch die Vereinfachung möglich. Direkte, indirekte, parallele, sich kreuzende oder rückwirkende Einflüsse können nur grob aufgezeigt werden. Ebenso werden nur die Hauptsysteme und die für die Kampfsportarten wichtigsten Länder berücksichtigt.

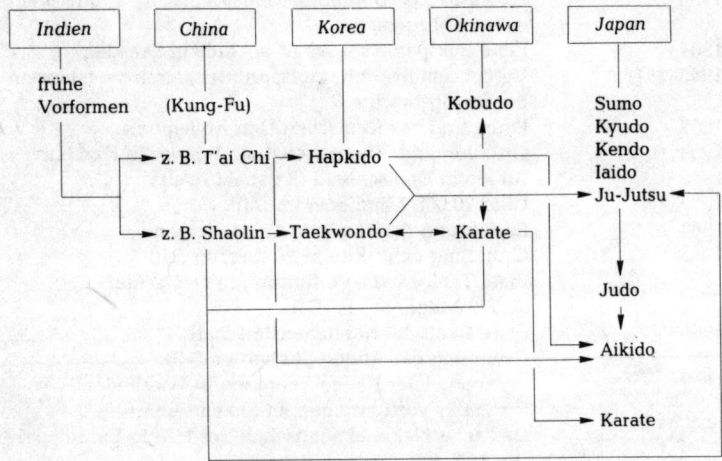

Quellenangaben und Anmerkungen

1 *Muay Tale* sollte nicht verwechselt werden mit dem *Muay Thai* (Thai-Boxen). Das *Muay Tale* ist der Sport thailändischer Seeleute. Auf einem Baumstamm sitzend, der zwischen zwei Schiffen aufliegt, boxt man so lang mit Handschuhen, bis ein Kontrahent ins Wasser fällt.

2 Zitiert in *Judo – Jiu-Jitsu – Karate*, Buch u. Zeit Verl., Köln o. J.

3 Schreiber, Hermann: *Die Chinesen*, Wien–Düsseldorf 1978.

4 Schilling, Werner: *Einst Konfuzius – heute Mao Tse Tung*, Weilheim/Obb. 1971.

5 Wilhelm, Richard (Hrsg.): *I Ging. Das Buch der Wandlungen*, Köln 1981.

6 Laotse: *Tao te king. Das Buch vom Sinn und Leben*, Düsseldorf–Köln 1979.

7 Anthropomorphismus (von griech. anthropomorph = menschenförmig): die Übertragung menschlicher Eigenschaften auf nichtmenschliche Dinge, Natur oder den Gottesbegriff.

8 Konfuzius ist eine Latinisierung des chinesischen Namens durch die Jesuiten.

9 Wilhelm, Richard (Hrsg.): *Kungfutse, Gespräche*, Jena 1923.

10 Wilhelm, Richard: *K'ungtse und der Konfuzianismus*, Berlin 1928.

11 Siehe Anm. 9.

12 Wilhelm, Richard (Hrsg.): *Li-Ki, Buch der Riten und Sitten*, Jena 1930.

13 Suzuki, Daisetz Teitaro: *Leben und Zen*, München 1957.

14 *Bhagavad-Gita*, hrsg. von der Intern. Ges. f. Krsna-Bewußtsein, Kelkheim 1974.

15 Das chinesische Zeichen für die Geheimbünde bedeutet wörtlich nichts anderes als »Übung für den Boxkampf«.

16 Siehe Anm. 6.

17 Anders, Frieder: *Tai Chi Chuan*, Bern–München–Wien 1979.

18 Velte, Herbert: *Budo-Weisheiten*, Niedernhausen/Taunus 1977.

19 *Tang* (chin.): Name einer von 618 bis 906 herrschenden Dynastie in China. Bedeutende chinesische Epoche. *Tang-Te* wird auch übersetzt: China-Hand.

20 Das Zerschlagen von Holz und Steinen mit Hand, Kopf oder Fuß, japa-

nisch *Tameshiwari* genannt, hat sich im Karate, Taekwondo und einigen Kung-Fu-Richtungen bis heute in Form von Bruchtests erhalten.

21 Eine ähnliche Waffe ist die südamerikanische *Bola perdida*, die sowohl als Viehfanggerät als auch als Kriegswaffe eingesetzt wurde.

22 Maos Witwe Chiang Ch'ing hatte den Spielplan chinesischer Theater auf acht Stücke ausschließlich revolutionären Inhalts reduziert.

23 *Ronin* (jap.) = »Wellenmann«. Herrenlos gewordene Samurai, die oft ins kriminelle Milieu abglitten oder umherziehend ihre Kampfkünste gegen Entgelt vorführten. Cineasten unter den Lesern werden wissen, daß die »Revolvermänner« des amerikanischen Westens häufig nach diesem Vorbild konzipiert wurden.

Samurai (jap.) = einer, der dient. Die Samurai sahen sich als Diener der einzelnen Fürsten an, übergeordnet jedoch immer als Diener des Kaisers, ohne wahrscheinlich bewußt zu bemerken, daß gerade sie selbst im Begriff waren, die Macht des Kaisers zu brechen.

24 Der Feldherr Shimazu Yoshihiro ließ nach dem entscheidenden japanischen Sieg diese den Koreanern und Chinesen abgeschnittenen Ohren nach Kioto schicken.

25 Die noch heute in Hokkaido lebenden Ainu sind ein sibirischer Menschenschlag. Erst im 18. Jahrhundert wurden sie von den Japanern unterworfen. In erster Linie waren sie Fischer und Jäger. Sie verehren den Bären als Kulttier.

26 Die Ainu geben selbst an, ihre Vorfahren seien die Kumaso (*Kuma* = Bär) und die Koropguru oder Kobito gewesen. Hierbei handelt es sich um Stämme von zwergenhaftem Wuchs, die in Erdlöchern lebten.

27 Dieses Schwert soll später dem japanischen Nationalhelden Yamototakeru das Leben gerettet haben, als er mit ihm eine Heide abmähte, die seine Feinde entzündet hatten, um ihn zu töten.

28 Wenn die Legende auch davon spricht, Jimmu Tenno habe das ganze Land erobert, so handelt es sich mit großer Wahrscheinlichkeit nur um die Gebiete Yamashiro, Izumi und Settsu, die alle nah beim heutigen Kioto lagen.

29 Nomi-no-Sukune wird ebenso die Erfindung der sogenannten *Haniwa*-Tonfiguren zugeschrieben, die anstelle Lebender zusammen mit bedeutenden Verstorbenen begraben wurden.

30 *Shinto* (jap.) = Weg der Götter. »To«, »Do« und »Michi« sind japanische Synonyme für den philosophischen Begriff »Weg«. Das chinesische Equivalent ist »Tao«, das indische »Dharma«.

31 Auf die enge Verwandtschaft von Sumo und Kyudo mit dem Shinto-Kult wird in den entsprechenden Kapiteln noch eingegangen.

32 Daß die Suche nach dem Einklang mit der Natur dem »alten« Japaner leichter fiel als dem Menschen des Industriezeitalters, liegt auf der Hand. Da Shinto aber eine lebendige Religion ist, bleibt es für uns oft schwer verständlich, wie die Japaner gewisse »Umweltsünden« mit ihrem shintoistischen Glauben vereinbaren können.

33 Zitiert in Lütgen, Kurt: *Japan aus erster Hand*, Würzburg 1978.

34 *Bakufu* (jap.) = Regierung vom Zelt des Feldlagers aus. Symbolischer Ausdruck für die Militärherrschaft, die bis 1868 japanisches Regierungsprinzip blieb.

35 Aus dieser Zeit stammt der bekannte Ausdruck *Kamikaze*, was soviel wie Wind der Götter bedeutet. Er bezieht sich auf die Mongoleninvasion von 1281, von der Japan nur dadurch verschont blieb, daß ein plötzlich aufkommender Taifun die Schiffe der Angreifer versenkte.

36 *Seppuku* (chin.) = Bauch schneiden, *Harakiri* (jap.) = Bauch aufschneiden. *Seppuku* ist der offizielle und ehrenhafte Ausdruck für *Harakiri*. Erstmals soll Seppuku 1170 begangen worden sein. Anfänglich von Kriegern angewandt, um der Gefangennahme zu entgehen, wurde Seppuku später eine mögliche Form des Protestes, der Loyalitätsbezeugung und der Ehrenrettung. Weiter war es den Samurai erlaubt, sich selbst umzubringen, um dem Urteil eines Gerichtes zu entgehen. Für Frauen und Töchter der Samurai galt dasselbe. Die zum Seppuku nötige Selbstbeherrschung, ja Selbstverachtung ist nur aus dem soziokulturellen Kontext der Samurai zu verstehen. Die Selbstentleibung wurde anfänglich vom Samurai allein durchgeführt, während in späteren Zeiten ein Freund den grausamen Akt mit einem schnellen Schwertstreich verkürzte.

37 Nobunaga ließ nicht mehr Schwertkämpfer Mann gegen Mann kämpfen, sondern setzte Fußsoldaten *(Ashigaru)* ein, die mit ihren Lanzen und ihrer geschlossenen Ordnung dem Einzelkämpfer überlegen waren. Luntenschloßmusketen wurden 1543 von den Portugiesen eingeführt.

38 Sprich: »Senn«.

39 Sprich: »Sa-Senn«.

40 Diese Techniken sind alte indische Mittel, die Konzentration durch Bilder (Mandalas) oder Gesänge (Mantras) zu erleichtern.

41 Deshimaru-Roshi, Taisen: *Zen in den Kampfkünsten Japans*, Berlin 1978.

42 Bei dem Stock handelt es sich um *Kyosaku*, den Warnungsstab. Wenn ein meditierender Mönch während der oft stundenlangen Sitzungen einzuschlafen droht, kann er mit diesem Stock von einem anderen Mönch auf den Rücken geschlagen werden. Es geht dabei nicht um eine Züchtigung, sondern um einen Dienst, den der Schlagende dem Geschlagenen erweist, um ihn wach zu halten oder seine Durchblutung anzuregen.

43 Nitobe, Inatzo: *Bushido – the Soul of Japan*, Tokio 1900.

44 *Honnête homme* (franz.): Ideal des europäischen Ehrenmannes des 17. Jahrhunderts. Der *honnête homme* ist der im höfischen Sinne ausgebildete Kavalier. Ähnlich wie in Japan erhielt er neben einer geistigen Ausbildung auch eine im Fechten, Reiten und Tanzen, im Gegensatz zu den Samurai allerdings seltener im Schwimmen und Ringen. Ebenfalls im Unterschied zu Japan wurden die angestrebten aristokratischen Bildungsziele in sogenannten »Fürstenspiegeln« schriftlich formuliert und im Einzelunterricht oder in den Ritterakademien gelehrt. Der Aufschwung der Leibesübung zu dieser Zeit ist zu einem großen Teil auf dieses Ideal des Barockzeitalters zurückzuführen.

45 Suzuki, D. T.: *Zen und die Kultur Japans*, Hamburg 1958.

46 Zitiert in Random, Michel: *The Martial Arts*, Hongkong 1978.

47 Die Schreibweisen differieren, sind aber alle synonym. »Ju-Jutsu«, »Iujitsu«, »Ju-Jitsu«, »Jiu-Jitsu«, »Jiu-Jutsu«.

48 Nicht zufällig enden die Namen der meisten Sumotori mit »Yama«, was übersetzt »Berg« heißt.

49 Die magisch-mythische Bedeutung dieser indonesischen und malayischen Nationalwaffe zeigt sich darin, daß es gewisse Krise gab, die Fruchtbarkeit symbolisierten und demzufolge bei Hochzeiten oder Geburten getragen wurden. Andere Krise standen in unmittelbarem Zusammenhang mit den Initiationsriten. Die geistige Spannkraft, die in dieser Waffe steckt, wird durch ihre Polarität ausgedrückt. Der Griff wird meist dargestellt als »Garuda« – Gottheit der Schlangenvernichtung und Beschützer gegen Gift –, die gewellte Klinge als Symbol für »Naga«, die weltvernichtende Schlange. Das magische Eigenleben dieser Waffe mag aus diesen nur skizzierten Zusammenhängen deutlich werden.

50 Um zu überprüfen, ob die Schläge auch mit voller Wucht ausgeführt werden, versucht man in Japan oft, nasses, zusammengebundenes Stroh oder gebündelte Bambusstöcke mit einem Durchmesser von 20 bis 40 cm durchzuschlagen. Diese Tests heißen *Tameshi-giri*. Im Juni eines jeden Jahres finden in Kioto große *Tameshi-giri*-Vorführungen statt.

51 In Amerika feierte schon vor Jahren die Filmtrilogie Hiroshi Inagakis über das Leben Musashis große Erfolge. Die eindrucksvollste Szene in bezug auf Musashis Fähigkeiten zeigt ihn bzw. den bekannten Schauspieler Toshiro Mifune in einem Gasthaus, Reis essend. Unerwartet tauchen einige Räuber auf, die ihn bedrohen. Ohne sich beim Essen stören zu lassen, fängt Musashi mit seinen Eßstäbchen sieben Fliegen aus der Luft. Die Phantasie der Räuber reichte aus, um sich vorzustellen, was geschehen wäre, wenn er die Stäbchen gegen Schwerter getauscht hätte. Sie suchten ihr Heil in der Flucht.

52 Musashi, Miyamoto: *Das Buch der fünf Ringe*, Düsseldorf 1983.

53 Kaibara, Ekken: *The Way of Contentment*, London 1913.

54 Die Gründer des neuen Japan waren natürlich längst nicht mehr so mächtig wie früher. Als Bestrafung kam jetzt sogar der Verlust ihres Standes in Frage. Sie erhielten allerdings das Recht, jeden Beruf auszuüben, wobei sich die meisten natürlich dem Militär zuwandten.

55 Janson, A.: *Die Wehrkraft Japans*, Berlin 1904.

56 Zitiert in *Das Budo-ABC*, Dreieich–Sprendlingen 1981/82.

57 Ebenda.

58 Die erwähnten Sportarten wurden zu dieser Zeit, wenn man vom Fußball einmal absieht, sehr oft in den Hinterzimmern von Gaststätten betrieben. Sogenannte »freie Ringvereine« waren oft beliebte Treffpunkte Krimineller.

59 Rahn, Erich: *Jiu-Jitsu-Judo*, Neuwied o. J.

60 Meister Anzawa, einer der bedeutendsten Bogenschützen Japans, starb 1970 im Alter von 83 Jahren. Bis zuletzt hatte er, vom öffentlichen Leben weitgehend zurückgezogen, täglich in seinem Garten Kyudo geübt.

61 Professor Inagaki in: »Judo«, 12/78.

62 Auch das Austauschen von Klingen war sehr beliebt. Deshalb kann es dem Sammler japanischer Schwerter heute durchaus gelingen, eine alte Klinge in einer moderneren Militärwaffe zu finden.

63 Die bekanntesten japanischen Kendo-Meister sind: Kosei Takano, Nobuo Niguchi und Eichi Kamimoto.

64 Aus diesem Grund ist die Zahl der Frauen, die Aikido betreiben, relativ hoch.

65 Zu welchen außerordentlichen Leistungen einige, allerdings vorwiegend asiatische *Karateka* fähig sind, habe ich selbst schon auf Vorführungen gesehen. So habe ich von einem Koreaner einen Handstoß mit gestreckten Fingern durch eine Holztür gesehen. Ein Japaner ist mir in Erinnerung, der mit dem Ellbogen Eisblöcke zerschlug. Der gleiche Mann trat auch ein in etwa 2,50 m Höhe frei pendelndes Brett mit einem Sprungtritt durch, wobei sich das Brett kaum bewegte. (Alle Materialien konnten von den Zuschauern geprüft werden.)

66 In Japan werden *Kata* und Kampf als gleichwertig betrachtet. Reine Kata-Turniere sind genauso gut besucht wie andere.

67 Prof. Nitobe war der erste Japaner, der Anfang unseres Jahrhunderts versuchte, die traditionelle japanische Geisteshaltung für Ausländer verständlicher zu machen.

68 Suzuki, Daisetz Teitaro: *Zen und die Kultur Japans,* Hamburg 1958 (Abdruck mit freundlicher Genehmigung der Deutschen Verlags-Anstalt GmbH, Stuttgart).

69 Die in den Kampfsportarten verwendeten Gürtel sind ja bis auf ihre Länge von bis zu 3,50 m recht einfache Ausführungen, während die *Obi* der japanischen Frauen oft wahre seidene Kunstwerke sind, die man nur mit viel Geschick so binden kann, wie es die Japanerinnen tun.

70 Wenn Sie diese Thematik interessiert, finden Sie in der Auswahlbibliographie einige einführende Bücher.

71 Dürckheim, Karlfried v.: *Japan und die Kultur der Stille,* Bern–München–Wien 1975.

72 Wegen der generellen Gleichwertigkeit aller Künste kann man in Japan auch im *Go* (Brettspiel) oder in der Teezeremonie *(Chanoyu)* einen Dan-Grad innehaben.

73 Deutsch von Reinhard Kammer: *Zen in der Kunst das Schwert zu führen,* München 1976.

74 Ebenda.

75 Ausgesprochen interessante Überlegungen, Thesen und Denkansätze zu dieser Position lieferte der ehemalige Olympiasieger im Rudern, Prof. Hans Lenk, in seinem Buch: *Leistungssport: Ideologie oder Mythos,* Stuttgart 1974.

76 Obwohl ich mich in diesem Kapitel auf die deutsche Situation beziehe, glaube ich, daß die Aussagen auch für die meisten anderen europäischen Länder Gültigkeit besitzen und in geringerem Teil leider auch schon für asiatische Länder.

77 Lobenswert sind in diesem Zusammenhang die Versuche einiger seriöser Kampfsportverbände, ihren Mitgliedern eine Rechtfertigungspflicht aufzuerlegen, falls es zu Tätlichkeiten irgendwelcher Art kommt.

78 Im indischen Tantrismus vereinigen sich Elemente des Buddhismus, Hinduismus und Jainismus. Wie in vielen vorwiegend hinduistischen Weltmodellen wird im Tantra eine Ablösung von der äußeren Welt angestrebt. Neben anderen Praktiken gehört die sexuelle Vereinigung zu den Hauptmethoden des Tantrismus. Lustgewinn und persönliche Erfahrung von Mystik sind Hauptziele des Tantrikers. Ursprünglich durch-

aus ernst zu nehmen, ist der Tantrismus im Westen zu einer oberflächlichen Mode geworden und durch unseriöse Sekten verwässert.

79 Auch im Westen werden inzwischen viele Individualsportarten durch Zen-Ideen beeinflußt. Sowohl amerikanische Jogger als auch Skispringer, Turner oder Schützen beziehen Zen teilweise in ihr Training mit ein.

Literaturverzeichnis

Dieses Verzeichnis enthält nur einige wichtige und einführende Werke zu bestimmten Sachbereichen. In diesen Büchern wird der interessierte Leser eine große Anzahl weiterer Literaturhinweise finden.

1. China

Böttger, Walter: *Kultur im alten China*, Leipzig 1979.
Granet, Marcel: *Das chinesische Denken*, München 1963.
Jaspers, Karl: *Die maßgebenden Menschen Sokrates, Buddha, Konfuzius, Jesus*, München 1975.
Krause, F. E. A.: *Ju-Tao-Fo. Die religiösen und philosophischen Systeme Ostasiens*, München 1924.
Ruge, Gerd: *Begegnung mit China*, Wien–Düsseldorf 1978.
Schreiber, Hermann: *Die Chinesen*, Wien–Düsseldorf 1978.

2. Taoismus, Konfuzianismus und Buddhismus

Benz, Ernst: *Buddhas Wiederkehr und die Zukunft Asiens*, München 1963.
Do-Dinh, Pierre: *Konfuzius*, Hamburg 1981.
Eckhardt, Andre: *Laotses Gedankenwelt*, Frankfurt 1957.
Glasenapp, Helmuth v.: *Die Weisheit des Buddha*, Baden-Baden 1946.
Markert, Christopher: *Yin/Yang*, Düsseldorf 1983.
Naudou, Jean: *Buddha*, Köln 1975.
Tetsuto, Uno: *Die Ethik des Konfuzianismus*, Berlin 1927.
Wilhelm, Richard: *K'ungtse und der Konfuzianismus*, Berlin 1928.
Wilhelm, Richard: *Laotse – Tao-te king*, Düsseldorf–Köln 1979.

3. Kung-Fu

Armstead, John: *Kung-Fu ... das chinesische Boxen*, Berlin 1976.
Medeiros, E. C.: *The complete history and philosophy of Kung-Fu*, Vermont 1974.

Smith, Robert: *Chinese Boxing-Masters and Methods*, Tokyo, New York, San Francisco 1974.
Tegner, Bruce: *Kung-Fu und T'ai Chi*, Wiesbaden 1975.

4. Japan
Bersihand, R.: *Geschichte Japans*, Stuttgart 1963.
Hammitzsch, Horst: *Japan*, Nürnberg 1975.
Komatsu, Izao: *The Japanese People*, Tokio 1962.
Mauer, Kuno: *Die Samurai*, Wien–Düsseldorf 1981.
Storry, R. und Forman, W.: *Die Samurai*, Freiburg 1978.
Tamburello, Adolfo: *Japan*, Luxemburg 1975.

5. Zen-Buddhismus
Deshimaru-Roshi, Taisen: *Za-Zen, die Praxis des Zen*, Berlin 1976.
Dürckheim, Karlfried v.: *Zen und wir*, Weilheim/Obb. 1976.
Groening, Lies: *Die lautlose Stimme der einen Hand*, Düsseldorf 1983.
Herrigel, Eugen: *Der Zen-Weg*, München 1975.
Herrigel, Eugen: *Zen in der Kunst des Bogenschießens*, 18. Aufl., München 1978.
Kwon, Jae Hwa: *Zen-Kunst der Selbstverteidigung*, Bern–München–Wien 1976.
Luk, Charles: *Ch'an and Zen Teaching*, London 1960.
Suzuki, Daisetz Teitaro: *Leben aus Zen*, München-Planegg 1955.
Suzuki, Daisetz Teitaro: *Manual of Zen-Buddhism*, London 1974.
Suzuki, Daisetz Teitaro: *Zen und die Kultur Japans*, Hamburg 1958.
Tiwald, Horst: *Psycho-Training im Kampf und Budo-Sport*, Ahrensburg 1981.
Ueda, Daisuke: *Zen no Tetsugaku*, Tokio 1958 (engl.).
Verdu, Alfonso: *Abstraktion und Intuition als Wege zur Wahrheit in Zen und Yoga*, München 1965.
Watts, Alan: *Zen. Tradition und lebendiger Weg*, Rheinberg 1981.

6. Asiatische Kampfsysteme (zusammenfassende Darstellungen)
Draeger, D. F.: *Classical Bujutsu – Martial Arts and Ways of Japan*, Weatherhill 1973.
Random, Michel: *The Martial Arts*, Hongkong 1978.
Ratti, O. und Westbrook, A.: *Secrets of the Samurai: A Survey of the Martial Arts of feudal Japan*, Tokio 1973.

7. Judo
Hofmann, Wolfgang: *Judo*, Wiesbaden 1969.
Mifune, Kyuzo: *Judo*, Sprendlingen 1967.
Ohgo, Mahito: *Judo, Grundlagen, Methodik*, Wiesbaden 1972.
Watanabe, Iiichi: *The Secrets of Judo*, Rutland 1974.
Wolf, Horst: *Judokampfsport*, Berlin-Ost 1978.

8. Kyudo und Kendo
Hoff, Feliks: *Kyudo*, Berlin 1979.
Inagaki, Genshiro: *Kyudo Nyumon*, Tokio 1971.
Kammer, Reinhard: *Die Kunst, das Schwert zu führen*, München 1976.
Kotoro, Oshima u. Kozo, Ando: *Kendo*, Berlin 1979.
Musashi, Miyamoto: *Das Buch der fünf Ringe*, Wien–Düsseldorf 1983.
Suhara, Kuon: *Butsuda Kyudo*, Tokio 1976.

9. Aikido
Brand, Rolf: *Aikido*, Niedernhausen/Ts. 1980.
Nocquet, André: *Der Weg des Aiki-Do*, Berlin 1978.
Saito, Morihiro: *Traditional Aikido*, Bd. 1–4, Tokio 1973/74.
Tohei, Koichi: *Ki im täglichen Leben*, Berlin 1980.
Uyeshiba, Kisshomaru: *Aikido*, Tokio 1963.

10. Karate (Taekwondo)
Arneil, St. u. Dowler, B.: *Karate leichter lernen*, München 1978.
Egami, Shigeru: *The Way of Karate*, London 1976.
Gil, Konstantin: *Illustriertes Handbuch des Teakwondo*, Niedernhausen/Ts. 1978.
Gil, Konstantin: *Teakwon-Do*, Niedernhausen/Ts. 1974.
Hisatake, Masayuchi: *Scientific Karatedo*, Tokio 1976.
Kloss, Willi: *Taekwon-Do*, Berlin 1975.
Nagamine, S.: *Karate-Do*, Vermont und Tokio 1976.
Pflüger, Albrecht: *Karate*, Neuwied 1979.
Pflüger, Albrecht: *Karate für Frauen und Mädchen*, Wiesbaden 1978.

11. Sport und Gesellschaft
Bierhoff-Alfermann, D.: *Soziale Einflüsse im Sport*, Darmstadt 1976.
Lenk, Hans: *Leistungssport: Ideologie oder Mythos?*, Stuttgart 1974.
Meinberg, E.: *Leistung in Sport und Gesellschaft*, Düsseldorf 1979.
Sack, H. G.: *Sportliche Betätigung und Persönlichkeit*, Ahrensburg 1975.
Stadler/Seeger/Raeithel: *Psychologie der Wahrnehmung*, München 1975.
Zimmermann, H.: *Sport und Aggression*, Düsseldorf 1979.

Worterklärungen

Aikido *(jap.)*	Der Weg der Harmonie. Elegante, moderne japanische Kampfkunst, gegründet von Morihei Uyeshiba.
Aikidoka *(jap.)*	Ausübender des *Aikido*.
Aiki-Jutsu *(jap.)*	Martialische Vorform des *Aikido*.
Bodhisattva *(Sanskrit)*	Erleuchtungswesen, nach buddhistischer Auffassung ein Mensch, der auf seinem Weg ins Nirwana seine Erleuchtung auf andere Menschen zu übertragen versucht.
Budo *(jap.)*	Gesamtheit der japanischen Kampfsportarten.
Budoka *(jap.)*	Kampfsportler.
Buke *(jap.)*	Militärische Familien, Kriegeradel der Samurai.
Bushido *(jap.)*	Der Weg des Kriegers. Ehrenkodex der japanischen Ritter.
Chi *(chin.)*	Der chinesische Begriff für vitale Energie. Das japanische Equivalent ist *Ki,* das hinduistische *Prana.*
Dan *(jap.)*	Meistergrad in einer Kampfkunst oder anderen »schönen Künsten« Japans.
Dhyana *(Sanskrit)*	Tiefe Meditation. Form des Buddhismus in Indien. Weiterentwicklung in China zum *Chan* und in Japan zum *Zen.*
Do *(jap.)*	Der Weg. Fundamentaler Begriff im Denken und Leben Japans. Siehe auch *Tao.*
Dojo *(jap.)*	Ort der Erleuchtung, Übungsraum für Kampfsportarten.
Hakama *(jap.)*	Weite, rockähnliche Hose, die im Kendo, Kyudo u. Aikido getragen wird.
Hapkido *(kor.)*	*Hap* (zusammen), *Ki* (Energie), *Do* (Weg). Variante des Aikido unter Einbezug von Judo und Karate.
Hara *(jap.)*	Bauch. In Asien als Sitz der menschlichen Ener-

	gie bezeichnet. Auch *Tanden* genannt (chin. *Tan-t'ien*).
Harakiri *(jap.)*	Ritueller Selbstmord der Samurai mit dem Schwert. Siehe auch *Seppuku.*
Hinayana *(Sanskrit)*	Kleines Fahrzeug. Eine ältere und strengere Richtung des Buddhismus. Siehe auch *Mahayana.*
Hsing-I *(chin.)*	»Inneres« chinesisches Kampfsystem.
Iaido *(jap.)*	Die Kunst des Schwertziehens.
Iaidoka *(jap.)*	Schüler oder Meister des *Iaido.*
Iai-Jutsu *(jap.)*	Kriegerisch-technische Vorstufe des *Iaido.*
Judo *(jap.)*	Der sanfte Weg. Moderner Zweikampfsport, entwickelt von Jigoro Kano.
Judogi *(jap.)*	Judokleidung.
Judoka *(jap.)*	Judokämpfer.
Ju-Jutsu *(jap.)*	Waffenloses Kampfsystem. Vorläufer des Judo. Heute aber auch als eigenständige Selbstverteidigung betrieben.
Karate *(jap.)*	»Leere Hand«. Japanisches Sport- und Selbstverteidigungssystem nach chinesisch-koreanischem Vorbild. Gründer Gichin Funakoshi.
Karateka *(jap.)*	Karatesportler.
Kata *(jap.)*	Form. Folge festgelegter Techniken. Prüfungsgebiet in den meisten Kampfsportarten. Im Taekwondo auch *Hyong* im Kung-Fu *Kuen*
Kendo *(jap.)*	Japanisches Schwertfechten mit leichter Rüstung und Bambusschwert.
Kendoka *(jap.)*	Japanischer Fechter.
Ken-Jutsu *(jap.)*	Frühes Kriegsfechten mit scharfem Schwert.
Kiai *(jap.)*	Schrei, in dem sich die gesamte körperliche und geistige Kraft entlädt. In vielen, vorwiegend »äußeren« Kampfsportarten angewandt.
Koan *(jap.)*	Geistig-existentielles Problem. Dient als Konzentrationshilfe im Zen-Buddhismus. (Aus dem Sanskrit *ko aham?*). Chinesisch *Kung-an.*
Kuge *(jap.)*	Japanischer Hofadel. Siehe auch *Buke.*
Kyu *(jap.)*	Schülergrad in japanischen Kampfsportarten. Im Taekwondo auch *Kup.*
Kyuba-no-michi *(jap.)*	Weg des Bogens und des Pferdes. Frühe Bezeichnung der Samurai-Ideologie. Später als *Bushido* bekannt.
Kyudo *(jap.)*	Aus dem militärischen *Kyu-Jutsu* entwickelte, zum *Do* entwickelte Form des Bogenschießens.
Kyudoka *(jap.)*	Bogenschütze.
Mahayana *(Sanskrit)*	Großes Fahrzeug. Spätere Hauptrichtung des Buddhismus. Siehe auch *Hinayana.*
Obi *(jap.)*	Gürtel. Wichtiger Bestandteil der japanischen Kleidung.
Pa-Kua *(chin.)*	»Innere« chinesische *Kung-Fu*-Richtung.

Ronin *(jap.)*	»Wellenmann«. Umherziehender, herrenlos gewordener Samurai.
Satori *(jap.)*	Zustand der einmaligen oder dauernden Erleuchtung im Zen-Buddhismus.
Sensei *(jap.)*	Meister.
Seppuku *(chin.)*	Offizieller und höfischer Ausdruck für die Selbstentleibung. Siehe auch *Harakiri.*
Shaolin Kung-Fu *(chin.)*	Richtung des chinesischen Boxens.
Shogun *(jap.)*	Heerführer.
T'ai Chi Chuan *(chin.)*	»Innere« chinesische Kampfkunst.
Tao *(chin.)*	Philosophischer Begriff für den Sinnzusammenhang aller Erscheinungen.
Wu-wei *(chin.)*	Taoistische Bezeichnung für »Nichthandeln«.
Yin/Yang *(chin.)*	Taoistisches Symbol für den ständigen Wechsel aller denkbaren Gegensätze innerhalb des Tao.
Zazen *(jap.)*	Die Meditation im Sitzen.
Zen *(jap.)*	Sonderform des Buddhismus, die vorwiegend in Japan zu finden ist. Siehe auch *Dhyana.*

Adressenverzeichnis

Geschäftsstelle Deutscher Judo-Bund, Fachbund für Budo-Sportarten e. V.
Kaiserstr. 5 a, 6000 Frankfurt
> Bereich Aikido im DJB: Hartmut Gerber, Bahnhofstr. 9, 6272 Niedernhausen/Ts.
> Bereich Kendo im DJB: Wolfgang Demski, Heidenheimer Str. 24, 1000 Berlin 28
> Bereich Kyudo im DJB: Ferdinand Hoff, Eduardstr. 3, 2000 Hamburg 19
> Bereich Ju-Jutsu im DJB: Franz Josef Gresch, Daisbachstr. 5, 6272 Niederseelbach
> Bereich Karate im DJB: Ulrich Burs, Warndstr. 69, 6601 Klarental

Aikikai Deutschland, Fachverband für Aikido e. V.
> Präsident: Dr. Leisinger, Berghamsweg 72, 4470 Meppen
> Bundestrainer und Beauftragter des Aikikai Honbu Dojo in Tokio: Aikido-Schule Katsuaki Asai (7. Dan), Helmholtzstr. 20, 4000 Düsseldorf

Urakami-Domonkai-Deutschland e. V. (Dachverband der Heki-Kyudo-Schule)
Ferdinand Hoff, Eduardstr. 3, 2000 Hamburg 19

Geschäftsstelle Deutsche Karate-Union e. V. (DKU)
Hoffeldstr. 160, 7000 Stuttgart 70

Geschäftsstelle Deutscher Karate-Bund e. V. (DKB)
Peter Betz, Bargenerstr. 10, 7707 Engen-Bargen

Deutsche Taekwondo-Union e. V.
Heinz Marx, Maximiliansplatz 12, 8000 München 2

Dachverband für Budotechniken, Sportschule Wedau, 4100 Duisburg
In diesem Verband können Sie neben den bekannteren Kampfsportarten auch Kung-Fu (Shaolin, Kempo), Hapkido und Kobudo betreiben.

Österreichischer Kung-Fu-Verband (Shaolin, Pakua, Hsing-I, T'ai Chi)
Sandgasse 25 b/26, A-8010 Graz

Kampfsportkurse:
Sport- und Waldhotel Justusruh, 3579 Neukirchen

Training und Urlaub für Budo-Sportvereine:
Judo-Sport-Zentrum, Urmäsch, Postfach, CH-9009 St. Gallen

Karate-Lehrgänge in Jugoslawien:
Jussuf Duran Zudzevjc, Beckershofstr. 7, 4020 Mettmann

Informationen über Taekwondo-Training in Korea:
Sportschule Mu-Do-Kwan, Seidengasse 27, A-1070 Wien

Budo-Anschriften in Japan:
World Aikido-Headquarters (Aikikai Honbu Dojo)
102, Wakamatsu-cho
Shinjuku-ku, Tokyo

Kodokan Judo Institute (International Division)
16-30 Kasuga 1-chome
Bunkyo-ku, Tokyo

Japan Karate Association
6-1 Ebisu-Nishi 1-chome
Shibuya-ku, Tokyo

Zen-Meditation:
Haus der Stille, 2059 Roseburg (bei Hamburg)
Exerzitium Humanum, Neumühle, 6642 Mettlach (Saarland)
Arnold und Verena van Ogtrop, Haus Vogelsheye, 2341 Fallshöft (Ostsee)
Existential-psychologische Bildungs- und Begegnungsstätte, 7867 Todt-
moos-Rütte (Schwarzwald, Zweigstelle in München)
Buddhistisches Zentrum Scheibbs, Ginselberg 12, A-3272 Scheibbs/Neu-
stift
Meditationskurse in zenistischer Art werden auch in den Klöstern Kirch-
berg/Neckar, Niederaltaich und Beuron angeboten.

Für die freundliche Unterstützung bei der Beschaffung von Bildmaterial
danken wir:
Aikido-Schule Asai, Helmholtzstr. 20, 4000 Düsseldorf
Budo-Sport-Center Oberhausen e. V., Schenkendorfstr. 13, 4200 Oberhau-
sen 1
Aikido-Institut Adriano Trevisan, Preysingstr. 28, 8000 München 80
Kin-mo-kutsu-Zendo, Frohnauer Str. 148, 1000 Berlin 28

Personen- und Sachregister

24,80.—
(15-10-84)

Miyamoto Musashi
Das Buch der fünf Ringe
128 Seiten, 25 Illustrationen, gebunden

Miyamoto Musashi (1584–1645), einer der berühmtesten Samurai Japans, hatte bereits mit 30 Jahren mehr als 60 Kämpfe ausgetragen, alle gewonnen und alle seine Gegner getötet. Danach wandte er sich der Philosophie zu und hat im »Go Rin No Sho«, dem »Buch der fünf Ringe«, seine Anweisungen zur Strategie des Kämpfens zusammengefaßt. Sein Buch richtet sich aber nicht nur an Kendo-Schüler, sondern an jedermann: denn die Philosophie, die für das Schlachtfeld galt, erweist sich als ausgezeichneter Helfer in der Geschäftspolitik.
Trotz seiner blutrünstigen Karriere als Samurai gilt Musashi heute als »Heiliger des Schwertes«, weil er konsequent seiner geraden Linie, seinem Ideal, folgte, dessen tieferer Sinn im »Buch der fünf Ringe« sichtbar wird. Dieses Buch ist das Vermächtnis Musashis an eine Welt, in der die Kämpfe nicht mehr mit dem Schwert, sondern mit den Waffen des Geistes ausgetragen werden.

»Der altjapanische Samuraifechter und Philosoph Miyamoto Musashi ist für manchen knallharten Finanzmann zum Guru geworden, zu einer Kultfigur für Makler und Manager. Musashi schrieb das Buch vor dreihundert Jahren nach zweijähriger Meditation, nachdem er die Zenphilosophie für sich neu entdeckt hatte … Seine Nachfahren fechten heute auf allen Weltmärkten … Selbst der Rektor der Management-Schule des polytechnischen Instituts in Rensselaer im Staate New York ist von der Musashi-Lehre überzeugt. Musashis Anleitung zur Strategie kursiert auch bei den internen Seminaren von IBM und anderen Großunternehmen.« *Die Zeit*

ECON Verlag, Postfach 9229, 4000 Düsseldorf

Lies Groening
Die lautlose Stimme der einen Hand
Zen-Erfahrungen in einem japanischen Kloster
224 Seiten, gebunden

»Jeder hat schon einmal etwas vom Zen-Buddhismus gehört.
Die Autorin des Buches – sie hat selber insgesamt fünf Jahre
in einem Zen-Kloster gelebt – beschreibt den Weg zu ihrer
Erleuchtung. Das ist ein Erfahrungsbericht eines geistigen
Reifeprozesses. Er erklärt den verborgenen Sinn der Meditationsübungen und der strengen Lebensabläufe in solch einem Kloster. Das Buch gibt dem Leser einen Anstoß, sich
mehr auf sich selber zu besinnen und wieder schöpferisch
tätig zu werden.«
Heilpraktiker-Journal

Christopher Markert
Yin/Yang
Polarität und Harmonie in unserem Leben
224 Seiten, 46 Zeichnungen, gebunden

»Im Fernen Osten gibt es schon seit über 4 000 Jahren eine
Lehre, die das Gleichgewicht auf allen Lebensgebieten an-
strebt und auch weitgehend verwirklicht. Man spricht von
Yin und Yang, den zwei kosmischen Urkräften, die im Leben
überall in Erscheinung treten. Chinesen und Japaner glauben, daß eine Yin-Yang-Polarität besteht zwischen Mann
und Frau, Körper und Geist, Bewußtem und Unbewußtem,
zwischen Sonne und Mond, Himmel und Erde usw. Das
Buch beschreibt in praktischen Einzelheiten, wie wir die innere Harmonie finden können, die es uns ermöglicht, ein
neues Gleichgewicht zu schaffen.«
Heidenheimer Zeitung

ECON Verlag, Postfach 9229, 4000 Düsseldorf